Knaur
MensSana

Über die Autorinnen:

Anna Haebler ist Diplomsozialpädagogin und seit 20 Jahren als beratende Astrologin tätig. Sie verbindet in ihrer praktischen Arbeit die Erkenntnisse aus Psychologie, Astrologie und Sozialpädagogik. Sie lebt in der Nähe von München.

Anna E. Röcker ist Heilpraktikerin, Musiktherapeutin und Yoga-Lehrerin und arbeitet in freier Praxis und als Dozentin.

Anna Haebler • Anna E. Röcker

Der Mond
im Geburtshoroskop

Mit Mondtabellen
von 1940 – 2010

Knaur
MensSana

Herausgegeben von Hans Christian Meiser

Das Buch erschien bereits mit dem Titel
»Leben im Einklang mit dem Mond«
unter der Bandnummer 66572.

Besuchen Sie uns im Internet: www.droemer-knaur.de
Alle Titel aus dem Bereich MensSana finden Sie im Internet unter
www.knaur-mens-sana.de

Vollständige Taschenbuchausgabe 2008
Knaur Taschenbuch. Ein Unternehmen der Droemerschen
Verlagsanstalt Th. Knaur Nachf. GmbH & Co. KG, München
Copyright © 2006 Knaur Verlag.
Ein Unternehmen der Droemerschen Verlagsanstalt
Th. Knaur Nachf. GmbH & Co. KG, München
Umschlaggestaltung: ZERO Werbeagentur, München
Umschlagabbildung: FinePic, München
Druck und Bindung: Nørhaven Paperback A/S
Printed in Denmark
ISBN 978-3-426-87285-7

2 4 5 3 1

Inhalt

Vorwort

In unserer globalisierten, rationalen, materialistischen Welt ist vielen Menschen der Zugang zum Unbewussten, zu den tiefsten Inhalten der Seele, verloren gegangen.

Immer deutlicher und schmerzlicher wird erkannt, wie weit man sich von der Innenwelt, der weiblichen Seite, entfernt hat. Es fehlt an Selbstvertrauen und an der Kraft, zu zeigen, was man fühlt und empfindet. Bewusst oder unbewusst werden viele Dinge getan, die im Grunde dem eigenen Wesen widersprechen. Und das alles nur, um andere zu beeindrucken oder ihnen zu gefallen, um Aufmerksamkeit auf sich zu lenken oder Liebe zu empfangen.

Die Intentionen gehen zum großen Teil nach außen und zwischenmenschliche Kontakte zielen häufig auf Konkurrenz und Ausbeutung. Alles, was wir tun, muss vernünftig begründet sein, so dass unsere emotionalen Bedürfnisse zugunsten intellektueller, rationaler Sichtweisen verdrängt werden.

Die besondere »Kraft des Mondes« ist seit einigen Jahren verstärkt in das Zentrum des allgemeinen Interesses gerückt. Wir befassen uns in diesem Buch schwerpunktmäßig mit der Bedeutung des Mondes für den Einzelnen, beleuchten seine Wirkung auf Körper, Geist und Seele und beschreiben vielfältige therapeutische Möglichkeiten, um die innere Balance wieder zu finden.

Der Mond in unserem Horoskop symbolisiert unter anderem die Gefühle eines Individuums und das Bedürfnis nach emotionaler Sicherheit und Geborgenheit. Das Zeichen des Mondes im Geburtshoroskop gibt Hinweise auf unsere ganz persönliche, seelische Eigenart. Es zeigt, wie der Einzelne von der Umwelt geprägt wird und wie er emotional darauf reagiert. Gerade diese »innere« Seite, die einen so großen Einfluss auf unser Leben hat, wird leider häufig zugunsten der »äußeren« – intellektuellen und willensbetonten – Seite unterdrückt. Diese verdrängte und verletzte Seele kann sich dann oft nur noch durch extreme Stimmungsschwankungen, Aggressionen oder Depressionen bemerkbar machen.

Die ansteigende Zahl der verordneten Psychopharmaka zeigt das sehr deutlich.

Die psychosomatische Medizin weist auf den Zusammenhang zwischen verdrängten Bedürfnissen und Wünschen einerseits und auffälligen, körperlichen Symptomen andererseits hin. Diese Diskrepanz zeigt eindringlich, dass es auf Dauer nicht gelingen wird, das Gefühl mit Willen und Verstand zu verdrängen.

Häufig sind uns die eigenen Grundbedürfnisse gar nicht wirklich bewusst und können deshalb auch nicht befriedigt werden.

Die Beschreibung der 12 Monde in den Tierkreiszeichen mit den entsprechenden konkreten, therapeutischen Hilfen soll zu einem besseren Umgang mit der eigenen Persönlichkeit führen und aufzeigen, wie die Kraft des Mondes Physis und Psyche unterstützen und stärken kann.

Obwohl sich das Buch astrologischer Grundprinzipien bedient, ist keinerlei Vorkenntnis oder Erfahrung mit Astrologie notwendig, um es zu verstehen.

Die therapeutischen Empfehlungen kommen aus langjähriger Praxiserfahrung und haben sich vielfach bewährt. Sie sollen Selbstverantwortung fördern, den Umgang mit Körper, Geist und Seele erleichtern und das allgemeine Wohlbefinden verbessern.

Dieses Buch ersetzt jedoch in keinem Fall eine notwendige medizinische oder psychologische Behandlung.

Einführung

Der Mond als Spiegel der Seele

Himmel und Erde entsprechen einander

Noch ehe sich unter den Menschen eine Begriffssprache entwickelte, orientierten sie sich an den geordneten Abläufen und Vorgängen am Firmament. Die immer wiederkehrenden Erfahrungen, die auf der Erde gemacht wurden, am Himmel bestätigt zu finden, das war für die Menschen wichtig. Sie schöpften daraus Kraft und Zuversicht für ihr eigenes Leben und sie fühlten sich als Teil des Universums, sicher eingebettet in der Gewissheit einer höheren Ordnung des Kosmos.

Der Mensch konnte sich in dem Bild begreifen, das ihm die Struktur am Himmel widerspiegelte: Oben und Unten, Innen und Außen, Mikrokosmos und Makrokosmos, Himmel und Erde – sie alle entsprechen einander und sind sich ähnlich.

Das Dasein des Einzelnen war somit aufs Engste verknüpft mit der Sonne, die täglich auf- und untergeht, mit ihrem Wandel von Hell und Dunkel oder den regelmäßig wiederkehrenden Jahreszeiten Frühling, Sommer, Herbst und Winter.

Nicht weniger wichtig war der Mond, der seine Gestalt immer wieder verändert. Die Mondphasen beeinflussen die Gezeiten, die Saat, das Wachstum der Pflanzen, die Ernte, den Zyklus der Frau, die körperliche und seelische Verfassung des Einzelnen und sie bedeuten für die Menschen eine stetige Wandlung.

Der Rhythmus des Lebens ist ein ewiger Kreislauf des Werdens und Vergehens: Geburt, Wachstum, Tod und Wiedergeburt. Alle Menschen, Tiere und Pflanzen sind diesem Schicksal unterworfen.

Der Mond astrologisch

Der Mond, der das Licht der Sonne reflektiert, gehört zum Element Wasser. Er ist Symbol für die weibliche, aufnehmende, sich ständig wandelnde, unbewusste Seite.
Zum Mond gehört die Welt der Nacht. Alles Geheimnisvolle, Fruchtbare, Verborgene, Dunkle, Kühle und Feuchte wird ihm zugeordnet.
Aus psychologischer und astrologischer Sicht gilt der Mond als Zentrum unseres unbewussten Verhaltens. Er zeigt, wie der Einzelne von seiner Umgebung geprägt wird, wie er emotional darauf reagiert und welche Grundbedürfnisse er hat, um sich innerlich sicher, geborgen und angenommen zu fühlen.
In der Astrologie verkörpert der Mond das mütterlich-weibliche Prinzip. Er gibt Hinweise über die Beziehung zur Mutter und über die Kindheitserfahrungen eines Menschen. Im Horoskop eines Mannes symbolisiert der Mond den Teil seiner »inneren Weiblichkeit«. Er steht für das Unbewusste, Irrationale, Passive, für Intuition und Imagination, für die Welt der Träume, für die Instinkte und Triebe eines Individuums. Ferner steht der Mond für das Bedürfnis nach Beziehungen, Nähe, emotionaler Sicherheit und Geborgenheit. Er spiegelt die Welt der Gefühle, das Zuhause, die Herkunft und die Familie.

Dem Symbol des Mondes gerecht zu werden, bedeutet, sich seelisch zu öffnen und der inneren Stimme zu vertrauen. Biologisch und physiologisch werden dem Mond das Gehirn, der Magen, die Brust, die Gebärmutter, die Lymphen, der Flüssigkeitshaushalt und das vegetative Nervensystem zugeordnet.

Die vier Elemente
als Grundbausteine des Lebens –
bezogen auf die Mondkräfte

In allen alten Kulturen spielten die Elemente und ihr Wirken in der Natur und im Menschen eine wichtige Rolle. Die gesamte belebte und unbelebte Natur setzt sich aus den Elementen zusammen. Sie bilden unsere Lebensgrundlagen Erde, Wasser, Luft und Feuer genauso wie vitale Prozesse der Natur, wie die Jahreszeitenabfolge, das Wetter oder die Zyklen der Pflanzen.

Genauso wirken sie auch als lebendige Prozesse im Menschen, stehen für den Aufbau seines Körpers und für die ständig darin ablaufenden Prozesse.

Aber nicht nur in unserem Kulturraum, sondern vor allem in Asien kommt dem Wirken der Elemente eine große Bedeutung zu.

Sprechen wir von *Erde, Luft, Feuer* und *Wasser* (früher kam noch das Element Äther dazu), kennt man in China die Elemente Holz, Feuer, Erde, Metall und Wasser. In Indien kommt zu den uns bekannten Elementen das Element Äther; in Tibet bezeichnet man Letzteres als Raum. Das Wirken der Elemente ist für die jeweilige Heilkunde von größter Bedeutung. Sowohl in der traditionellen chinesischen als auch in der indischen Ayurveda- oder der tibetischen Medizin werden Krankheiten, Heilmittel, Behandlungsmethoden etc. auf die Elemente bezogen.

In der chinesischen Medizinlehre werden zum Beispiel auch die verschiedenen Lebensalter den entsprechenden Elementen und deren Jahreszeiten zugeordnet. Das Kindesalter entspricht z. B. dem Element Holz und damit dem Frühling. Der Heranwachsende lebt dominant im Feuerelement, das dem Frühsommer entspricht. Der junge Erwachsene schließlich entspricht dem Element Erde und dem Spätsommer, der reife Erwachsene dem Element Metall und dem Herbst. Der alte Mensch entspricht dem Element Wasser und dem Winter.

Auf der Fünf-Elemente-Lehre basieren Diagnose und Therapie. Jeder Meridian ist einem Element zugeordnet, genauso wie alle körperlichen Bestandteile wie Knochen, Muskeln, Organe und Blut. Damit weist auch jede körperliche Störung auf eine Dysbalance in der Verteilung und im Wirken der Elemente im Körper hin. Auch jedes Gefühl wird einem Element zugeordnet und damit werden auch seelische Erkrankungen nach der Elementelehre therapiert. Die Therapie selbst wird ebenfalls nach dieser Lehre strukturiert, genauso wie die Ernährung.

Jede Erkrankung hat ihre Ursache im Elementekreislauf, entweder weil in diesem Element ein Übermaß oder ein Mangel an Energie besteht. Nahrungsmittel, Arzneimittel, Bewegungsformen, Farben und Einrichtungsgegenstände (wie zum Beispiel in der Feng-Shui-Lehre) werden den jeweiligen Elementen zugeordnet.

In der indischen Ayurveda-Medizin finden wir eine ganz ähnliche Denkweise: Die fünf Elemente werden hier zu drei so genannten Doshas zusammengefasst, die die Basis für die Betrachtungsweise des Menschen bilden. Auch hier werden Diagnose und Therapie, Ernährungsvorschriften und Diäten auf die Elemente und ihr Wirken im Menschen abgestimmt.

Zurück zu unserer abendländischen Erfahrungsheilkunde, für die berühmte Ärzte wie Hippokrates und Galenus, Paracelsus sowie die Äbtissin und Heilerin Hildegard von Bingen stehen.

Für sie alle hatten die Elemente und ihre Wirkung im Menschen eine große Bedeutung. Unter anderem entwickelte sich daraus die so genannte Vier-Säfte- oder Vier-Temperamente-Lehre. Die Säfte des Körpers wie Blut, Schleim, Galle werden einem entsprechenden Temperament und damit verbunden einem bestimmten vorherrschenden Gefühlszustand zugeordnet. Erst wenn die Säfte und die damit verbundenen Gefühle im Menschen harmonisch fließen, sich abwechseln und ergänzen, ist der Mensch wirklich gesund. Jede psychotherapeutische Betrachtungsweise kann man hier wieder finden: Jeder Mensch sollte in einem gesunden Maß seine Freude und sein Vergnügen leben (Sanguiniker), Ärger spüren und zeigen (Choleriker), weinen können (Phlegmatiker) und verzeihen und loslassen können (Melancholiker), um nur ein Beispiel aus dieser Denkweise herauszugreifen. In einem Zuviel oder Zuwenig sowohl in den Säften als auch in den entsprechenden Gefühlen sah man die Hauptursachen für Krankheit. Die Therapie diente in erster Linie dazu, die Blockaden aufzulösen und dem Menschen zu helfen, in Harmonie zu kommen.

Um genauere Informationen über die Verteilung der Elemente im Menschen zu erhalten, auf der dann die Therapie basierte, bedienten sich sowohl die östlichen als auch die westlichen Heiltraditionen der Astrologie.

Wie bereits in der Einführung beschrieben, spiegelt die Stellung des Mondes in unserem Horoskop in besonderer Weise die gefühlsmäßige und seelische Veranlagung, die wir mit in dieses Leben gebracht haben. Da uns diese Seite oft nicht wirklich bewusst ist und gerade in unserer erfolgsorientierten Welt ein Schattendasein fristet, ist uns auch häufig gerade dieses Element, in dem der Mond steht, weniger vertraut. Die Elemente, denen sich wie nachfolgend beschrieben alle astrologischen Zeichen zuordnen lassen, sind selten gleichmäßig verteilt. Meist herrschen ein oder zwei Elemente vor, während die anderen etwas weniger spürbar sind.

Betrachten Sie Ihre Mondstellung und die Zuordnung des Zeichens zum jeweiligen Element. Steht Ihr Mond z. B. im Widder, lesen Sie die Beschreibung der Feuerzeichen und spüren nach, ob Sie diese Seite kennen oder ob sie bei Ihnen eher unterdrückt ist. Unterstützend finden Sie zu jedem Element einige Schlüsselfragen, die Ihnen helfen, Ihre Beziehung zu diesem Element zu erkennen. Das Element, in dem Ihr Mond steht, sollte Ihnen in jedem Fall vertraut sein, wenngleich ja in jedem Horoskop viele andere Einflüsse zu finden sind.

Ziel ist es vor allem, das Wirken der Elemente in unserem Leben zu harmonisieren. Dazu ist es wichtig, sich immer besser kennen zu lernen, um dort, wo Mangel ist, zu unterstützen, und wo Übermaß herrscht, auszugleichen. Die vorgeschlagenen Übungen sollen als Anregung dienen für Ihre eigene Kreativität, mit deren Hilfe Sie herausfinden, was Sie selbst brauchen, um glücklich und erfüllt und so ganzheitlich wie möglich zu leben.

Element Feuer – Temperament Choleriker

Die Feuerzeichen in Stichworten

Widder

Impulsive, spontane Gefühle und Reaktionen; risikofreudig, direkt, eigenwillig, burschikos, selbstständig, unkompliziert, offen, phantasievoll, konfliktbereit

Löwe

Warme, herzliche und optimistische Gefühle; sonnig, natürlich, souverän, unbekümmert, gutmütig, großzügig, zuversichtlich, schöpferisch, glücklich

Schütze

Idealistische Gefühle und positive Lebenseinstellung; impul-
siv, jovial, fröhlich, begeisterungsfähig, wohlwollend, freiheitsliebend, humorvoll, aufgeschlossen

Astrologisch werden den Feuerzeichen Sauerstoffaufnah-
me und -verwertung, Muskeln und Blut zugeordnet, dem
Widder speziell das Gehirn, dem Löwen das Herz und dem
Schützen die Oberschenkel und Hüftgelenke.

Menschen mit einem hohen Maß an Feuer-Energie sind
schnell zu begeistern und stürzen sich deshalb mit viel Mut,
Selbstvertrauen und Optimismus in neue Projekte. Sie sind
sehr unternehmungslustig und brauchen in der Regel immer neue Ziele, sie müssen in Bewegung sein können, um
sich wohl zu fühlen. Kreativität und Optimismus finden sich
ebenfalls sehr häufig bei diesem Temperament. Wie das Feuer, wenn es einmal entfacht ist, wollen sie das, was sie sich
vorgenommen haben, auch durchsetzen.

Zu den Schattenseiten dieses Temperaments kann ein zu hit-
ziges Temperament gehören. Das kann vorschnelle Entscheidungen bedeuten, die von zu viel Kreativität und zu wenig
Struktur geprägt sind. Feuer-Menschen haben oft wenig Geduld mit sich und anderen. Werden sie in ihrer Aktivität

durch zu viel Widerstand gebremst, können sie sehr ärgerlich und gereizt reagieren. Genauso neigen sie aber auch dazu, negative Gefühle zu verdrängen, »in sich hineinzufressen«, und die Wut gegen sich selbst zu richten. Auch mit der Alltagsroutine haben es Choleriker manchmal schwer. Als Ausgleich sind kreative, auch spielerische Tätigkeiten und Tanzen empfehlenswert.

Schlüsselfragen, die Ihnen zeigen,
wie vertraut Sie mit dem Feuerelement sind

* Fällt es Ihnen leicht, sich für idealistische Ziele einzusetzen?
* Sind Sie sehr willensstark und setzen Sie Ihre Vorstellungen durch, wenn sie Ihnen wichtig sind?
* Sind Sie bekannt dafür, Menschen in schwierigen Situationen neuen Schwung und Lebensmut zu geben?
* Können Sie Ihre spielerische und kindliche Seite zulassen und sich richtig freuen?
* Können Sie Wut und Ärger äußern und dann auch wieder relativ schnell zu Ihrer Fröhlichkeit zurückkehren?
* Gelingt es Ihnen auch in schweren Zeiten, optimistisch zu sein?

Wenn Sie mehrere Fragen mit Ja beantworten, sind Sie mit dem Feuerelement, in dem Ihr Mondzeichen steht, vertraut. Beantworten Sie mehrere Fragen mit Nein, empfehlen wir Ihnen, das Feuerelement in sich zu stärken (z. B. mit den empfohlenen Übungen). Denn wie im vorherigen Kapitel beschrieben, deutet die Mondstellung darauf hin, welche Bedürfnisse Sie gefühlsmäßig haben und was Sie für Ihr Wohlbefinden brauchen.

Probleme, die auf ein
überschießendes Feuerelement hindeuten

Der Begriff Choleriker leitet sich von dem Wort »Galle« ab. Ein Feuermensch neigt auf der körperlichen Ebene zu Stauungen, wenn er seine Energie, seine Kraft und Lebendigkeit nicht leben kann, aber auch, wenn sein Wille allzu oft durch den Widerstand anderer blockiert wird. Dann kann es auf der seelischen Ebene zu Empfinden von Ärger, Groll, Wut oder Eifersucht kommen, auf der körperlichen Ebene zu Problemen im Leber-Galle-Bereich. In der Erfahrungsheilkunde wurde übrigens die Ursache für den Schlaganfall in gestauter Leberenergie und damit in einem blockierten Feuerelement gesehen. Aber auch Verstopfung und allgemeine Stoffwechselstörungen finden wir dann ebenso wie Herzbeschwerden oder Verkrampfungen der Muskulatur (Bronchienprobleme, Migräne).

Wie Sie ein überschießendes Feuerelement
ausgleichen können

* Sportarten wie Schwimmen oder Joggen
* dynamische Yogaformen
* Konzentrationsübungen, um die Aufmerksamkeit zu lenken
* dynamische Atem-, Entspannungs- und Meditationsübungen
* Singen und Intonieren
* Theaterbesuche
* unterstützende Medikamente aus der Naturheilkunde zur Anregung der Leber (z. B. Artischocke und Mariendistel) und zur Unterstützung des Herzens (z. B. Weißdorn- und Magnesiumpräparate), Spagyrik: Nr. 8 Hepatik, 2-mal 15 Tropfen täglich vor oder zum Essen mit Flüssigkeit

Farbe: *Rot*

Rot ist die kräftigste, wärmste und belebendste Farbe. Rot ist die Farbe des Blutes, sie hat die Kraft und Hitze des Feuers. Sie gilt gleichzeitig als Farbe des Herzens, der Leidenschaft. Rot können Sie überall dort einsetzen, wo Lebenskraft angeregt oder erneuert werden soll.

Ätherische Öle

Rosmarin, Blutorange, Thymian

Musik

Wählen Sie Trommel- oder feurige Flamencomusik oder ein anderes rhythmisches Musikstück, das Sie zuerst in Ruhe, d. h. im Sitzen oder Liegen hören. Spüren Sie, wie der Rhythmus auf Ihren Körper wirkt, bevor Sie anfangen, sich zu bewegen. Lassen Sie sich mitreißen, tanzen, intonieren und singen Sie, bis die Musik Sie ganz erfüllt. Legen Sie sich anschließend ein paar Minuten auf den Boden und spüren Sie nach, was sich verändert hat. Wie fühlt sich jetzt Ihr Körper an? Wie fühlen Sie sich insgesamt?

Übung: *Tum-Mo-Übung der Tibeter*

Setzen Sie sich gerade mit entspannten Schultern hin und konzentrieren Sie sich auf die Wirbelsäule. Die Augen sind geschlossen. Stellen Sie sich den Rückenmarkkanal so dünn wie Nähseide vor. Beim Einatmen lassen Sie den Prana-Strom im Kanal von unten nach oben ziehen (vom Steißbein zum Scheitel), beim Ausatmen lenken Sie ihn in die entgegengesetzte Richtung (vom Scheitel zum Steißbein). Lassen Sie in sich das Bild von Feuer auftauchen. Sehen Sie die Farbe Rot und empfinden Sie die Wärme, die sich im Rückenmark zu Hitze steigert. Nach einer kleinen Pause atmen Sie wieder wie oben beschrieben, nur wird der Kanal jetzt breiter, so breit wie ein Bindfaden. Beim dritten Atemzug wird er breit wie ein Wollfaden, beim vierten Atemzug wie ein Elektrokabel, beim fünften wie ein Bergsteigerseil, beim sechsten wie ein Schiffstau, beim siebten nimmt der Kanal die volle Breite des Rückens ein. Atmen Sie noch einige Male, bis das Feuer völlig entfacht ist. Stellen Sie sich vor, Ihr Rücken »steht in Flammen«.

Diese Übung verläuft also in sieben Phasen. Im akuten Notfall, zum Beispiel bei großer Kälte oder auch bei innerem Kältegefühl, ist die Ausdehnung der Übung bis auf eine halbe Stunde möglich.

Diese Atemübung erhöht nicht nur die Wärme in Ihrem Körper, sondern aktiviert auch Mut und Tatkraft.

Affirmation
Alle meine Kräfte sind wie in einem Brennglas vereint.

Element Erde – Temperament Melancholiker

Die Erdzeichen in Stichworten

Stier

Liebevolle, friedliche, sinnliche Gefühle; ruhig, gutmütig, beständig, treu, gemütlich, zufrieden, körperbetont, geduldig, friedfertig, zärtlich, gesellig, verantwortungsvoll, zurückhaltend, ernst

Jungfrau

Vorsichtige, vernünftige Gefühle; sensibel, empfindsam, ruhig, verständnisvoll, gewissenhaft, realistisch, zuvorkommend, hilfsbereit, anpassungsfähig

Steinbock

Klare, dauerhafte Gefühle; introvertiert, liebevoll, empfindsam, treu, zuverlässig, loyal, fürsorglich

Astrologisch werden den Erdzeichen die Organe des Verdauungsapparates und das Knochengerüst zugeordnet, dem Stier Nahrungsaufnahme und -verwertung, der Jungfrau der Darm und dem Steinbock das Skelett.

Erdmenschen lieben Sicherheit und Beständigkeit. Sie handeln meist besonnen und versuchen greifbare Ziele durch Geduld und Ausdauer zu erreichen. Sie brauchen sinnliche Erfahrungen und verstehen es in der Regel, für andere eine Atmosphäre zu schaffen, in der man sich wohl und geborgen fühlt. Meist zeichnet sie ein ausgeprägtes Gefühl für Verantwortung aus, die sie in der Regel auch gerne tragen, weil es ihr Selbstwertgefühl stärkt.
Pflichtgefühl und Bodenständigkeit können aber auch zu Schwere und Unbeweglichkeit als mögliche Schattenseiten führen. Zu großen Materialismus und die damit verbundenen Ängste findet man häufig bei den Menschen, die vom Erdelement geprägt sind. Das Loslassen fällt ihnen schwer, sei es von materiellen Dingen, sei es von Menschen. Bevorstehende Veränderungen können Angst machen und zu echten Anpassungsschwierigkeiten führen, die nicht selten

zu einem Gefühl von Trägheit bis hin zu Lähmung und Erstarrung führen.

Schlüsselfragen, die Ihnen zeigen,
wie vertraut Sie mit dem Erdelement sind

* Sind Sie ein sehr verantwortlicher Mensch, der für andere als sehr verlässlich gilt?
* Können Sie Ihren Mitmenschen gegenüber manchmal sehr bestimmend und unnachgiebig sein?
* Versuchen Sie, anstehende Probleme am liebsten so konkret und praktisch wie möglich zu lösen?
* Prüfen Sie alles sehr gewissenhaft, bevor Sie etwas entscheiden?
* Sind Sie loyal und treu den Menschen gegenüber, die Sie lieben oder die Ihnen anvertraut sind?

Wenn Sie mehrere Fragen mit Ja beantworten, sind Sie mit dem Erdelement, in dem Ihr Mondzeichen steht, vertraut. Beantworten Sie mehrere Fragen mit Nein, empfehlen wir Ihnen, das Erdelement in sich zu stärken (z. B. mit den empfohlenen Übungen). Denn wie im vorherigen Kapitel beschrieben, deutet die Mondstellung darauf hin, welche Bedürfnisse Sie gefühlsmäßig haben und was Sie für Ihr Wohlbefinden brauchen.

Probleme, die auf ein
überstarkes Erdelement hinweisen können

Der Begriff Melancholiker leitet sich von der so genannten schwarzen Galle ab. Man ging in der alten Heilkunde davon aus, dass die über einen langen Zeitraum gestauten Säfte wie die Galle dunkel oder schwarz werden. Schon das zeigt, dass der Melancholiker langsam reagiert, Symptome oft erst auftreten, wenn eine Krankheit bereits manifest ist, wie wir es z. B. bei der Steinbildung (Gallen-, Nierensteine) finden. Aber auch alle Neubildungen im Körper können mit Verschlackung und Verhärtung zu tun haben. Da ein Mensch mit diesem Temperament gerne isst, kann er auch unter Übergewicht leiden.

Astrologisch werden den Erdzeichen die Organe des Verdauungsapparates und das Knochengerüst zugeordnet, dem Stier Nahrungsaufnahme und -verwertung, der Jungfrau der Darm und dem Steinbock das Skelett.

Wie Sie ein zu stark ausgeprägtes Erdelement ausgleichen können

- regelmäßige Bewegung
- regelmäßige Entschlackungs- oder Fasttage
- Körperübungen, die in Fluss bringen (Sonnengebet, Qigong-Übungen)
- Atemübungen
- Intonieren und Singen
- Fleischkonsum verringern, scharfe Kräuter und Gewürze zur Anregung des Stoffwechsels sind zu empfehlen
- Medikamente aus der Naturheilkunde zur Leber-, Nieren- und Lymphreinigung); Spagyrik: Nr. 16 Renalin und Nr. 9 Lymphatik, jeweils 2-mal 10 Tropfen täglich mit ausreichend Flüssigkeit

Wie Sie ein schwaches Erdelement stärken können

Farbe: *Grün*
Grün ist eine ausgleichende und beruhigende Farbe. Sie bedeutet Sauerstoffaufnahme und Wachstum. Sie steht für die

Kräfte der Natur und symbolisiert Hoffnung und Zuversicht. Grün ist die Heilfarbe schlechthin. Man setzt sie vor allem ein, um disharmonische Schwingungen auszugleichen und Stabilität und neue gesunde Lebensstrukturen aufzubauen.

Ätherische Öle
Patschouli, Muskatellersalbei, Majoran

Musik
Wählen Sie ruhige, kraftvolle Musik, die einen klaren verlässlichen Rhythmus hat, wie ein Stück aus den »Brandenburgischen Konzerten« von Johann Sebastian Bach oder »Die vier Jahreszeiten« von Vivaldi. Hören Sie die Musik zuerst im Sitzen oder Liegen und spüren Sie, wie der Rhythmus auf Ihren Körper wirkt. Fangen Sie dann an, sich nach der Musik zu bewegen. Lassen Sie die Musik in Ihre Füße und Beine fließen, in Arme und Hände, und bewegen Sie sich dabei. Legen Sie sich anschließend ein paar Minuten auf den Boden und spüren Sie nach, was sich verändert hat. Wie fühlt sich jetzt Ihr Körper an? Wie fühlen Sie sich insgesamt?

Übung: *Hara-Atemübung*
Diese Übung bezieht sich auf den Bauch, im Japanischen als Hara bezeichnet, dessen Zentrum sich ungefähr drei Zentimeter unter dem Nabel befindet. Durch diese Übung wird Ihnen die Kraft der Mitte bewusst. Erst wenn wir unsere Mitte spüren, können wir uns vertrauensvoll auf uns selbst verlassen, auf uns selbst einlassen.
Setzen Sie sich aufrecht hin und legen Sie die Hände auf den Bauch. Atmen Sie langsam ein, bis sich der Bauch auf angenehme Weise gefüllt anfühlt. Halten Sie kurz inne und atmen Sie mit einem lang gezogenen »fffff« aus halb offenem Mund aus. Lassen Sie den Bauch ganz locker. Stellen

Sie sich beim Ausatmen eine Bleikugel vor, die im Innern auf den Beckengrund sinkt. Sie können sich auch vorstellen, dass Sie mit dem Ausatmen von einer schweren Last befreit werden.

Lassen Sie sich beim Ausatmen in den Schultern los und im Becken nieder. Dabei können Sie auch ganz bewusst Ihren strapazierten Kopf entspannen.

Diese Übung hilft Ihnen nicht nur, sich von Angst und Sorgen zu befreien, sie wirkt auch entspannend auf den ganzen Körper.

Affirmation
Standhaft und unangreifbar wie ein Fels.

Element Luft – Temperament Sanguiniker

Die Luftzeichen in Stichworten

Zwillinge

Unbekümmerte, naive, leichte, unverbindliche Gefühle; unruhig, heiter, quirlig, nervös, interessiert, kontaktfreudig, mitteilungsbedürftig, unabhängig, spielerisch

Waage

Harmonische und liebevolle Gefühle; freundlich, feinfühlig, unbeschwert, friedfertig, dubezogen, künstlerisch, anpassungsbereit, bezaubernd, diplomatisch

Aufrichtige und beständige Gefühle; freundschaftlich, tolerant, verständnisvoll, freiheitsliebend, eigenständig und unabhängig, objektiv, emotional

Astrologisch werden den Luftzeichen vor allem das Nervensystem, aber auch Lunge und Nieren zugeordnet, den Zwillingen die Lunge, der Waage die Nieren und dem Wassermann das autonome Nervensystem.

Menschen mit einem sanguinischen Temperament sind meist liebenswürdig, positiv und harmoniebedürftig. Sie sind flexibel und anpassungsfähig und lieben die Gesellschaft anderer Menschen. Sie können bei anderen sehr gut die Vermittlerrolle spielen, dabei kommen ihnen eine gute Urteilsfähigkeit und eine gewisse Leichtigkeit zugute. Sanguiniker haben meist ein großes Bedürfnis nach Abwechslung und Unabhängigkeit.

Zur Schattenseite der luftbetonten Menschen kann eine gewisse Kühle oder Distanziertheit gehören oder ein Mangel an Mitgefühl. Ihre Flexibilität kann so weit gehen, dass sie sich entweder weigern, sich festzulegen, oder sich übermäßig anpassen. Dabei verlieren die luftbetonten Menschen ihre Objektivität und Klarheit und damit ihre Fähigkeit, sich Konflikten zu stellen und Entscheidungen zu treffen.

- Brauchen Sie das Gefühl, frei zu sein, auch wenn es objektive Verpflichtungen gibt, die Sie einhalten müssen?
- Haben Sie sehr viele Interessen, so dass Ihnen kaum Zeit bleibt, sich den einzelnen Dingen intensiv zu widmen?
- Brauchen Sie Kontakt und Abwechslung, um sich wohl zu fühlen?
- Neigen Sie dazu, in Gesprächen schnell Ihre Meinung zu äußern, oder auch dazu, meistens alles besser zu wissen?
- Nehmen Sie gern eine Vermittlerrolle ein?

Wenn Sie mehrere Fragen mit Ja beantworten, sind Sie mit dem Luftelement, in dem Ihr Mondzeichen steht, vertraut. Beantworten Sie mehrere Fragen mit Nein, empfehlen wir Ihnen, das Luftelement in sich zu stärken (z. B. mit den empfohlenen Übungen). Denn wie im vorherigen Kapitel beschrieben, deutet die Mondstellung darauf hin, welche Bedürfnisse Sie gefühlsmäßig haben und was Sie für Ihr Wohlbefinden brauchen.

Körperliche Probleme, die auftauchen können,
wenn die Energie des Luftelements blockiert ist

Der Begriff Sanguiniker leitet sich vom Blut ab. Das Blut verbindet alle Organe, alle Zellen im Körper miteinander und enthält auch alle Informationen des menschlichen Organismus. Dementsprechend kann es bei Störungen in diesem Element zu einem überreizten Nervensystem und zu Rhythmusstörungen jeder Art kommen (Herzrhythmus, Menstruationsprobleme, Reizdarm, Schlafstörungen). Auch Konzentrationsstörungen durch Überforderung finden wir beim Sanguiniker häufiger als bei anderen Temperamenten.

- auf Reizstoffe weitgehend verzichten
- öfter und kleine Portionen essen
- Informationsflut (Zeitung, Radio, Fernsehen) reduzieren
- Wandern in der Natur
- Entspannungs- und Meditationsübungen
- Yoga
- Medikamente aus der Naturheilkunde, die das Nervensystem unterstützen (z. B. Johanniskraut) sowie zur Balance des Säure-Basen-Haushalts (Basenpulver); Spagyrik: Nr. 4 Cerebretik, 2-mal 10 Tropfen täglich mit ausreichend Flüssigkeit

Wie Sie ein schwaches Luftelement stärken können

Farbe: *Gelb*
Gelb ist eine warme, heitere und helle Farbe. Sie steht für einen wachen Verstand, Intellekt und die Fähigkeit zur Analyse. Gelb entspricht Offenheit, Beweglichkeit und Weltzugewandtheit. Sie symbolisiert die Schwingung der Sonne, geistige Antriebsstärke und eine schnelle Auffassungsgabe. Gelb wird eingesetzt, um die Gedankentätigkeit und das Interesse am eigenen Leben und der Umwelt anzuregen.

Ätherische Öle
Grapefruit, Rose, Zitrone

Musik
Wählen Sie leichte, luftige Musik, z. B. den »Nachmittag eines Fauns« von Claude Debussy oder Klaviermusik von Chopin oder ein anderes Musikstück, das Sie lieben. Hören Sie diese Musik zuerst in Ruhe, das heißt im Sitzen oder Liegen.

Spüren Sie, wie der Rhythmus auf Ihren Körper wirkt, bevor Sie anfangen, sich zu bewegen. Lassen Sie die Musik in Ihre Füße und Beine fließen, in Arme und Hände, und bewegen Sie sich dabei. Legen Sie sich anschließend ein paar Minuten auf den Boden und spüren Sie nach, was sich verändert hat. Wie fühlt sich jetzt Ihr Körper an? Wie fühlen Sie sich insgesamt?

Atemübung: *Expansionsatmung »Flügge werdender Vogel«*
Diese Atemübung kann im Gehen oder im Stehen durchgeführt werden. In Ihrer Vorstellung stehen Sie auf einem Bergrücken und werden vom Wind durchweht. Atmen Sie erst auf eine, dann auf zwei, dann auf drei und schließlich auf vier Zeiten ein und aus und heben Sie in jeder Phase die ausgestreckten Arme mit der Verlängerung des Atems etwas höher, bis sie ganz hoch ausgebreitet sind, als wollten Sie fliegen. Die Phase auf vier Zeiten wiederholen Sie einmal, damit das Gefühl des »Fliegenkönnens« entsteht. Gehen Sie dann denselben Weg wieder zurück, das heißt auf drei Zeiten ein- und ausatmen, auf zwei und schließlich auf eine. Wenn Sie diese Übung im Gehen durchführen, werden Sie sie noch dynamischer und leichter empfinden. Wiederholen Sie die Übung mehrmals, bis sich Leichtigkeit und Offenheit in Ihrem Brustkorb einstellen.
Die Übung stärkt das Gefühl der Freude und des Wohlbefindens, sie öffnet und befreit.

Affirmation
Ich bin frei. Ich bin frei. Ich bin frei.

Element Wasser – Temperament Phlegmatiker

Die Wasserzeichen in Stichworten

Krebs

Wechselnde Gefühle; mütterlich, liebevoll, hilfsbereit, sanft, warmherzig, hingabefähig, sensibel, phantasievoll, verträumt, mitfühlend, beschützend, nachsichtig

Skorpion

Intensive, tiefe und leidenschaftliche Gefühle; geheimnisvoll, verschwiegen, ernst, faszinierend, vorsichtig, dauerhaft, empfindlich, hintergründig, tiefgründig

Fische

Durchlässige Gefühle; sensibel, phantasievoll, romantisch, zärtlich, kreativ, intuitiv, geduldig, verständnisvoll, verträumt, empfindsam, unergründlich

Astrologisch werden den Wasserzeichen Schleimbildung (Phlegma = Schleim), Lymphe, Blut, Magen und Geschlechtsorgane zugeordnet, dem Krebs der Magen, dem Skorpion die Geschlechtsorgane und den Fischen Blut und Lymphe.

Menschen mit einem phlegmatischen Temperament sind ruhige Menschen, die in der Regel über ein großes Maß an Intuition verfügen. Sie sind gefühlsbetonte Menschen, die gerne für andere sorgen. Sie können sehr verständnisvoll und mitfühlend mit anderen sein und brauchen selbst auch viel liebevolle Zuwendung und Harmonie.

Zu ihren Schattenseiten kann die Neigung zu Trägheit, Selbstmitleid, zu Tagträumen und Illusionen gehören. Wenn sie in ihren Gefühlen und Sehnsüchten versinken, kommt das Denken zu kurz, und so finden sie oft keinen Ausweg aus gefühlsmäßig belastenden Situationen.

Schlüsselfragen, die Ihnen zeigen,
wie vertraut Sie mit dem Wasserelement sind

- Versuchen Sie ein Problem oder eine Situation immer erst intuitiv zu erfassen?
- Empfinden Sie großes Mitgefühl, wenn jemand Ihnen von seinen Sorgen oder Problemen berichtet?
- Neigen Sie zu Stimmungsschwankungen?
- Brauchen Sie in der Beziehung zu anderen Menschen vor allem gefühlsmäßige Übereinstimmung?
- Lieben Sie es, andere zu versorgen oder zu verwöhnen, z. B. durch ein gutes Essen?

Wenn Sie mehrere Fragen mit Ja beantworten, sind Sie mit dem Wasserelement, in dem Ihr Mondzeichen steht, vertraut. Beantworten Sie mehrere Fragen mit Nein, empfehlen wir Ihnen, das Wasserelement in sich zu stärken (z. B. mit den empfohlenen Übungen). Denn wie im vorherigen Kapitel beschrieben, deutet die Mondstellung darauf hin, welche Bedürfnisse Sie gefühlsmäßig haben und was Sie für Ihr Wohlbefinden brauchen.

Probleme, die auftauchen können,
wenn die Energie des Wasserelements blockiert ist

Phlegma bedeutet Schleim. Der Phlegmatiker neigt demnach zu Schleimansammlungen oder Problemen mit den Schleimhäuten. So kann es vor allem zu Magenproblemen jeder Art oder zu Erkrankungen der Lungenbronchien kommen. Der Phlegmatiker neigt ebenfalls mehr als andere zu Wassereinlagerungen und Übergewicht. Außerdem sind Herzschwäche und niedriger Blutdruck sowie Stauungen im Venenbereich mögliche Folgen eines zu sehr dominierenden Wasserelements.

Die Lymphe, Blut, Magen und Geschlechtsorgane werden astrologisch den Wasserzeichen zugeordnet, dem Krebs der Magen, dem Skorpion die Geschlechtsorgane und den Fischen Blut und Lymphe.

Wie Sie ein zu starkes Wasserelement ausgleichen

* Bewegung in frischer Luft
* Kneipp-Anwendungen
* Entwässerungstage mit Reis oder Kartoffeln
* Konzentration auf geistige Arbeit
* Lymphdrainage, Fußreflexzonentherapie
* Medikamente aus der Naturheilkunde zur Unterstützung der Niere und Ausscheidungsorgane sowie zur Balance des Säure-Basen-Haushalts
* möglichst wenig Milchprodukte (da Schleim bildend)

Farbe: *Blau*

Blau ist die reinste und tiefste Farbe. Sie steht für das Innenleben, das Unbewusste, die innere Stille, Sanftheit und seelische Tiefe. Sie gilt als Farbe der Sehnsucht nach der immateriellen Welt und als Farbe der Treue. Blau wird eingesetzt, um innere Ruhe, körperliche und seelische Entspannung zu fördern.

Ätherische Öle

Rose, Jasmin, Ylang-Ylang

Musik

Wählen Sie ein melodisches und gefühlvolles Musikstück wie das »Adagio« aus dem Cellokonzert in C von Joseph Haydn oder ein anderes bevorzugtes Musikstück, das Sie zuerst in Ruhe, das heißt im Sitzen oder Liegen hören. Spüren Sie, wie der Rhythmus auf Ihren Körper wirkt, bevor Sie anfangen, sich zu bewegen. Lassen Sie die Musik in Ihre Füße und Beine fließen, in Arme und Hände, und bewegen Sie sich dabei. Legen Sie sich anschließend ein paar Minuten auf den Boden und spüren Sie nach, was sich verändert hat. Wie fühlt sich jetzt Ihr Körper an? Wie fühlen Sie sich insgesamt?

Übung: *Meditative Ruhe-Atmung im Sitzen oder Liegen*

Diese Übung wird in japanischen Klöstern praktiziert und fördert die Stille in unserem inneren Bereich als Gegengewicht zu unserer hektischen Lebensweise.

Lassen Sie Körper und Geist still werden, beruhigen Sie die Atmung und entspannen und schließen Sie die Augen ganz sanft. Die Augen sinken dabei etwas tiefer in die Augenhöhlen ein, die Augenlider werden schwer. Richten Sie die Augäpfel auf die Nasenwurzel. Lassen Sie die Atemzüge dünner und länger werden. Alle Suggestion konzentriert sich auf Stille, Leichtigkeit, Weichheit, Ruhe und Inaktivität, bis Sie deutlich spüren, wie der Körper in sanfte Schwingungen gerät. Sie können sich dabei eine Wasseroberfläche vorstellen, die immer ruhiger wird, bis das Wasser in eine sanfte, gleichmäßige Schwingung übergegangen ist. Fühlen Sie diese Bewegung in Ihrem Körper. Eine sanfte Welle geht von Ihren Füßen durch die Beine, durch den Unterbauch und den Rücken bis hinauf in Schultern, Arme und Hände. Auch Hals und Kopf sind in eine ganz sanfte Schwingung geraten. Ihr ganzer Körper ist in einer gleichmäßigen sanften Schwingung. Er ist ganz im Einklang mit der Schwingung des Universums. Der Körper dehnt sich aus, als hätte er keine Grenzen, bis er schließlich ganz verbunden ist mit allem um ihn herum. Lassen Sie sich Zeit, bis Sie sich vollständig im Einklang und in völliger Stille empfinden.

Diese Übung führt zu seelischer Ausgeglichenheit und Wohlbefinden, sie beruhigt das Herz und fördert den Schlaf.

Affirmation
Ich bin eingebettet in den großen kosmischen Strom.

Visualisierungsübungen zur Stärkung der Mondkraft im jeweiligen Element

Um sich auf die Visualisierung vorzubereiten, ist es empfehlenswert, die Kraft der Elemente in der Natur bewusst zu spüren: sich an einen Baum anzulehnen, sich ins Gras zu legen, Wasser und Wind auf der Haut zu spüren und die Wärme des Feuers wahrzunehmen.

Sorgen Sie dafür, dass Sie für jede Elemente-Reise ausreichend Zeit und auch Ruhe haben, damit Sie sich ganz Ihren inneren Bildern und Erfahrungen widmen können. Dunkeln Sie den Raum etwas ab und setzen Sie sich aufrecht hin.

Entspannen Sie den ganzen Körper, beginnen Sie bei den Füßen, weiter über Beine und Becken bis zum Rücken. Entspannen Sie Brustkorb, Schultern, Arme und Hände, dann den Nacken und den Kopf. Atmen Sie dann einige Minuten lang tief und verbunden, so dass zwischen Ein- und Ausatmen keine Pause entsteht. Fahren Sie dann mit der Übung fort, wie sie bei den einzelnen Elementen beschrieben ist.

Visualisierungsübung zur Stärkung des Feuerelements

Nachdem Sie sich wie oben beschrieben auf diese Übung vorbereitet haben, lassen Sie jetzt vor Ihrem inneren Auge die verschiedenen Formen des Elements Feuer auftauchen. Stellen Sie sich das Licht einer Kerzenflamme vor, ein Lagerfeuer oder ein Feuer im Kamin, das Feuer, das die Sonne ausstrahlt, oder einen Vulkan. Gehen Sie nun in Ihrer Vorstellung eine Treppe nach unten und zählen Sie dabei von 10 bis 1. Bei jeder absteigenden Zahl entspannen Sie sich tiefer und tiefer. Betreten Sie dann durch ein Bild oder ein Symbol, das jetzt aus Ihrem Unterbewussten auftaucht, das Element Feuer. Stellen Sie sich vor, Sie werden von einer Flamme, die Sie nicht verbrennt, eingehüllt. Nehmen Sie Kontakt mit einem Vulkan auf oder gehen Sie – wenn Sie ganz mutig sind – ins Innere der Erde und nähern Sie sich dem feurigen Kern.

Nehmen Sie alle Informationen auf, spüren Sie, wie es sich anfühlt, mit Feuer in Kontakt zu sein. Nehmen Sie seine Kraft wahr und versuchen Sie, diese Kraft auch in sich zu spüren.

Nehmen Sie dann Kontakt auf zu den Energiewesen des Feuers. Fragen Sie diese Feuergeister, wie Ihre Verbindung zu diesem Element ist, oder lauschen Sie einfach, welche Informationen Sie bekommen.

Wenn Sie das Gefühl haben, dass Sie das Feuer verlassen möchten, bedanken Sie sich bei den entsprechenden Wesenheiten und gehen Stufe für Stufe Ihrer imaginären Treppe wieder nach oben, während Sie von 1 bis 10 zählen.

Bewegen Sie sich jetzt wieder, strecken und dehnen Sie sich und rufen Sie sich Ihre Informationen noch einmal ins Bewusstsein. Malen Sie oder schreiben Sie Ihre Erfahrungen auf.

Visualisierungsübung zur Stärkung des Erdelements

Nachdem Sie sich wie eingangs beschrieben auf diese Übung vorbereitet haben, zählen Sie jetzt langsam von 10 bis 1 und gehen dabei eine imaginäre Treppe nach unten. Dort angekommen, lassen Sie ein Symbol erscheinen, das für Sie den Eintritt ins Erdelement darstellt. Es kann die Öffnung einer Höhle sein, durch die Sie in einen Berg hineingehen, oder ein Baum, den Sie in Ihrer Vorstellung betreten können. Warten Sie ab, bis von selbst ein solches Bild erscheint, das Sie mit dem Element Erde verbindet. Wenn Sie bereits etwas geübt in dieser Technik sind, können Sie sich auch vorstellen, in die Erde hinabzusteigen oder ein Samenkorn zu sein, das in der dunklen warmen Erde liegt.

Lassen Sie jetzt die inneren Bilder aufsteigen und nehmen Sie wahr, wie diese Bilder auf Sie wirken. Versuchen Sie, so viele Informationen wie möglich über das Erdelement zu bekommen, seine Wärme, seine Dunkelheit, aber auch die Geborgenheit zu spüren, die mit der Erde verbunden sein kann. Vielleicht spüren Sie auch die Schwere und Trägheit, die sich mit diesem Element in Ihrem Körper ausbreitet.

Verbinden Sie sich jetzt mit den Energien der Erde, die Sie sich als Zwerge oder Feen oder als Geister der Erde vorstellen können. Stellen Sie Fragen, die mit Ihrer Verbindung zu diesem Element zu tun haben, oder warten Sie einfach, welche Informationen Sie bekommen.

Wenn Sie das Gefühl haben, dass Sie das Element jetzt verlassen möchten, bedanken Sie sich bei den Wesenheiten der Erde und gehen Stufe für Stufe Ihrer imaginären Treppe wieder nach oben, während Sie von 1 bis 10 zählen.

Bewegen Sie sich jetzt wieder, strecken und dehnen Sie sich

und rufen Sie sich Ihre Informationen noch einmal ins Bewusstsein. Hilfreich wäre es, diese Informationen in eine Gestalt zu bringen, z. B. in Form einer Zeichnung oder eines Mandalas.

Visualisierungsübung zur Stärkung des Luftelements

Nachdem Sie sich wie eingangs beschrieben auf diese Übung vorbereitet haben, gehen Sie eine imaginäre Treppe nach unten, während Sie von 10 bis 1 zählen. Betreten Sie dann durch ein entsprechendes Bild oder Symbol, das aus Ihrem Unterbewussten auftaucht, das Element Luft. Sie können sich sich selbst als Vogel oder als Drachenflieger vorstellen. Sie können aber auch einen Ballon besteigen, der sich langsam in die Lüfte abhebt.

Nehmen Sie alle Informationen auf, die mit diesem Element verbunden sind, spüren Sie Wind und Sturm auf Ihrer Haut und im Körper oder nehmen Sie den leisen Hauch in Ihren Nasenlöchern wahr, der beim Einatmen entsteht.

Versuchen Sie dann, mit den Energiewesen der Luft in Kontakt zu kommen, mit Luftgeistern oder Engeln. Stellen Sie Fragen, die mit Ihrer Verbindung zu diesem Element zu tun haben, oder warten Sie einfach, welche Informationen Sie bekommen.

Wenn Sie das Gefühl haben, dass Sie die Luft verlassen möchten, bedanken Sie sich bei den entsprechenden Wesenheiten und gehen Stufe für Stufe Ihrer imaginären Treppe wieder nach oben, während Sie von 1 bis 10 zählen.

Bewegen Sie sich jetzt wieder, strecken und dehnen Sie

sich und rufen Sie sich Ihre Informationen noch einmal ins Bewusstsein. Setzen Sie Ihre Erfahrungen in Bewegung, in Tanz um oder malen Sie ein Bild.

Visualisierungsübung zur Stärkung des Wasserelements

Nachdem Sie sich wie eingangs beschrieben auf diese Übung vorbereitet haben, zählen Sie langsam von 10 bis 1 und gehen dabei eine imaginäre Treppe nach unten. Lassen Sie ein Bild oder ein Symbol auftauchen, durch das Sie das Wasserelement betreten. Sie können im Wasser untertauchen oder sich ins Innere eines Wassertropfens begeben. Sie können sich in einen Wasserfall verwandeln, oder in einen stillen Bergsee. Spüren Sie die Informationen, die dieses Element Ihnen gibt, auf Ihrer Haut und in Ihrem Körper. Nehmen Sie wahr, wie es sich anfühlt und wie es für Sie ist, mit diesem Element verbunden zu sein.
Nehmen Sie dann Kontakt auf zu den Energien des Wassers, die Sie sich als Nixen oder auch als Delfine oder Fische vorstellen können. Stellen Sie Fragen, die mit Ihrer Verbindung zu diesem Element zu tun haben, oder warten Sie einfach, welche Informationen Sie bekommen.
Wenn Sie das Gefühl haben, dass Sie das Wasser verlassen möchten, bedanken Sie sich bei den entsprechenden Wesenheiten und gehen Stufe für Stufe Ihrer imaginären Treppe wieder nach oben, während Sie von 1 bis 10 zählen.
Bewegen Sie sich jetzt wieder, strecken und dehnen Sie sich und rufen Sie sich Ihre Informationen noch einmal ins Bewusstsein. Malen oder schreiben Sie Ihre Erfahrungen auf.

Der Mond in den zwölf Tierkreiszeichen

Auf seinem rund 29-tägigen Lauf um die Erde durchwandert der Mond die zwölf Zeichen des astrologischen Tierkreises. Je nachdem, in welchem Tierkreiszeichen der Mond bei der Geburt stand, erfahren wir mehr über den Charakter und die Persönlichkeit des Einzelnen, und es beschreibt präzise, welche Dinge uns das Gefühl von Sicherheit und Geborgenheit vermitteln.

In den folgenden Kapiteln werden die Mondstellungen in den Tierkreiszeichen beschrieben, das Wohlbefinden, die Spannungsbereiche und entsprechende individuelle Therapiemöglichkeiten und Hilfestellungen aufgeführt.

Unter welchem Mondzeichen Sie geboren wurden, entnehmen Sie bitte den Mondtabellen im Anhang.

So finden Sie Ihr Mondzeichen

In den Mondtabellen (Ephemeriden) im Anhang können Sie nachschlagen, in welchem Zeichen der Mond zum Zeitpunkt Ihrer Geburt stand.

Gehen Sie folgendermaßen vor:

* Schlagen Sie zunächst die Seite Ihres Geburtsjahres auf.
* Suchen Sie Ihren Geburtsmonat und Ihren Geburtstag.

In den Mondtabellen ist jedoch immer nur der Zeitraum angegeben, in welchem sich der Mond in einem bestimmten Zeichen befindet.

Zum Beispiel: Sie sind am 2. Januar 1940 um 18:34 Uhr geboren, dann finden Sie folgenden Eintrag:

1940
Januar
01.   11:43   ♎
03.   15:36   ♏

Das bedeutet: Bei sämtlichen Geburten, die sich zwischen dem 1. Januar 1940 ab 11:43 Uhr und dem 3. Januar 1940 bis 15:35 Uhr ereignet haben, befindet sich der Mond im Zeichen Waage. Ab 15:36 Uhr steht er bereits im Zeichen Skorpion.

Um den genauen Mondstand zu ermitteln, ist es deshalb wichtig, wenn möglich, die genaue Geburtszeit zu wissen. Dies können Sie bei dem Standesamt Ihres Geburtsortes erfragen.

Wichtig: Bei sämtlichen Zeitangaben sind die unterschiedlichen Sommerzeiten bereits berücksichtigt.

Hinweise zu den Therapieempfehlungen bei den jeweiligen Mondzeichen

Bach-Blüten und was sie bewirken können

Benannt sind sie nach ihrem Entdecker, dem englischen Arzt und Heiler Dr. Edward Bach. Als er für sich erkannte, dass viele Krankheiten ihre Ursache in seelischen Problemen haben, gab er seine erfolgreiche Londoner Praxis auf, um nach Heilmitteln zu suchen, die über die Psyche auf den Körper wirken. Für ihn, der mit den neuesten Erkenntnissen der Homöopathie vertraut war – er hatte selbst an einem homöopathischen Krankenhaus gearbeitet –, war die Natur die Quelle der Heilung. Nach und nach entdeckte er 38 verschiedene Blüten und Pflanzen (einschließlich des Quellwassers Rock Water), die den Menschen auf körperlicher und seelischer Ebene Heilung bringen. Die Blüten sollten dabei helfen, die eigene Persönlichkeit mit Licht- und Schattenseiten zu erkennen, anzunehmen und zu leben. Die Blütenessenzen wirken auf der Ebene von Schwingung, das heißt, die Eigenschwingung der Pflanze wird auf den Menschen übertragen und überflutet ihn gleichsam mit ihrer Kraft und Heilenergie. Die menschliche Schwingung wird dadurch verändert und harmonisiert. Die Blüten lösen zum einen Blockaden in unserer Gefühlswelt, die häufig Ursache körperlicher Krankheiten sind. Zum anderen helfen sie uns, latente Kräfte und Möglichkeiten, die im Unterbewussten schlummern, ins Bewusstsein zu heben und zu entfalten. Dr. Edward Bach veröffentlichte 1931 seine Erkenntnisse in einem kleinen Büchlein mit dem Titel »Heile Dich selbst«. Damit wollte er seine Therapie allen Menschen zugänglich machen und sie so in die Lage versetzen, besser mit körperlichen und seelischen Krankheiten umzugehen. Die Blütenessenzen werden auf sehr schonende Weise gewonnen, die Blüten werden auf Wasser gelegt (nur ganz wenige wie z. B. die Kastanienknospe werden gekocht) und in die Sonne gestellt. Die Energie der Pflanze geht durch die Kraft der Sonne auf das Wasser über, anschließend wird dieser Pflanzenauszug mit Alkohol konserviert.

Anwendung der Bach-Blüten

Lassen Sie sich entweder in der Apotheke eine Mischung aus den Blüten herstellen, die Sie für sich herausgefunden haben, oder stellen Sie die Mischung aus den so genannten »stock bottles« selbst her.

Füllen Sie dazu ein 30-ml-Glasfläschchen zu zwei Drittel mit Alkohol oder Obstessig, geben Sie von jeder Blütenessenz 4 Tropfen hinein und füllen Sie den Rest möglichst mit Quellwasser oder Heilwasser ohne Kohlensäure auf.

Nehmen Sie täglich 4-mal 4 Tropfen von dieser Mischung oder, wenn das schwierig für Sie ist, 2-mal 8 Tropfen. Beobachten Sie während dieser Zeit Veränderungen in Ihren Gefühlen oder auch Gedanken. In der Regel sollten die Blüten über einen Zeitraum von mehreren Wochen genommen werden. Sollten Sie keine Veränderung spüren, aber dennoch Vertrauen in diese Heilmethode haben, empfiehlt es sich, einen Therapeuten oder eine Therapeutin aufzusuchen, die Sie beraten und die geeignete Blüte herausfinden kann.

Körper- und Atemübungen

Die meisten der vorgeschlagenen Übungen kommen aus dem Yoga, einer Lehre, die zusammen mit der indischen Ayurveda-Medizin in den altindischen vorchristlichen Weisheitsschriften festgehalten wurde. Der Begriff Yoga stammt aus der indischen Sanskritsprache und heißt »anjochen, zusammenbringen«. Die Yogalehre geht von einer Einheit von Körper, Seele und Geist aus, die wiederum in Verbindung mit dem Kosmos steht. Der Yogaweg soll diese Verbindung immer wieder aufs Neue erlebbar machen. Eine Vielzahl von Atem-, Konzentrations- und Meditationsübungen dient dazu, die widerstrebenden Kräfte des Körpers, der Gedanken und Gefühle zusammen- und zur Ruhe zu bringen. Diese Ruhe und Zentrierung führen zunächst zu einer vertieften Entspannung und unterstützen damit die körperliche und seelische Gesundheit. Im weiteren Verlauf des Yogaweges finden wir zu einer vertieften Selbst- und Gotteserfahrung.

Stellen Sie sich ein kleines Übungsprogramm zusammen, das vor allem die vorgeschlagenen Übungen für Ihre Mondstellung enthalten sollte. Beginnen Sie mit einer kurzen körperlichen Entspannung und enden Sie mit einer etwa fünfminütigen Konzentration oder Meditation. Die Übungen selbst sollten Sie mehrmals wiederholen, so dass sie sich wie Fahrradfahren oder Schwimmen einprägen und jederzeit abrufbar sind.

Mudras und ihre Wirkung auf den Menschen

Das Wort *mudra* wird in der Regel mit Siegel (mit dem man sich ausweist) oder Zeichen übersetzt. Andere Übersetzungen des indischen Sanskritwortes ergeben eine andere Bedeutung: *mudra* wird mit »glücklich sein« oder »was Freude und Wohlgefühl bringt« übersetzt. Mudras sind Finger-, Hand-, Kopf- oder Körperhaltungen, die man seit Urzeiten auf der ganzen Welt kennt. Im östlichen Kulturkreis werden sie besonders auch zu Heilzwecken eingesetzt. Mudras drücken nicht nur einen bestimmten Inhalt und ein bestimmtes Gefühl aus, sondern können diesen Zustand auch in uns hervorrufen.

Im Yoga dienen Mudras vor allem der Konzentration und Meditation. Die zu den einzelnen Mondzeichen vorgeschlagenen Mudras sollen Ihnen einerseits dabei helfen, die ganz besondere Energie dieser Mondstellung mehr zu spüren, andererseits die möglichen Probleme und Schwierigkeiten, die sich daraus ergeben können, besser zu meistern.

Manchmal brauchen Sie etwas Geduld, bis Sie die Wirkung spüren. Wiederholen Sie deshalb das ausgewählte Mudra im Lauf des Tages so oft wie möglich. Nehmen Sie sich Zeit, um zu spüren, wie es auf Ihren Körper und auf Ihre Gefühle und Gedanken wirkt.

Mit Hilfe der am Ende des Buches angegebenen Fachliteratur können Sie Ihr Wissen vertiefen und weitere hilfreiche Mudras herausfinden.

Spagyrik

Die Spagyrik ist ein besonderes Verfahren der Heilmittelherstellung. Das Wort selbst stammt aus dem Griechischen und bedeutet »Spao – trenne« und »gyrein – vereinige«. Die Spagyrik ist eng mit dem Namen des großen Arztes Paracelsus verbunden, der sie erstmalig methodisch beschrieb und bekannt machte. Sie basiert auf der Alchemie, einer hermetischen Kunst, die ihren Ursprung im alten Ägypten hatte. Durch die verschiedenen Prozesse der Trennung, der Reinigung und Wiedervereinigung werden die Wirkkräfte der Pflanzen, Metalle oder Mineralien in größtmöglichem Maße freigesetzt. Diese außergewöhnlichen Heilmittel wirken auf allen Ebenen, der körperlichen, seelischen und geistigen. Dazu kommt, dass die verwendeten Pflanzen nach besonderen Kriterien angebaut und geerntet werden, die dem ganzheitlichen Ansatz der Spagyrik entspricht, und darüber hinaus ein hohes Maß an Schadstoff-Freiheit aufweisen.

Die bei den Problembereichen der einzelnen Mondstellungen ausgewählten Heilmittel wirken damit nicht nur auf die beschriebenen körperlichen Beschwerden, sondern auch auf die seelische Befindlichkeit, die hinter dem Symptom steckt. Sie erhalten die Heilmittel in jeder Apotheke. Die Einnahme ersetzt keinesfalls eine notwendige Therapie. Es ist empfehlenswert, das Mittel über einen Zeitraum von ca. 6 Wochen zur Harmonisierung Ihres Wohlbefindens einzunehmen. Grundsätzlich sollten Sie bei längerem Bestehen der Beschwerden einen Arzt/eine Ärztin oder einen Heilpraktiker oder eine Heilpraktikerin aufsuchen bzw. sich bei auftauchenden Problemen um therapeutische Hilfe bemühen. Im Literaturanhang finden Sie die Webadresse der Firma Soluna, die Ihnen gegebenenfalls einen Therapeuten/eine Therapeutin empfehlen kann.

Visualisierung – die Kraft
der inneren Bilder nützen

Innere Bilder und Vorstellungen wirken in einem viel größeren Maß als Worte. Besonders intensiv ist die Wirkung, wenn die Bilder mit entsprechenden Gefühlen verbunden sind. Das gilt für positive Gefühle in gleicher Weise wie für negative. So können z. B. Ängste, die aufgrund einer Vorstellung entstehen, die gleichen Wirkungen im Körper auslösen (Schwitzen, Herzrasen, Atembeschleunigung etc.) wie eine tatsächlich existierende Gefahr.

Visualisierungstechniken machen sich dies zunutze, um positive Bilder, die mit angenehmen Gefühlen verbunden sind, zu nutzen. Mit ihrer Hilfe kann zum einen eine Verbesserung der körperlichen Befindlichkeit erreicht werden (Entspannung, Blutdrucksenkung etc.). Zum anderen eignet sich diese Methode auch, um eigene Ziele zu erreichen oder Probleme zu lösen.

Die Erkenntnisse der Gehirnforschung zeigen, dass unsere linke Großhirnhälfte dominant im Bereich Intellekt (Rechnen, analytisches Denken, Sprachen) tätig ist, die rechte im Bereich Intuition und Kreativität (Malen, künstlerisches Gestalten, konzeptionelles Arbeiten). Wenn Sie innere Bilder entwickeln, aktivieren Sie die rechte Gehirnhälfte, die wiederum in enger Verbindung mit dem limbischen System steht (zuständig für Verarbeitung und Entstehung von Gefühlen). Sie erweitern also damit auch Ihre Gehirnkapazität, indem Sie die rechte Großhirnhälfte aktivieren.

Empfohlener Einstieg in das kreative Visualisieren:

Stellen Sie sich zuerst die Zahl 3, dann die Zahl 2, dann die Zahl 1 bildlich vor. Zählen Sie langsam von 10 bis 1 und stellen Sie sich dabei eine Treppe vor, die Sie Stufe für

Stufe nach unten gehen. Um aus der Alphafrequenz wieder herauszukommen, zählen Sie von 1 bis 10 und gehen die Treppe wieder hinauf, stellen sich anschließend die Zahlen von 1 bis 3 vor, öffnen die Augen und strecken sich kräftig und gähnen ausgiebig.

Unterstützende Therapien

Hier werden Therapiemethoden aufgeführt, die sich in der Praxis bewährt haben. Es handelt sich dabei nur um eine Auswahl aus den vielfältigen Möglichkeiten. Informationen zu den einzelnen Therapieformen finden Sie sowohl in Ihrer Buchhandlung (entweder in so genannten Therapieführern oder als Einzeldarstellungen) als auch im Internet.

Der Mond im Zeichen Widder

Menschen, die mit dem Mond im Zeichen Widder geboren wurden, sind lebendig, voller Leben, heiter, übermütig und unkompliziert. Instinktiv und sehr gewandt gelingt es ihnen, für ihre eigenen Wünsche und Bedürfnisse einzustehen und diese auch durchzusetzen. Unbefangen wie sie sind, gehen sie offen und spontan auf andere Personen zu und haben keine Scheu, ihre Gefühle ehrlich und direkt zu äußern, selbst auf die Gefahr hin, sich unbeliebt zu machen.

Widder-Monde leben in der Welt der Phantasie, der Visionen und der Vorfreude. Sie sind starke, umgängliche Persönlichkeiten, die mit ihrer schöpferischen Kraft etwas bewegen möchten. Ihr großes Verlangen nach Veränderung, nach neuen Ideen, nach emotionalen und geistigen Herausforderungen gibt ihnen die Kraft, neue Wege zu gehen, und sie haben auch noch die Energie, andere dabei mitzunehmen.

Wie für die beiden anderen Feuerzeichen Löwe und Schütze ist es auch für sie nicht leicht, die Routine des Alltags zu akzeptieren. Gedanklich beschäftigen sie sich gerne mit den Dingen, die sein könnten, statt mit dem, was wirklich ist. Sie sind leicht entflammbar, stürzen sich wieder mit Begeisterung auf Neues, ohne vorher die realistischen Konsequenzen ihrer Vorhaben zu bedenken.

Widder-Mond-Geborene verstehen es, ihre Beziehungen, Freundschaften oder Partnerschaften mit sehr viel Schwung und Abwechslung zu bereichern. Ihre Selbstständigkeit und Unabhängigkeit wollen sie dabei jedoch nicht aufgeben, sie haben den Anspruch, ihr persönliches Leben nach eigenem Geschmack zu gestalten.

Wohlbefinden von Körper, Geist und Seele

Wenn Widder-Mond-Geborene ihre Impulse und Ideen durchsetzen können, dann fühlen sie sich pudelwohl, sind optimistisch und unbekümmert. Diese aktiven Menschen sind immer auf der Suche nach Inspiration, emotionaler Freiheit und neuen Erfahrungen.

Für ihr physisches und psychisches Gleichgewicht brauchen sie genügend Spielraum und Bewegungsfreiheit, um ihr schöpferisches Potenzial, ihre blühende Phantasie, ihre Spontaneität, ihre Dynamik und ihren Idealismus uneingeschränkt ausleben zu können.

Von frühester Kindheit an haben Widder-Monde großen Spaß daran, ihre Grenzen auszutesten. Oft sind sie lauter, unruhiger, wilder und mutiger als ihre Altersgenossen.

Wird ihr kindlich-intuitiver Unternehmungsgeist ständig unterdrückt, immer nur Disziplin und Anpassung gefordert oder gar ihr kindlicher Trotz gebrochen, können sie sich nicht zu selbstbewussten Persönlichkeiten entfalten.

Nur ein zufriedener Widder-Mond kann warm und herzlich sein. Sie sind fähig, spontan Kontakte zu knüpfen, sich rasant und leidenschaftlich in eine neue Liebe zu stürzen, aber genauso schnell sind sie auch bereit, diese Beziehungen zu beenden.

Ihre natürlich-sinnliche Veranlagung verführt sie gerne, im Spiel der Geschlechter die Initiative zu ergreifen, um daraus Kraft zu schöpfen und Spannungen abzubauen.

Spannungsbereiche, Probleme und Schwierigkeiten

Der Wunsch nach seelischer Freiheit und Unabhängigkeit einerseits und nach Nähe, Gemeinsamkeit und Verbundenheit andererseits kann für Widder-Mond-Geborene zu Schwierigkeiten und Problemen führen.

Ein ernst zu nehmender Konflikt, der emotionale Blockaden bewirken kann, ist der Widerspruch zwischen dem kompromisslosen Durchsetzen der eigenen Bedürfnisse und der romantischen Sehnsucht nach Liebe und Verständnis. Diese innere Unruhe, Impulsivität und Selbstbezogenheit haben so manches Mal Aggressionen, gereizte Stimmung oder unbeherrschte Ausbrüche zur Folge. Dadurch können sich die schöpferische Energie, der Enthusiasmus und die unbekümmerte Zuversicht der Widder-Monde in das Gegenteil verkehren.

Ständig stellen sie sich und ihre Fähigkeiten in Frage, trauen ihrer eigenen Intuition nicht mehr und suchen immer neue Ausflüchte. Ihr Tatendrang ist unterbrochen. In dieser Situation lehnen sie Unterstützung von außen häufig ab und später fehlt ihnen dann der Mut, um Hilfe zu bitten.

Hilfestellungen, Lösungen und Therapiemöglichkeiten

Verdrängen Widder-Mond-Geborene ihre wahren Gefühle, unterdrücken sie ihre tiefsten Emotionen, wehrt sich die Seele in Form von psychosomatischen Erkrankungen. Die Lösung dieser Konflikte liegt in der Bereitschaft, Kompromisse einzugehen: sich auf andere einzustellen, geduldig und rücksichtsvoll zu sein. Dieses Mondzeichen sollte seinen Mitmenschen mit Verständnis und Sensitivität begegnen.

Besondere Aufmerksamkeit sollten sie ihrer empfindsamen, gefühlvollen Seite widmen. Es gilt diese zu erforschen, anzuerkennen, zu lieben, sie aber keinesfalls als Schwäche abzutun. Sich einer schöpferischen Arbeit zuzuwenden, kann ihnen in schweren Zeiten Therapie und Heilung sein.

Schon in jungen Jahren lehnen sich Widder-Monde gegen allzu strenge Reglementierungen des Elternhauses und der Gesellschaft auf. Deshalb ist es besonders wichtig, diesen Kindern mit Ruhe und Toleranz zur Seite zu stehen und Interesse und Verständnis für sie aufzubringen. Besonders Jugendliche, die in die Oppositionsrolle gedrängt werden, lehnen sich auf, verweigern sich oder entziehen sich jeglicher Diskussion. Über gute sportliche Leistungen finden sie jedoch oftmals Anerkennung und Freunde.

Der Weg, um zu einer körperlichen, geistigen und seelischen Balance zu finden, führt den Widder-Mond-Geborenen in die freie Natur. Hier finden sie gleichzeitig Ruhe und Entspannung, Aktivität und Bewegung.

Wie Sie Ihre Mondkraft auf körperlicher und seelischer Ebene stärken

Beim Durchlesen Ihres Mondzeichens haben Sie vielleicht festgestellt, dass die Beschreibung zwar auf Sie zutrifft, Sie aber einiges von dem, was zu Ihrem Wesen gehört, nur teilweise oder nicht in ausreichendem Maße leben. Werden solche wichtigen eigenen Anteile und Bedürfnisse über einen längeren Zeitraum hin vernachlässigt, kann es nicht nur zu seelischem Ungleichgewicht, sondern auch zu körperlichen Beschwerden und Krankheiten kommen.

Die Antworten auf die nachfolgenden Schlüsselfragen sollen Ihnen helfen, herauszufinden, wie Ihr »Stimmungsbarometer« aussieht. Die Skala kann dabei von leichtem Unwohlsein bis zu körperlichen Symptomen reichen.

Kreuzen Sie zum Beispiel die Frage nach immer wieder auftauchenden Infekten oder Erschöpfungszuständen mit Ja an, finden Sie im anschließenden Therapieteil Hinweise, wie Sie – bezogen auf Ihre Mondstellung – damit umgehen können.

Schlüsselfragen

1. Fällt es Ihnen manchmal schwer, mit Ihren spontanen Impulsen richtig umzugehen, ohne sie zu verdrängen oder zu schnell auszuagieren?
2. Fällt es Ihnen oft schwer, Kompromisse einzugehen, vor allem wenn Sie sich im Spannungsfeld zwischen Ihren eigenen und den Wünschen anderer fühlen?
3. Fällt es Ihnen schwer, andere um Hilfe zu bitten und zu Ihren verletzlichen und auch bedürftigen Seiten zu stehen?

Leiden Sie unter:
a. häufig wiederkehrenden Infekten?
b. Verspannungen, Kopfschmerzen, Migräne?
c. Erschöpfung, Energieverlust?
d. Leber-Galle-Stauungen (z. B. Verstopfung)?

Hilfe zur Selbsthilfe

- aktive Sportarten, die Ihnen helfen, Ihre Spontaneität auszuleben
- Aufenthalt am und im Wasser, Wasseranwendungen, Sauna, Whirlpool etc.
- Musizieren und Musik hören, Bewegung zur Musik

* Impatiens – um geduldiger und mitfühlender zu werden
* Rock Rose – um in Paniksituationen ruhig und gelassen zu bleiben und auf Belastungen weniger gereizt zu reagieren
* Chestnud Bud – um sich mehr Zeit zu nehmen, das Gesehene und Erlebte wirklich zu verarbeiten und als Lernerfahrung integrieren zu können
* Vine – um zu lernen, sich zurückzunehmen, ohne die eigene Kraft zu unterdrücken

Körper- und Atemübung

Kniekuss im Sitzen

* Setzen Sie sich mit ausgestreckten Beinen auf den Boden, der Rücken ist gerade aufgerichtet, der Nacken ist gedehnt, die Zehen zeigen zum Körper.
* Heben Sie das Brustbein etwas und atmen Sie ein paar Mal tief ein und aus.
* Strecken Sie mit dem nächsten Einatmen die Arme nach oben und kommen Sie ausatmend mit geradem Rücken und gestreckten Armen nach unten.
* Umfassen Sie wenn möglich die Knöchel oder die Füße, dabei sollte der Rücken gerade bleiben.
* Dehnen Sie sich mit jedem Ausatmen ein wenig weiter nach unten und lassen Sie dabei bewusst Spannung in der Muskulatur los.
* Bleiben Sie 5 bis 10 Atemzüge in dieser Haltung, bevor Sie einatmend wieder nach oben kommen, kurz nachspüren und sich zur Entspannung auf den Rücken legen.

Besänftigende Atemübung

* Nehmen Sie eine aufrechte Sitzhaltung ein, schließen Sie einen Moment die Augen und spüren Sie Ihrem Atem nach.
* Öffnen Sie die Augen und heben Sie eine Handfläche auf Mundhöhe.
* Atmen Sie mehrmals hintereinander tief ein und ganz sanft aus, als wollten Sie eine Suppe kühlen oder ganz sanft eine Kerze löschen.
* Spüren Sie den Lufthauch auf Ihrer Hand und vertiefen Sie nach und nach die Atmung.
* Am Ende schließen Sie wieder die Augen und spüren nach.

Mudra – Entspannungsmudra

Strecken Sie beide Zeigefinger und legen Sie sie aneinander. Überkreuzen Sie die Daumen und verschränken Sie die übrigen Finger, zwischen den Händen bleibt ein Hohlraum.
Drehen Sie die Hände so, dass sie nach unten schauen.
Atmen Sie 10 bis 15 Atemzüge in dieser Haltung und betonen Sie dabei vor allem die Ausatmung.

Visualisierungsübung

* Lesen Sie die Anleitung zur Visualisierung weiter oben durch, bevor Sie mit der nachfolgenden Übung beginnen.
* Schließen Sie die Augen und zählen Sie von 3 bis 1. Stellen Sie sich eine Treppe vor, die Sie Stufe für Stufe nach unten gehen, dabei zählen Sie von 10 bis 1. Auf der untersten Stufe angekommen, wählen Sie einen idealen Entspannungsplatz, an dem Sie einen Moment verweilen.
* Nehmen Sie sich einen Moment Zeit, um sich selbst zu spüren und Ihre Gefühle wahrzunehmen. Wenn es etwas

gibt, mit dem Sie im Moment unzufrieden sind, lassen Sie ein Bild oder ein Symbol auftauchen, das Ihnen zeigt, was Sie verändern möchten.

* Gegebenenfalls können Sie sich jetzt noch Ihr ausgewähltes Thema vorstellen, so, wie Sie es gerne lösen würden.
* Lassen Sie sich so lange Zeit, bis Sie ein befriedigendes inneres Bild gefunden haben, »verankern« Sie es in sich und verlassen Sie dann Ihren inneren Entspannungsort.
* Während Sie langsam von 1 bis 10 und dann von 1 bis 3 zählen, kommen Sie aus der Entspannung wieder heraus, strecken und dehnen sich und sind hellwach und klar.

Empfehlungen bei körperlichen Beschwerden

a. wiederkehrende Infekte
* gönnen Sie sich regelmäßig Ruhepausen
* bringen Sie – z. B. durch regelmäßiges Schreiben eines Tagebuchs – Ordnung in Ihre Gefühle
* nehmen Sie ausreichend Vitamine und Mineralien ein (z. B. täglich den Saft einer Zitrone trinken oder regelmäßig Vitamin C zu sich nehmen)
* Spagyrik: Nr. 3 Azinat, 2- bis 3-mal täglich 10 bis 15 Tropfen mit ausreichend Flüssigkeit

b. Verspannungen, Kopfschmerzen, Migräne
* regelmäßige Massagen mit entspannenden ätherischen Ölen (Lavendel, Rose, Melisse etc.)
* Wasseranwendungen
* regelmäßige Einnahme von Magnesium (z. B. Schüßler-Salz Magnesium phosphoricum in D6, täglich 2-mal 2 Tabletten)
* Spagyrik: Nr. 14 Polypathik N, 2-mal täglich 5 bis 10 Tropfen mit ausreichend Flüssigkeit

c. Erschöpfung, Energieverlust

* ausreichende Versorgung mit Eisen (Gemüse, frische Kräuter wie Petersilie, Fleisch oder Eisenpräparate, z. B. regelmäßig Schüßler-Salz Ferrum phosphoricum in D12, täglich 3-mal 2 Tabletten)
* ausreichende Versorgung mit Vitamin B (Getreide, Nüsse oder Vitamin B-Produkte aus der Apotheke)
* Herzunterstützung z. B. mit Weißdorn, Mistel oder Kampfer (Tees oder Tropfen/Tabletten)
* Spagyrik: Nr. 17 Sanguisol, 2-mal 5 bis 10 Tropfen täglich mit ausreichend Flüssigkeit (nicht bei hohem Blutdruck) oder Nr. 3 Azinat, 2-mal 10 Tropfen mit Flüssigkeit

d. Leber-Galle-Stauungen (z. B. Verstopfung)

* Löwenzahn-, Artischocken- oder Mariendistelpräparate bzw. Bitterstoffe in den täglichen Speiseplan einbauen
* regelmäßige Fastentage einlegen
* nicht zu fett, zu viel oder zu spät essen
* morgens abgekochtes Ingwerwasser trinken
* Spannungen abbauen, bevor Sie innerlich »kochen«
* Spagyrik: Nr. 8 Hepatik, 2-mal täglich 10 Tropfen mit ausreichend Flüssigkeit

Unterstützende Therapien

* Yoga, Qigong oder Tai Chi
* Musiktherapie, Musizieren
* Craniosakraltherapie, Osteopathie
* Bioenergetik

Affirmation

Achtsamkeit und Geduld bestimmen meine Handlungen.

Der Mond im Zeichen Stier

Menschen, die mit dem Mond im Zeichen Stier geboren wurden, strahlen Zufriedenheit, Behaglichkeit und Ruhe aus. Ihre Geduld, Beständigkeit und Gutmütigkeit ist unübertroffen, sie sind überaus friedlich, zärtlich, herzlich und gesellig. Als sinnliches und körperbetontes Zeichen sind sie die absoluten Genießer, die das Leben lieben und es voll auskosten wollen.

Sie bevorzugen die Dinge im Leben, die ihnen vertraut sind, die sich nicht ändern, die ihnen immer zur Verfügung stehen, die stets greifbar sind. In dieser äußeren Beständigkeit finden sie den für sie so wichtigen Halt, um sich entfalten zu können. Besonders im Kreis vertrauter Menschen, in ihrer Familie oder gemeinsam mit Freunden, fühlen sie sich glücklich, geschützt und geborgen.

Der Stier-Mond ist ein sehr sanftes Zeichen. Er steht für Menschen, die außerordentlich hingebungsvoll, anschmiegsam und liebevoll sind. Auch in Beziehungen legen sie sehr viel Wert auf das Vertraute und Bekannte, auf ein Gefühl der Zugehörigkeit und des Zusammenhalts. Die körperliche Nähe ihrer Liebsten zu spüren, ist für sie so wichtig wie das tägliche Brot. Auf diese Weise können sie innige Verbundenheit ausdrücken und sich um deren Wohlbefinden kümmern.

Wohlbefinden von Körper, Geist und Seele

Glücklich, zufrieden und ausgeglichen fühlen sich Stier-Monde dann, wenn sie ihren Bedürfnissen nachgeben können. Sie streben nach Sicherheit, Stabilität und Zuverlässigkeit. Und wenn dann noch ihr Verlangen nach Harmonie, Behaglichkeit und Gemütlichkeit erfüllt wird, genießen diese geselligen, zufriedenen Menschen das Leben in vollen Zügen. Trotzdem wollen sie nicht darauf verzichten, sich von Zeit zu Zeit aus der Geborgenheit vertrauter Menschen in ihr eigenes »Revier«, ihren eigenen Bereich zurückzuziehen.

Schon im Kindesalter haben Stier-Monde ein elementares Bedürfnis nach sinnlichen Erfahrungen. Überall suchen sie Tuchfühlung und erkunden ihre Umgebung mit all ihren Sinnen: sehen, hören, riechen, schmecken, fühlen. In einer Pfütze zu planschen, den Regentropfen zu lauschen, sich auf dem Boden zu wälzen und den Geruch der Erde in sich aufzusaugen, sind für sie ganz besondere Erlebnisse. Nähe und Geborgenheit hautnah spüren ist für diese Kinder eine große Befriedigung. Daraus schöpfen sie ihre innere Sicherheit und das Vertrauen, das für die psychische und physische Entwicklung unerlässlich ist. In einer prüden, verklemmten Familie, die jegliches sinnliche Vergnügen verwehrt, können sich diese Kinder nicht weiterentwickeln. Hektik und Druck machen sie nervös und treiben sie in die Defensive.

Die existenziellen Dinge des Alltags müssen für Stier-Mond-Geborene gesichert sein: Essen, Wohnen, Arbeiten, Geld. Das gibt ihnen den nötigen inneren Halt und die Stärke, sich verwurzelt zu fühlen. Man kann sie als »Haben-Menschen« bezeichnen, denn sie möchten das, was ihnen wertvoll erscheint, um jeden Preis behalten.

Spannungsbereiche, Probleme und Schwierigkeiten

Ausweichen vor Veränderungen, Festhalten an Gewohntem, Mangel an Spontaneität und Beweglichkeit, das kennzeichnet die Spannungen im Alltag der Stier-Mond-Geborenen.

Wenn das innere Sicherheits- und Geborgenheitsgefühl verloren gegangen ist, tauchen die Probleme auf. Sie orientieren sich zu sehr an materiellen Werten, Statussymbolen und Äußerlichkeiten.

Sie haben heftige Widerstände gegen jede Art von Veränderung, halten, dem Wunsch nach Sicherheit gehorchend, an Bewährtem fest und sind von den Fixpunkten ihrer Existenz abhängig. In Auseinandersetzungen reagieren sie dann oft stur, unbeweglich und träge. Selbst in für sie negativen Situationen verbohren sich Stier-Monde bisweilen in ihren Ansichten so sehr, dass sie sich aus eigener Kraft kaum lösen können. Was sich außerhalb ihres gesicherten Umfeldes abspielt, ignorieren sie einfach.

Die Gefahr ist groß, dass sich ihr Leben nur auf die bloße Befriedigung ihrer Sinnlichkeit reduziert. Letztendlich steht nur noch die rasche Erfüllung ihrer oberflächlichen Wünsche an erster Stelle, das Wort Verzicht haben sie aus ihrem Vokabular gestrichen.

Auch in Partnerschaften, Freundschaften und Beziehungen kann sich der übertriebene Sinn für das Beständige als Hindernis erweisen. Ihre Bezugspersonen betrachten sie gerne als ihren eigenen Besitz und erwarten, dass auch sie sich in ihrem Verhalten nicht verändern.

Selbst wenn Menschen mit diesem Mondzeichen ständige Zurückweisung erfahren, fällt es ihnen schwer, Beziehungen zu beenden. Wenn sie ihre Verbindungen gefährdet sehen, wenn sie mit Trennungen und Verlustängsten konfrontiert

werden, können Stier-Monde sehr eifersüchtig und herrsch-
süchtig reagieren.

Hilfestellungen, Lösungen
und Therapiemöglichkeiten

Wenn der Kontakt zu den Gefühlen und Empfindungen blockiert ist, können Stier-Monde nicht mehr im Einklang mit
sich selbst und anderen leben. Werden ihre Grundbedürfnisse der inneren Sicherheit und Akzeptanz nicht in ausreichendem Maße erfüllt, können Aggressionen, Depressionen
oder Angst vor der Einsamkeit die Folge sein.

Das Selbstwertgefühl steigern, die Selbstliebe zulassen, sich
von Fixierungen befreien und Verlustängsten stellen sind
die Voraussetzungen, sich aus dieser verfahrenen Situation
zu befreien.

Stier-Monde benötigen für die Entwicklung ihrer Persönlichkeit ausreichend Ruhe und Muße, vor allem aber genügend
Zeit, um die tägliche Flut unzähliger Eindrücke aufzunehmen,
sie reifen zu lassen und gründlich zu verarbeiten. Trotzdem
ist es wichtig, ihnen hin und wieder Anstöße, Ermunterung
und Hilfe von außen anzubieten. Denn ihr ruhiges und zu-
friedenes Wesen hindert sie manchmal daran, neue Impulse
und Aspekte zu erkennen und darauf zu reagieren. Haben
sie den Mut, sich aus eingefahrenen Strukturen und sicherer
Routine zu lösen, bieten sich ihnen ungeahnte Chancen. Das
fördert ihre Talente und Fähigkeiten und öffnet ihnen neue
Horizonte.

Gerne gönnen sie sich ein gutes Essen und beschäftigen
sich intensiv mit ihrem Körper. Dabei bevorzugen sie Ayur-
veda-Kuren, Massagen, Tanz, Sport und Bewegung an der
frischen Luft. Wirklich glücklich und geborgen fühlen sich

Stier-Mond-Geborene als »Herdenmenschen« nur im Kreis ihrer Familie, ihrer Freunde und Kollegen. Diese elementaren Gefühle und wesentlichen Erfahrungen sind für sie eine große Herausforderung, vor allem dann, wenn sie versuchen, sich aus dieser Gemeinschaft zeitweise zu lösen. Abschied, Trennung und Neubeginn sind für diese in sich ruhenden Wesen besonders schmerzlich und bedeuten einen tiefen, aber wichtigen Einschnitt in ihrem Leben. Sind diese Aufgaben gemeistert, ist der Weg offen für positive Entfaltungsmöglichkeiten.

Wie Sie Ihre Mondkraft auf körperlicher und seelischer Ebene stärken

Beim Durchlesen Ihres Mondzeichens haben Sie vielleicht festgestellt, dass die Beschreibung zwar auf Sie zutrifft, dass Sie aber einiges von dem, was zu Ihrem Wesen gehört, nur teilweise oder nicht in ausreichendem Maße leben. Werden solche wichtigen eigenen Anteile und Bedürfnisse über einen längeren Zeitraum hin vernachlässigt, kann es nicht nur zu seelischem Ungleichgewicht, sondern auch zu körperlichen Beschwerden und Krankheiten kommen.

Die Antworten auf die nachfolgenden Schlüsselfragen sollen Ihnen helfen, herauszufinden, wie Ihr »Stimmungsbarometer« aussieht. Die Skala kann dabei von leichtem Unwohlsein bis zu körperlichen Symptomen reichen.

Kreuzen Sie zum Beispiel die Frage nach immer wieder auftauchenden Halsentzündungen oder Darmproblemen mit Ja an, finden Sie im anschließenden Therapieteil Hinweise, wie Sie – bezogen auf Ihre Mondstellung – damit umgehen können.

Schlüsselfragen

1. Fällt es Ihnen schwer, Dinge herzugeben und zu verschenken?
2. Fällt es Ihnen schwer, sich aus der vertrauten Routine und eingefahrenen Gleisen zu lösen?
3. Fühlen Sie sich oft überfordert und haben Sie das Gefühl, dass Ihr Bedürfnis nach Sicherheit und Stabilität dadurch noch größer wird?

Leiden Sie unter:

a. wiederkehrenden Halsentzündungen und Schleimhautproblemen im Hals-Rachen-Bereich?
b. Darmproblemen und Verstopfung?
c. Verkrampfungen und Verspannungen, Rückenschmerzen?
d. Stoffwechselerkrankungen wie Diabetes?

Hilfe zur Selbsthilfe

* Aufenthalt in der Natur, Umgang mit Tieren
* gerade in schwierigen Zeiten regelmäßig Umgang mit vertrauten Menschen pflegen (z. B. liebe Menschen mit einem guten Essen verwöhnen)
* Körpergefühl stärken z. B. durch Yoga oder Massagen

Bach-Blüten

* Honeysuckle – um zu lernen, sich von Vergangenem leichter zu lösen
* Larch – um Selbstwertgefühl und Selbstliebe zu entwickeln
* Chicory – um Menschen besser loslassen zu können

* Walnut – um den Durchbruch zu Neuem und Unbekanntem zu erleichtern

Köper- und Atemübung

Entspannungsübung für Hals-Nacken-Schulter-Muskulatur

* Diese Lockerungsübungen können stehend oder sitzend durchgeführt werden. Achten Sie darauf, dass der Rücken gerade ist, das Brustbein wird etwas gehoben.
* Drehen Sie den Kopf mit offenen Augen abwechselnd nach rechts und links und schauen Sie so weit wie möglich über die Schulter nach hinten, 3-mal zu jeder Seite.
* Lassen Sie den Kopf etwas in den Nacken fallen und bewegen Sie ihn so entspannt wie möglich im Halbkreis von rechts nach links, der Mund ist dabei leicht geöffnet, der Hinterkopf führt die Bewegung, 3-mal zu jeder Seite.
* Lassen Sie den Kopf nach vorn auf das Brustbein fallen und führen Sie die gleichen Bewegungen durch.
* Richten Sie den Kopf wieder gerade auf, lassen Sie das rechte Ohr in Richtung rechte Schulter kommen, ohne die Schulter dabei hochzuziehen oder anzuspannen. Pendeln Sie mit dem Kinn ein paar Mal vor und zurück, dann zur anderen Seite wechseln.
* Kreisen Sie abschließend die Schultern mehrmals nach vorn und nach hinten.

Befreiende Atemübung

* Legen Sie sich auf den Rücken, die Beine sind etwas gegrätscht und die Füße fallen leicht nach außen.
* Legen Sie die Hände auf den Unterbauch und atmen Sie ruhig und gleichmäßig, während der Bauch sich beim Einatmen hebt und beim Ausatmen senkt.

- Vertiefen Sie die Ausatmung und nehmen Sie bewusst wahr, wie Sie mit jedem Ausatmen verbrauchte Luft und Energie loslassen.
- Halten Sie den Atem nach dem Einatmen so lang wie möglich, um ihn dann sanft und langsam loszulassen, so dass Sie die befreiende Entspannung, die dadurch eintritt, genießen können.
- Wiederholen Sie die Übung mehrere Minuten lang, bevor Sie dann die Einatmung vertiefen und sich langsam wieder aufrichten.

Mudra – Lebensmudra

Legen Sie die Spitzen von Daumen, Ringfinger und kleinem Finger beider Hände aneinander und drücken Sie mit den Daumen auf die Nagelflächen von Ringfingern und kleinen Fingern. Halten Sie dieses Mudra mehrmals täglich einige Atemzüge lang.
Dieses Mudra stimuliert die vitalen Lebenskräfte und aktiviert die Verbindung zwischen rechter und linker Gehirnhälfte.

Visualisierungsübung

- Lesen Sie die Anleitung zur Visualisierung weiter oben durch, bevor Sie mit der nachfolgenden Übung beginnen.
- Schließen Sie die Augen und zählen Sie von 3 bis 1. Stellen Sie sich eine Treppe vor, die Sie Stufe für Stufe nach unten gehen, dabei zählen Sie von 10 bis 1. Auf der untersten Stufe angekommen, wählen Sie einen idealen Entspannungsplatz, an dem Sie einen Moment verweilen.
- Lassen Sie sich Zeit, um den gewählten Platz auf sich wirken zu lassen. Spüren Sie einen Moment dem nach, was für Sie wichtig ist, um sich glücklich und zufrieden zu

fühlen. Lassen Sie das, was Sie wirklich brauchen, vor Ihrem inneren Auge auftauchen.

* Fragen Sie sich jetzt, ob es etwas gibt, was Sie loslassen möchten oder müssen, oder ob es ein anderes Thema gibt, das Sie im Moment sehr beschäftigt.

* Lassen Sie sich so lange Zeit, bis Sie ein befriedigendes inneres Bild gefunden haben, »verankern« Sie es in sich und verlassen Sie dann Ihren inneren Entspannungsort.

* Während Sie langsam von 1 bis 10 und dann von 1 bis 3 zählen, kommen Sie aus der Entspannung wieder heraus, strecken und dehnen sich und sind hellwach und klar.

Empfehlungen bei körperlichen Beschwerden

a. wiederkehrende Halsentzündungen und Schleimhautprobleme im Hals-Rachen-Bereich

* reinigen oder befeuchten Sie morgens Ihre Nasengänge mit einer Meersalzspülung (oder Meersalzspray aus der Apotheke)

* schützen Sie Ihren empfindlichen Hals gegen kalten Luftzug

* achten Sie auf einen gesunden Darm (vermeiden Sie Reizstoffe wie scharf Gebratenes, Alkohol, Kaffee und Süßigkeiten)

* Spagyrik: Nr. 7 Epidemik, 2- bis 5-mal täglich 10 bis 15 Tropfen mit ausreichend Flüssigkeit; bei Fließschnupfen Nr. 12 Ophtalmik, 2-mal 5 bis 10 Tropfen vor den Mahlzeiten mit ausreichend Flüssigkeit

b. Darmprobleme, Verstopfung oder Durchfall

* vermeiden Sie fettes, schweres Essen, bevorzugen Sie leicht gekochte vegetarische Kost (Fleisch nur gekocht oder gedünstet)

- Süßigkeiten weitgehend vermeiden
- nehmen Sie ausreichend Bitterstoffe zu sich
- Darmsanierung oder Darmspülungen sind empfehlenswert
- Spagyrik: Nr. 2 Aquavit, 2- bis 4-mal täglich 5 bis 10 Tropfen mit ausreichend Flüssigkeit

c. Stoffwechselerkrankungen, wie z. B. Diabetes
- regelmäßige Fastentage einlegen oder sich einmal jährlich eine F.-X.-Mayr- oder Ayurveda-Kur zur Entgiftung des Organismus gönnen
- zuckerhaltige Nahrungsmittel vermeiden (dazu gehören auch sehr süßes Obst, Obstsäfte und Alkohol)
- die Süße des Lebens in Form von liebevollen Gefühlen und Berührungen genießen, anstatt sie in Form von künstlichem Zucker zu sich zu nehmen
- Spagyrik: Nr. 18 Splenetik, 2- bis 3-mal täglich 10 Tropfen mit ausreichend Flüssigkeit

Unterstützende Therapien

- Massagen in jeder Form
- ausreichende Bewegung (gemäßigte Sportarten wie Walking, Bergwandern)
- Yoga

Affirmation

Mit jedem Ausatmen lasse ich Altes los, mit jedem Einatmen nehme ich neue Energie auf.

Der Mond im Zeichen Zwillinge

Menschen, die mit dem Mond im Zeichen Zwillinge geboren wurden, beeindrucken durch ihr strahlendes, heiteres, unbeschwertes und leichtes Gemüt. Sie haben eine gesellige, fröhliche, umtriebige Art, sind interessant und kultiviert, besitzen Sinn für Humor, können romantisch und äußerst charmant sein. Ihren Mitmenschen begegnen sie mit leichtem, spielerischem, manchmal flüchtigem Herzen.

Zwei Seelen weilen, ach, in ihrer Brust. Sie können sowohl mit ihrem verborgenen, emotionalen, gefühlsbetonten, zurückhaltenden Wesen als auch mit ihrer analytischen, rationalen und extrovertierten Seite Kontakt aufnehmen.

Da sie zwischen diesen beiden Polen leicht und rasch hin- und herpendeln, entsteht häufig eine glückliche Verbindung zwischen Herz und Kopf. Sie besitzen die Fähigkeit, Zusammenhänge zwischen ihren Emotionen und dem Bereich des Intellekts herzustellen, sie lassen sich weniger von unreflektierten und undifferenzierten Gefühlen hinreißen.

Unter diesem Mondzeichen Geborene haben die natürliche Begabung, ihren Empfindungen und Ideen Ausdruck und Tiefe zu verleihen. Sie können sich voller Empathie auf andere beziehen und ihnen sehr gut vermitteln, dass sie für deren Gefühle empfänglich sind. Zwillinge-Monde sind in der Lage, mit ihrem analytischen Verständnis dort, wo es nötig ist, emotionale Abhängigkeiten und Verstrickungen zu erkennen und auch zu lösen. Wie die beiden anderen Luftzeichen Wassermann und Waage haben auch sie den

Wunsch nach emotionaler Unabhängigkeit und Selbstständigkeit. Trotz allem fühlen sie sich zu sanften und gefühlvollen Menschen hingezogen, die ihnen dabei helfen, ihre eigenen Empfindungen zu entdecken.

Wohlbefinden von Körper, Geist und Seele

Das Gefühl innerer Befriedigung stellt sich für Zwillinge-Monde dann ein, wenn das Bedürfnis nach geistigem Austausch, nach Abwechslung und Anregung gestillt und der Wunsch, sich mitzuteilen, erfüllt wird. Sie sind am glücklichsten, wenn sie von Zeit zu Zeit Szenenwechsel und Geselligkeit haben. Ein wesentlicher Teil ihrer Lebensqualität ist es, Beziehungen zu knüpfen und sich auszutauschen. Mondbedürfnisse zu befriedigen, bedeutet für sie, zu reisen, zu lesen, vorzulesen, Geschichten zu erzählen, neue Dinge und Möglichkeiten zu erkunden. In einem Umfeld, in dem kein zwischenmenschlicher Austausch möglich wäre, würden diese lebhaften Seelen ersticken. In ihrem Herzen wollen sie frei und ungebunden sein, kommen und gehen, wie es ihnen gefällt, und sie möchten unabhängig darüber entscheiden, ob sie sich auf etwas Neues einlassen oder doch lieber beim Alten bleiben. Heute so, denn morgen sieht alles wieder ganz anders aus – das ist ihre Devise. Gemeinsames Erleben von Freiheit und Weite fördert ihr Wohlbefinden und festigt Freundschaften, Beziehungen und Partnerschaften. Situationen jedoch, die ihnen emotional zu intensiv werden, schrecken sie eher ab. Sie weichen entweder geschickt aus, oder sie entziehen sich ganz einfach.
Besonders in der Kindheit muss man diesen aufgeweckten Wesen den nötigen geistigen und körperlichen Freiraum bieten, damit sie sich wohl fühlen und ihren Begabungen ent-

sprechend entwickeln können. Wenn sie Fragen über Fragen stellen dürfen, wenn sie die Möglichkeit haben, sich mitzuteilen und zuzuhören, dann sind sie in ihrem Element. Auf diese Weise lernen sie, über die Dinge zu sprechen, die ihr Innerstes berühren.

Ein Umfeld, das sie ständig diszipliniert oder gar langweilt, das sie in ihrer Bewegungsfreiheit einengt und keine intellektuelle Anregung bietet, würde Kindern, Jugendlichen, Erwachsenen und auch älteren Menschen mit einem Zwillinge-Mond die Möglichkeiten zu einer optimalen Entwicklung rauben.

Spannungsbereiche, Probleme und Schwierigkeiten

Wenn Zwillinge-Monde nicht mehr im Einklang mit sich selbst und anderen leben, wenn der Kontakt zu ihren Gefühlen und Empfindungen verloren gegangen ist, entstehen Probleme.

Hinter der geselligen, umtriebigen Art verbergen sich dann meist Unsicherheit, schwankendes Selbstwertgefühl und emotionale Komplexe. Es fällt ihnen schwer, herauszufinden, was sie wirklich fühlen. Und wenn sie einmal tief in ihrer Seele berührt werden, sind sie verunsichert und verwirrt.

Angesichts dieser emotionalen Untiefen flüchten sie allzu oft in intellektuelle Überheblichkeit, weil sie ihre starken Gefühle nicht einordnen können. Sie scheuen sich, ihr Innenleben zu erforschen, weil sie die Konsequenzen nicht abschätzen können. Immer dann, wenn sie hin- und hergerissen sind zwischen ihren Empfindungen und dem, was ihnen ihr Kopf rät, neigen sie dazu, alles zu analysieren und zu rationalisieren.

Gespaltene, gegensätzliche, unvereinbare Gefühle entstehen

bei Zwillinge-Mond-Geborenen, wenn sie versuchen, ihre Empfindungen über die intellektuelle Perspektive zu »erleben«. Emotionen werden erst untersucht, analysiert und bis ins Kleinste auseinander genommen, bevor sie akzeptiert werden können. Im Extremfall sind sie unfähig, irgendetwas spontan zu tun, sie müssen stets erst darüber nachdenken. Zwillinge-Monde werden sich selbst immer fremder und sie entfernen sich mehr und mehr von ihrem eigentlichen Inneren.

Sie flüchten vor besitzergreifenden, fordernden Menschen, meiden Ärger und Auseinandersetzungen. Gegen jegliches Gefühl der Abhängigkeit und Routine hegen sie eine tiefe Abneigung, möchten sie doch unabhängig und ungebunden sein. Durch zu viel Fürsorglichkeit fühlen sie sich leicht in die Enge getrieben. Schnell ziehen sie sich dann zurück, reagieren mit emotionaler Distanz oder suchen ihre »Freiheit« in einer anderen, neuen Beziehung. Damit können sie gefühlsbetonte Menschen tief verletzen und Gräben aufreißen, die schwer zu überwinden sind.

Hilfestellungen, Lösungen und Therapiemöglichkeiten

Ist der emotionale Fluss blockiert, dann fehlen den Zwillinge-Mond-Geborenen Lebensfreude und Optimismus. Diese intelligenten und feinfühligen Menschen, deren Geist in ständiger Bewegung ist, sind physisch und psychisch schnell erschöpft. Da sie sich für so viele Dinge gleichzeitig interessieren, geraten sie leicht in Konfusion, leiden unter Konzentrationsstörungen, innerer Unruhe und Nervosität. Rastlos sind sie auf der Suche nach Veränderung, nach neuen Menschen und Eindrücken.

Der Schlüssel zur Lösung all dieser Probleme liegt in ihrer Bereitschaft, sich zu den eigenen Gefühlen zu bekennen, sich ihrer bewusst zu werden, sie sich einzugestehen.

Dabei ist es für sie wichtig, die Dinge ihres Herzens auch mit dem Verstand zu erfassen, zu verstehen und zu analysieren, denn alles Nebulöse, Unfassliche und Verschwommene verunsichert sie. Jetzt können sie beide Ebenen gleichzeitig in sich beleben und müssen sich nicht ständig zwischen ihren intellektuellen und emotionalen Bedürfnissen entscheiden. Sie müssen lernen, sich genügend Zeit zu nehmen, um ihre Gefühle und Empfindungen auszukosten, wertzuschätzen, anzuerkennen und diese nicht als etwas Lästiges oder Bedrohliches zu verdrängen.

Für Kinder, junge Menschen und Erwachsene ist es gleichermaßen sinnvoll, auf ruhige Zeiten der Erholung zu achten und regelmäßige Perioden der Ruhe einzulegen. Das Einhalten eines bestimmten Tagesrhythmus, mit klaren Strukturen und weniger Reizüberflutung (vor allem durch zu viel Fernsehen und Computerspiele), ist notwendig und hilfreich. Diese Verhaltensweisen sind für Menschen mit einem Zwillinge-Mond wichtiger als für viele andere, die von Natur aus mit einem stärkeren Nervenkostüm ausgestattet sind.

Von klein an sollte man darauf achten, die geistigen Fähigkeiten der Zwillinge-Monde zu fördern. Wenn sie engagiert und mit Begeisterung bei einer Beschäftigung sind, fällt es ihnen leichter, sich zu konzentrieren und eine Sache, die sie begonnen haben, auch zu Ende zu führen. Positive Unterstützung und viel Lob, gemeinsames Spielen, gemeinsame Projekte und Gruppenarbeiten wecken ihr Interesse, inspirieren und stärken ihr Durchhaltevermögen.

Wie Sie Ihre Mondkraft auf körperlicher und seelischer Ebene stärken

Beim Durchlesen Ihres Mondzeichens haben Sie vielleicht festgestellt, dass die Beschreibung zwar auf Sie zutrifft, Sie aber einiges von dem, was zu Ihrem Wesen gehört, nur teilweise oder nicht in ausreichendem Maße leben. Werden solche wichtigen eigenen Anteile und Bedürfnisse über einen längeren Zeitraum hin vernachlässigt, kann es nicht nur zu seelischem Ungleichgewicht, sondern auch zu körperlichen Beschwerden und Krankheiten kommen.

Die Antworten auf die nachfolgenden Schlüsselfragen sollen Ihnen helfen, herauszufinden, wie Ihr »Stimmungsbarometer« aussieht. Die Skala kann dabei von leichtem Unwohlsein bis zu körperlichen Symptomen reichen.

Kreuzen Sie zum Beispiel die Frage nach immer wieder auftauchenden Hüftbeschwerden mit Ja an, finden Sie im anschließenden Therapieteil Hinweise, wie Sie – bezogen auf Ihre Mondstellung – damit umgehen können.

Schlüsselfragen

1. Haben Sie genügend Austausch mit anderen Menschen, bei denen Sie Ihre kommunikative und fröhliche Seite leben können?
2. Haben Sie Schwierigkeiten, Gefühle zu spüren, weil sich Ihre Gedanken unentwegt im Kopf drehen?
3. Fühlen Sie sich häufig in Ihrer Selbstständigkeit eingeschränkt, abhängig und gefangen?

Leiden Sie unter:

a. Nervosität (wie z. B. Herzbeschwerden oder Konzentrationsstörungen)?

b. Erkrankungen der Luftwege wie Bronchitis oder Asthma oder Allergien (z. B. Heuschnupfen)?

c. Gelenkbeschwerden (z. B. durch Überlastung)?

Hilfe zur Selbsthilfe

* Singen
* Theaterspielen
* Bewegung in jeder Form, vor allem in der Natur
* neben dem Sport auch Zeit für Ruhe und Meditation

Bach-Blüten

* Water Violet – eine Blüte, die Ihnen hilft, aus innerer Isolation herauszukommen und mehr Nähe zu anderen Menschen zu entwickeln. Man könnte Water Violet als Kommunikationsblüte bezeichnen, die Kommunikation, Leichtigkeit und Entspannung begünstigt.
* Hornbeam – um den überforderten Kopf zu entlasten, wieder mehr in den Körper zu kommen und damit insgesamt ruhiger zu werden. So können nicht nur die Kraftreserven wieder aufgefüllt, sondern auch die Gefühle wieder gespürt werden.
* Cerato – die Blüte, die Ihnen hilft, sich abzugrenzen, Nein zu sagen und damit Ihren Raum zu wahren. Haben Sie mit Hilfe von Cerato das eigene Terrain wiedergewonnen, können Sie sich anderen auch wieder liebevoller zuwenden.

Körper- und Atemübung

Dynamische Entspannung
Diese Entspannungsübung eignet sich vor allem für Menschen, denen es nicht ganz leicht fällt, ihr Nervensystem zu

beruhigen, den Kopf einmal »abzuschalten« und sich zu entspannen. Dabei wird jeder Körperteil zuerst angespannt, die Spannung einen kurzen Moment gehalten und dann wieder entspannt. Jede An- und Entspannung wird zweimal durchgeführt.

- Spannen Sie Ihren rechten Fuß an, indem Sie die Zehen zum Körper ziehen, halten Sie die Spannung einen Moment und entspannen Sie den Fuß wieder. (Sie können sich selbst die mentale Anweisung »Anspannen und Entspannen« geben.)
- Drücken Sie das rechte Knie zum Boden, spannen Sie das ganze Knie an und lassen Sie es wieder los.
- Spannen Sie das ganze rechte Bein von der Hüfte bis zum Fuß an und entspannen Sie es wieder.
- Gehen Sie in der gleichen Weise mit dem linken Bein vor.
- Drücken Sie die Lendenwirbelsäule zum Boden, spannen Sie den unteren Rücken an und entspannen Sie ihn nach einer kurzen Weile wieder.
- Drücken Sie das rechte Schulterblatt zum Boden, halten Sie kurz die Spannung und entspannen Sie die rechte Schulter.
- Spannen Sie den rechten Arm an, halten Sie die Spannung und entspannen Sie den Arm.
- Entspannen Sie in gleicher Weise die rechte Hand, dehnen Sie die Finger, ballen Sie die Hand zur Faust und entspannen Sie Hand und Finger.
- Gehen Sie genauso mit der linken Seite vor.
- Dehnen Sie den Nacken und schieben Sie ihn in Richtung Boden, halten Sie die Spannung und entspannen Sie den Nacken wieder.
- Spannen Sie die Gesichtsmuskulatur an, ziehen Sie alle Muskeln zur Nase hin, halten Sie und lassen Sie wieder los.
- Spannen Sie zum Schluss den ganzen Körper an, halten Sie die Spannung und lassen Sie wieder los.
- Genießen Sie noch einen Moment die Entspannung.

Expansionsatmung »Flügge werdender Vogel«

* Diese Atemübung kann im Gehen oder im Stehen durchgeführt werden.

* In Ihrer Vorstellung stehen Sie auf einem Bergrücken und werden vom Wind durchweht.

* Atmen Sie erst auf eine, dann auf zwei, dann auf drei und schließlich auf vier Zeiten ein und aus und heben Sie in jeder Phase die ausgestreckten Arme mit der Verlängerung des Atems etwas höher, bis sie ganz hoch ausgebreitet sind, als wollten Sie fliegen.

* Die Phase auf vier Zeiten wiederholen Sie einmal, damit das Gefühl des »Fliegenkönnens« entsteht.

* Gehen Sie dann denselben Weg wieder zurück, das heißt auf drei Zeiten ein- und ausatmen, auf zwei und schließlich auf eine.

* Wenn Sie diese Übung im Gehen durchführen, werden Sie sie noch dynamischer und leichter empfinden. Wiederholen Sie die Übung mehrmals, bis sich Leichtigkeit und Offenheit in Ihrem Brustkorb einstellt.

* Die Übung stärkt das Gefühl der Freude und des Wohlbefindens, sie öffnet und befreit.

Mudra – Mudra des Muschelhorns

Umschließen Sie mit den Fingern der rechten Hand den linken Daumen und legen Sie die Fingerbeeren des linken Zeige- und Mittelfingers an die rechte Daumenbeere. Ringfinger und kleiner Finger liegen eng neben dem linken Mittelfinger. Halten Sie dieses Mudra 10–15 Minuten und spüren Sie die wohltuende Wirkung auf Ihr Nervensystem.

- Lesen Sie die Anleitung zur Visualisierung weiter oben durch, bevor Sie mit der nachfolgenden Übung beginnen.
- Schließen Sie die Augen und zählen Sie von 3 bis 1. Stellen Sie sich eine Treppe vor, die Sie Stufe für Stufe nach unten gehen, dabei Sie langsam von 10 bis 1. Auf der untersten Stufe angekommen, wählen Sie einen idealen Entspannungsplatz, an dem Sie einen Moment verweilen.
- Lassen Sie die Ruhe des ausgewählten Platzes auf sich wirken. Ihre Gedanken kommen völlig zur Ruhe, Ihr Körper kommt zur Ruhe. Immer mehr spüren Sie sich: den Fluss des Atems, die auftauchenden Gefühle und Körperwahrnehmungen.
- Stellen Sie sich jetzt Ihr ausgewähltes Thema vor, so, wie Sie es gerne lösen würden: Vielleicht möchten Sie mehr Ruhe in Ihr Leben bringen, vielleicht brauchen Sie aber auch mehr Abwechslung und Anregung? Ihre Seele wird Ihnen die richtigen Botschaften senden, wenn Sie etwas Geduld haben.
- Lassen Sie sich so lange Zeit, bis Sie ein befriedigendes inneres Bild gefunden haben, »verankern« Sie es in sich und verlassen Sie dann Ihren inneren Entspannungsort.
- Während Sie langsam von 1 bis 10 und dann von 1 bis 3 zählen, kommen Sie aus der Entspannung wieder heraus, strecken und dehnen sich und sind hellwach und klar.

Empfehlungen bei körperlichen Beschwerden

a. Nervosität
- Reizstoffe (Kaffee, Tee, Tabak, Alkohol und Süßigkeiten) weitgehend meiden
- vor allem bei Beschwerden, die durch Nervosität hervor-

gerufen werden, visuelle und akustische Reize reduzieren (Fernsehgerät für einige Zeit in den Keller verbannen, den Ohren eine »Fastenzeit« verordnen und auch mal einen Schweigetag einlegen etc.)

* Weißdorn-, Magnesium- und Vitamin-B-Präparate (möglichst aus der Apotheke)
* Spagyrik: Nr. 4 Cerebretik, abends 15 Tropfen

b. Erkrankungen der Luftwege/Allergien

* auf eiweißarme Kost achten (Fleisch, Wurst und auch Fisch einschränken)
* Zucker möglichst meiden, das heißt, ihn nur in Form von Obst und Getreide zu sich nehmen
* Milchprodukte, die oft für Allergien verantwortlich sind, nur in eingeschränktem Maße zu sich nehmen
* Schwarzkümmelöl-Kapseln sowohl zur Vorbeugung (vor einer Heuschnupfen-Periode) als auch zur Akutbehandlung
* auf ausreichende Versorgung mit Vitaminen und Spurenelementen achten (z. B. Vitamin C, A und E, Zink und Selen). Entsprechende Tabellen, die aufführen, in welchen Nahrungsmitteln diese Vitamine enthalten sind, finden Sie in Buchhandlungen.
* Spagyrik: Nr.15 Pulmonik N, 2-mal 15 Tropfen mit ausreichend Flüssigkeit

c. Gelenke

* Gelenke schonen, indem Sie einseitige Sportarten vermeiden und den Gelenken ab und zu Ruhetage gönnen
* basische Nahrung bevorzugen (Gemüse, Salate, Obst). Entsprechende Tabellen finden Sie in Buchhandlungen.
* Getreidearten wie Hirse und Dinkel, die wertvolle Spurenelemente enthalten, bevorzugen

- auf ausreichende Versorgung mit Mineralien achten (Zink, Magnesium, Kalzium)
- vor größeren sportlichen Aktivitäten einige Globuli Arnica D 6 einnehmen
- Spagyrik: Nr. 18 Splenetik, 2-mal 10 Tropfen

Unterstützende Therapien

- Körpertherapie wie Alexander-Methode
- Stimmtherapie und Gesangsstunden
- Atemtherapie

Affirmation

Ich bin in Kontakt mit mir selbst, mit meiner gefühlsmäßigen und intellektuellen Seite.

Der Mond im Zeichen Krebs

Menschen, die mit dem Mond im Zeichen Krebs geboren wurden, haben ein bezauberndes, gewinnendes Wesen, sind gesellig und beliebt. Von Natur aus sind sie liebevoll, sanft und hingabefähig. Es ist das Zeichen des großen Gefühlsreichtums, der Hilfsbereitschaft und Fürsorge. Krebs-Monde verkörpern vor allem das mütterlich Weibliche und dessen beschützende, fördernde, liebende und heilende Kraft.

Viele von ihnen haben eine musisch-künstlerische Begabung, sind äußerst phantasievoll und kreativ. Ihr Innenleben ist ein unerschöpfliches Reservoir an Bildern, Ideen und Träumen, die in irgendeiner Form die Möglichkeit des kreativen Ausdrucks finden wollen und können. Wie die beiden anderen Wasserzeichen Skorpion und Fische sind auch sie für die Bedürfnisse und Empfindungen anderer Menschen empfänglich. Tiefes Einfühlungsvermögen und Mitgefühl befähigen sie, Unausgesprochenes zu erspüren. Krebs-Mond-Geborene erkennen an Ausdruck, Mimik und Gestik die Nöte und Probleme anderer und möchten ihnen Hilfe und Schutz anbieten. Für sie sind nur wirklich tiefe, emotionale und enge Bindungen von Bedeutung. Nichts ist ihnen wichtiger, als die Menschen in ihrer Umgebung zu verstehen, Freude und Schmerz mit ihnen zu teilen. Trotz aller Sensibilität und Hilfsbereitschaft sind sie keine wehrlosen oder angepassten Wesen. Auf ganz sanfte Weise gelingt es ihnen sehr gut, eigene Bedürfnisse, Wünsche und Ideen durchzusetzen.

Wohlbefinden von Körper, Geist und Seele

Psychisch und physisch ausgeglichen fühlen sich Krebs-Mond-Geborene, wenn das eigene Bedürfnis nach seelischer Geborgenheit, Vertrautheit und Stabilität befriedigt wird und ihnen die Möglichkeit zum Rückzug offen bleibt.

Sie genießen den Austausch mit anderen gefühlsbetonten Menschen. Durch diese emotionale, enge Verbundenheit entwickelt sich eine verschworene Gemeinschaft Gleichgesinnter. Sie fühlen sich nicht mehr allein, sondern sicher und geborgen. In einer für sie vertrauten Umgebung, die ihnen Schutz, Fürsorge und Zuwendung bietet, können sie innerlich zu einem tiefen Gefühl des Wohlbefindens und der Sicherheit finden.

Krebs-Monde sind ganz in ihrem Element, wenn sie gebraucht werden, dann blühen sie förmlich auf. Es ist ihnen wichtig, andere zu unterstützen, sie zu hegen, zu pflegen und zu bemuttern. Instinktiv wissen sie, was ihre Mitmenschen benötigen, um sich wohl zu fühlen.

Besonders Krebs-Mond-Kinder und -Jugendliche sind sehr stark auf Fürsorge und emotionale Zuwendung ihrer Bezugspersonen angewiesen. In ihrer Familie oder einem anderen Umfeld, in dem sie sich aufgehoben und beschützt fühlen, können sie sich entfalten und ihren Träumen und Phantasien freien Lauf lassen. Werden die Veranlagungen, Bedürfnisse und zarten Seiten eines Krebs-Mondes nicht wahrgenommen oder verstanden, ziehen sie sich immer stärker in ihr Schneckenhaus zurück. Das führt zu seelischer Einsamkeit und Verunsicherung.

Auch in Freund- und Partnerschaften brauchen sie das Gefühl der Verbundenheit. Als intuitives, sensitives Wasserzeichen bringen sie Feingefühl, Verständnis und Geduld in ihre Beziehungen ein. Fühlen sie sich geliebt, bestätigt und angenommen, verschenken sie großzügig ihr warmes, liebevolles Herz, ihre Zuneigung, ihre Fürsorge, ihr Mitgefühl, ihre Zärtlichkeit und ihre Sanftmut.

Spannungsbereiche, Probleme und Schwierigkeiten

Zu große Anpassungsbereitschaft, der Hang, Kind bleiben zu wollen, und übertriebene Gefühle, das können die Problemfelder der Krebs-Monde sein.

Je nach ihrem Befinden werden sie manchmal von heftigen Gefühlsschwankungen hin- und hergerissen oder sie interpretieren Ereignisse, Ideen und die »allgemeine Weltlage« allzu subjektiv. Je nach Laune reagieren sie mit Sympathie oder Antipathie.

Der dunkle Aspekt dieses Zeichens äußert sich manchmal in besitzergreifenden Gefühlen und der Forderung nach Geborgenheit. Ein übertriebenes Bedürfnis nach Liebe, Zuwendung und Aufmerksamkeit ist oft die Folge.

Um geliebte Menschen an sich zu binden oder um nicht verlassen zu werden, legen sie fürsorgliche Verhaltensweisen, große Anteilnahme und selbstloses Handeln an den Tag. Denn nichts ist für Krebs-Mond-Geborene schmerzlicher als ein tiefer emotionaler Verlust. Wenn ihre Empfindungen, Gefühle und ihr Engagement für andere zurückgewiesen werden, reagieren sie hin und wieder auch unberechenbar und unreflektiert: mit Rückzugstendenzen, Flucht in eine Traumwelt, Launenhaftigkeit und kindlicher Uneinsichtigkeit.

Aggressionen können sie nur schwer äußern. Wenn sie diese Gefühle überhaupt zeigen, dann nur indirekt oder durch Scheinanpassung. Hinter dem Anspruch nach Zuwendung steht oft auch der Wunsch nach ständiger »Bemutterung«, sich hätscheln, verwöhnen und versorgen zu lassen. Es ist der heimliche oder unbewusste Wunsch, immer Kind bleiben zu dürfen, damit sie dem natürlichen Impuls nach Autonomie möglichst aus dem Weg gehen können. Gerne verstecken sie sich auch hinter ihren Launen und kindlichen Verhaltensweisen, um auf diese Art und Weise die für sie so essentielle Zuwendung und Aufmerksamkeit zu erzwingen.

Hilfestellungen, Lösungen und Therapiemöglichkeiten

Wenn die Harmonie von Körper, Geist und Seele beim Krebs-Mond gestört ist, können Verlassenheitsängste und Einsamkeitsgefühle entstehen. Der hilfreiche Weg aus dieser komplizierten Situation führt einerseits über die intensive Aktivierung der eigenen kreativen Fähigkeiten, andererseits über das Bestreben, innere Sicherheit, Ausgeglichenheit und Geborgenheit zu finden. Krebs-Mond-Geborene gewinnen Zufriedenheit, Ruhe und Gelassenheit, wenn sie versuchen, ihr kreatives Potenzial anzunehmen, auszuleben und es produktiv zu nutzen.

Unter diesem Mondzeichen gibt es viele außergewöhnliche Menschen. Sie besitzen die unschätzbare Gabe, der Welt der Gefühle näher zu sein als andere. Bereits in der Kindheit sollten Eltern und Bezugspersonen sie ermuntern, sich zu öffnen und spielerisch mit eigenen Empfindungen und Fähigkeiten umzugehen. In dieser so prägenden Zeit werden die Weichen gestellt, damit sich die phantasievolle, kreative und empfindsame Seite entfalten kann. Diese wertvollen Anlagen gilt es anzuerkennen und zu fördern, auch wenn in unserer Welt vorrangig vernunftbetonte Werte und durchsetzungsstarke, leistungsorientierte Handlungsweisen herrschen.

Als sensible, verletzliche und manchmal auch ängstliche

Menschen müssen Krebs-Monde ihre empfindsame Seele vor den Härten des Lebens schützen. Zeiten des Rückzugs und der Stille, mit dem Bedürfnis, sich zu verkriechen oder zu verschwinden, gehören zu ihrem normalen Zyklus. Anschließend werden sie wieder gestärkt, geläutert und gewandelt in ihre vertraute Umgebung zurückkehren können. Ein Grundbedürfnis für Krebs-Mond-Geborene ist es, sich selbst stärker wahrzunehmen. Sie sollten ihr Selbstwertgefühl nicht nur aus der Anerkennung durch ihre Umwelt, von der Familie, dem Partner oder Freunden beziehen. Mit der Zeit werden sie erkennen, wie wichtig es ist, eine gewisse Distanz, Abstand und Unabhängigkeit zu ihren Mitmenschen zu finden. Wenn es ihnen gelingt, die Bestätigung eigener Gefühle und Wertschätzung nicht mehr von außen zu erwarten, dann sind auch sie in der Lage, ihre Abhängigkeit von anderen zu durchschauen. Schmerzhafte Empfindungen, emotionale Verluste, die Angst vor seelischen Verletzungen und Zurückweisungen werden sie allmählich zulassen können, ohne daran zu zerbrechen. Auf diese Art entwickeln sie eine eigene innere Stabilität.

Wie Sie Ihre Mondkraft auf körperlicher und seelischer Ebene stärken

Beim Durchlesen Ihres Mondzeichens haben Sie vielleicht festgestellt, dass die Beschreibung zwar auf Sie zutrifft, Sie aber einiges von dem, was zu Ihrem Wesen gehört, nur teilweise oder nicht in ausreichendem Maße leben. Werden solche wichtigen eigenen Anteile und Bedürfnisse über einen längeren Zeitraum hin vernachlässigt, kann es nicht nur zu seelischem Ungleichgewicht, sondern auch zu körperlichen Beschwerden und Krankheiten kommen.

Die Antworten auf die nachfolgenden Schlüsselfragen sollen Ihnen helfen, herauszufinden, wie Ihr »Stimmungsbarometer« aussieht. Die Skala kann dabei von leichtem Unwohlsein bis zu körperlichen Symptomen reichen.

Kreuzen Sie zum Beispiel die Frage nach immer wieder auftauchenden Magenbeschwerden mit Ja an, finden Sie im anschließenden Therapieteil Hinweise, wie Sie – bezogen auf Ihre Mondstellung – damit umgehen können.

Schlüsselfragen

1. Sind Sie enttäuscht, wenn Ihre Fürsorge und Liebe nicht beachtet und anerkannt wird?
2. Haben Sie oft das Gefühl, keine Unterstützung von anderen zu bekommen, wenn Sie sie brauchen?
3. Fällt es Ihnen besonders in gefühlsmäßigen Beziehungen schwer, sich abzugrenzen oder gar zu trennen?

Leiden Sie unter:
a. starken gefühlsmäßigen Schwankungen?
b. Magenbeschwerden?
c. Unterleibsbeschwerden und Menstruationsproblemen?
d. Schleimhaut- und Lymphproblemen oder Wassereinlagerungen?

Hilfe zur Selbsthilfe

- möglichst oft Gemeinschaft mit »Seelenverwandten« suchen
- regelmäßig Musik hören oder selbst musizieren
- viel Aufenthalt in der Natur; Blumen, Bäume und Wasser sind wichtige Helfer

* Chicory – um die eigene Liebe und Fürsorge weniger von der Beachtung der anderen abhängig zu machen und diesbezügliche Erwartungen loszulassen
* Mustard – um mit wechselnden Stimmungen besser umgehen zu können
* Honeysuckle – um notwendige Abschiede besser zu bewältigen und einen Neuanfang zu wagen

Körper- und Atemübung

Katze
* Gehen Sie mit aufgestützten Händen in den Kniestand, die Knie sind hüftbreit auseinander.
* Kommen Sie einatmend in ein leichtes Hohlkreuz und heben Sie den Kopf.
* Ziehen Sie ausatmend den Bauch ein und machen Sie einen runden Rücken vom Steißbein bis zum Nacken, den Kopf ziehen Sie dabei zwischen die Arme.
* Wiederholen Sie diese Übung mehrmals und vertiefen Sie dabei die Atmung.
* Setzen Sie sich zum Abschluss auf die Fersen und kommen Sie mit der Stirn zum Boden, die Arme liegen neben dem Körper, die Hände zeigen zu den Füßen, die Handflächen nach oben. Bleiben Sie in dieser Haltung ein paar Atemzüge lang.

Wechselatmung
* Setzen Sie sich aufrecht hin, der Rücken ist gerade, die Schultern sind entspannt.
* Legen Sie den Daumen der rechten Hand ans rechte Nasenloch, Ringfinger und kleinen Finger ans linke.

- Atmen Sie rechts ein – halten Sie dabei das linke Nasenloch zu. Halten Sie die Atempause einen Moment und atmen Sie dann links aus, während Sie das rechte Nasenloch
  zuhalten.
- Atmen Sie dann wieder rechts ein – halten – links ausatmen.
- Sie können beim Einatmen bis 2 zählen, beim Atemanhal-
  ten bis 4 und beim Ausatmen ebenfalls bis 4.
- Wiederholen Sie diesen Zyklus 10–15-mal und spüren Sie
  die harmonisierende Wirkung dieser Atemübung.

Mudra – Mudra der inneren Stärke

- Lassen Sie die Schultern etwas nach hinten und unten fallen, nehmen Sie beide Arme zur Seite und halten Sie die
  Hände zu Schalen geformt in Brusthöhe. Die Finger liegen
  aneinander, die Daumen seitlich am Zeigefinger.
- Atmen Sie tief und rhythmisch, während Sie die Einatmung verstärken und sich auf Ihre Körperbasis, auf Ihr
  Wurzelchakra, konzentrieren.

Visualisierungsübung

- Lesen Sie die Anleitung zur Visualisierung weiter oben
  durch, bevor Sie mit der nachfolgenden Übung beginnen.
- Schließen Sie die Augen und zählen Sie von 3 bis 1. Stellen Sie sich eine Treppe vor, die Sie Stufe für Stufe nach
  unten gehen, dabei zählen Sie von 10 bis 1. Auf der untersten Stufe angekommen, wählen Sie einen idealen Entspannungsplatz, an dem Sie einen Moment verweilen.
- Lassen Sie ein Bild oder ein Symbol auftauchen für die Bestätigung Ihres Selbstwertes, die Sie sich oft von anderen
  wünschen. Erinnern Sie sich an Momente, in denen dieses

gute Gefühl, stark und selbstbewusst zu sein, spürbar war und lassen Sie es in sich wirken.

* Stellen Sie sich jetzt Ihr ausgewähltes Thema vor, so, wie Sie es gerne lösen würden: Vielleicht gibt es ein Gespräch mit einem Menschen, das Sie immer vor sich herschieben, vielleicht müssen Sie sich von etwas oder jemandem trennen.
* Lassen Sie sich so lange Zeit, bis Sie ein befriedigendes inneres Bild gefunden haben, »verankern« Sie es in sich und verlassen Sie dann Ihren inneren Entspannungsort.
* Während Sie langsam von 1 bis 10 und dann von 1 bis 3 zählen, kommen Sie aus der Entspannung wieder heraus, strecken und dehnen sich und sind hellwach und klar.

Empfehlungen bei körperlichen Beschwerden

a. Magenbeschwerden

* essen Sie regelmäßig leicht verdauliche Kost, mehr gekocht als roh
* vermeiden Sie Reizstoffe wie Kaffee oder scharf gebratene Speisen
* vermeiden Sie schwierige Gespräche während der Mahlzeiten
* setzen Sie weniger hohe Erwartungen in sich selbst
* Spagyrik: Nr. 19 Stomachik I bei Magenschwäche, 3-mal täglich 5 bis 10 Tropfen während oder nach den Mahlzeiten mit ausreichend Flüssigkeit; Stomachik II N bei Entzündungen im Magen-Darm-Bereich, 2-mal täglich 5 bis 10 Tropfen mit ausreichend Flüssigkeit

b. Unterleibsbeschwerden

* auf ausreichende körperliche Entspannung achten
* bei Krämpfen Magnesium phosphoricum D 6, 3-mal 1 Tablette

- regelmäßig Kräutertees, z. B. Frauenmantel-, Kamillen- und Johanniskrauttee, trinken
- Spagyrik: Nr. 10 Matrigen I, 2-mal täglich 7 Tropfen mit ausreichend Flüssigkeit

c. Schleimhaut- und Lymphprobleme

- tägliche Nasendusche mit mildem Salzwasser, dabei das lauwarme Salzwasser mittels eines speziellen Kännchens (Apotheke) oder aus der Handfläche durch ein Nasenloch weit nach oben ziehen und durch das andere wieder ausspülen
- regelmäßige Bewegung
- regelmäßige Entgiftung durch Schwitzen oder Fasten
- Wasseranwendungen, Yogaübungen
- Spagyrik: Nr. 9 Lymphatik N, 2- bis 3-mal täglich 10 bis 15 Tropfen vor den Mahlzeiten mit ausreichend Flüssigkeit

Unterstützende Therapien

- Lymphdrainage
- Therapien, die mit Imagination arbeiten (Katathymes Bilderleben oder imaginative Musiktherapie)
- Körpertherapie
- Konflikttraining

Affirmation

Ich lasse los. Indem ich loslasse, spüre ich meine wirkliche Kraft.

Der Mond im Zeichen Löwe

Menschen, die mit dem Mond im Zeichen Löwe geboren wurden, sind großzügig, leidenschaftlich und optimistisch. Mit ihrem unbekümmerten, fröhlichen, offenen Wesen und ihrer natürlichen Lebensfreude verbreiten sie eine warme und angenehme Atmosphäre.

Von Natur aus sind sie von sich überzeugt und empfinden sich, meist unbewusst, als etwas Besonderes. Ihre herzliche und großmütige Art übt starke Anziehungskraft auf andere Menschen aus und für sie ist es selbstverständlich, im Mittelpunkt zu stehen. Kraft und Lebensfreude entspringen ihrem inneren, sicheren Gefühl, ein bevorzugtes Glückskind zu sein.

Gutmütigkeit und Freigebigkeit sind die herausragenden Eigenschaften dieses Mondzeichens. Sie begegnen ihrer Umwelt mit Vertrauen, offen und ehrlich, voller Wärme, Freude, Großzügigkeit und Sinnlichkeit. Löwe-Monde beschützen und unterstützen jeden, der ihre Hilfe benötigt. Sie besitzen eine natürliche Autorität, öffnen ihr weites Herz für alle, die es zu schätzen wissen, und sehen dabei großzügig über die Schwachstellen anderer hinweg.

Aufgrund ihres eigenen überwältigenden Selbstwertgefühls verstehen sie es auch, anderen Menschen ein optimistisches, souveränes Lebensgefühl zu vermitteln. Das positive Feedback ihrer Mitmenschen bestätigt ihnen immer wieder, wie wichtig, wertvoll und unentbehrlich sie sind.

Wohlbefinden von Körper, Geist und Seele

Löwe-Mond-Geborene haben das Bedürfnis nach Anerkennung, Beachtung und Bestätigung. Sie suchen Aufmerksamkeit und Bewunderung und lieben es, das Leben in vollen Zügen zu genießen.

Diese strahlenden, offenen, sympathischen Menschen fühlen sich am wohlsten, wenn sie sich kreativ beschäftigen oder künstlerisch ausdrücken können. Sie genießen die Zeit, die sie in Ruhe und Muße mit Freunden, Partnern, Kindern oder mit ihrer Familie verbringen können.

Löwe-Monde sind in ihrem Wesen und in ihrer Art ausgeglichen, zufrieden, psychisch stabil. Sie sind zuversichtlich und haben ein tiefes Selbstvertrauen. Um diese Anlagen entfalten zu können, brauchen sie bereits in der Kindheit größtmöglichen Freiraum, viel Anerkennung und positiven Zuspruch. Sie müssen sich selbst und ihre Stärken austesten, ihre Fühler ausstrecken dürfen, ihre Umgebung erkunden, Kontakte knüpfen und Austausch mit anderen pflegen. In diesem Umfeld fühlen sie sich wohl und sind jederzeit bereit, sich spielerisch auf Neues und Aufregendes einzulassen, mit Lust und Leidenschaft das Leben zu erspüren. Ein gezähmter Löwe-Mond hingegen, der seine Gefühle und Emotionen nicht frei ausdrücken darf, dessen kreative Impulse unterdrückt werden, kann nur wenig Lebensfreude entwickeln und besitzt kein Selbstwertgefühl. Ihm fehlt es an Zukunftsglauben, und er schreckt vor vielen Herausforderungen zurück.

In ihren Freundschaften, Beziehungen und Partnerschaften haben diese Mondzeichen nicht nur schwärmerisch-idealistische Vorstellungen und Erwartungen, sondern auch ein ausgeprägtes realistisches Bedürfnis nach Beständigkeit. Ein gewisses Maß an Freiheit und Unabhängigkeit jedoch ist für

ihr physisches und psychisches Wohlbefinden notwendig –
zu viel Nähe engt sie manchmal ein und sie empfinden sie
als sehr unangenehm.

Spannungsbereiche, Probleme und Schwierigkeiten

Die Neigung zu Selbstüberschätzung und Oberflächlichkeit
kann zum Problem der Löwe-Mond-Geborenen werden. Ihre
innere Unsicherheit verbietet ihnen, eigene Fehler einzugestehen. Sie sind dann unfähig zur Selbstkritik und selten in
der Lage, konstruktiven Rat anderer Menschen anzunehmen.
Den Schein ihrer Größe, ihrer Wichtigkeit und Unfehlbarkeit
möchten sie dann gewahrt sehen. Wenn ihre Umgebung ihnen diesen Gefallen nicht tut, ziehen sie sich gerne in ihre
Großartigkeit zurück. Obwohl sie nach außen den Eindruck
erwecken, in sich zu ruhen, verbergen sich hinter der strahlenden Fassade eines Löwe-Mondes oftmals Hilflosigkeit,
Minderwertigkeit und Selbstzweifel.
Manchmal sind sie innerlich unruhig und haben die Sorge,
unbeachtet und ungeliebt zu sein. Diese Gefühle versuchen
sie zu überspielen, indem sie sich stets in den Mittelpunkt
der Aufmerksamkeit stellen oder für sich eine Sonderbe-
handlung beanspruchen wollen.
Um Herausforderungen oder Konfliktsituationen aus dem
Weg zu gehen, reagieren sie stolz und eitel. Geschickt basteln sie sich auch gerne eine positive, angenehme, heitere
und bequeme Wunschwelt, in der sich das Leben nur von
der Sonnenseite zeigt.
Mitunter ist ihre Selbstüberschätzung beachtlich. Sie erwarten, ohne auch nur einen Finger dafür krümmen zu müssen,
dass ihre Bedürfnisse jederzeit durch die Hilfe anderer Menschen befriedigt werden. Es fällt ihnen so manches Mal recht

schwer, zu akzeptieren, dass sie nicht immer und zu jeder
Zeit der Nabel der Welt sind.

Hilfestellungen, Lösungen und Therapiemöglichkeiten

Löwe-Monde neigen zu depressiven Verstimmungen, wenn
sie von anderen nicht beachtet werden. Wenn der Energiefluss gestört ist, können innere Anspannung, Minderwertigkeitsgefühle, Mutlosigkeit, Ängstlichkeit und Trotz die
negativen Folgen sein.

In dieser Situation ist es unerlässlich, Vertrauen in die eigene Mitte zu entwickeln, Du-Bezogenheit zu lernen und die
Bereitschaft zur Anpassung aufzubringen. Die Lösung der
Konflikte liegt in ihrer besonderen Fähigkeit zu Enthusiasmus, Fröhlichkeit und Optimismus. Sie müssen Eigenschaften wie Menschlichkeit, Verständnis, Rücksichtnahme, Hingabe und Sensibilität bei sich selbst anerkennen, zulassen
und weiterentwickeln. Nur wenn sie bereit sind, aus diesen
vielfältigen Gaben zu schöpfen, können sie sich uneingeschränkt frei und kreativ ausdrücken.

Auch wenn Löwe-Mond-Geborene sich gerne als um-
schwärmter Mittelpunkt sehen, so leiden besonders die
Kinder, manchmal aber auch die Erwachsenen, unter dem
Anspruch, etwas Besonderes zu sein oder etwas Großartiges
erreichen zu müssen. Eltern, Lehrern, Freunden und Partnern sollte dies bewusst sein, denn sie haben es in der Hand,
den Löwe-Monden zu vermitteln, dass sie jederzeit geliebt
und geschätzt werden – auch dann, wenn sie einmal nicht
im Rampenlicht stehen, sondern sich ruhig und bescheiden
im Hintergrund halten.

Was und wie sie im Grunde ihres Herzens empfinden und

welche Dinge ihr Innerstes berühren, müssen sie versuchen herauszufinden. Dann werden sie sich auch mit den Seiten ihres Wesens auseinander setzen, die sie mit ihrer idealistischen Mentalität leicht übergehen: den Gefühlen der Einsamkeit, der Trauer, des Verlustes, des Verzichtes, der Depressionen und der Ängste.

Es fällt ihnen nicht leicht, die eigene Verletzlichkeit sich selbst und anderen gegenüber einzugestehen oder gar offen zu zeigen. Voraussetzung dafür ist die Bereitschaft, über ihren eigenen Schatten zu springen und ihre Mitmenschen um Hilfe oder Unterstützung zu bitten, wenn sie in Not geraten. Selbst wenn der Weg dorthin für sie besonders steinig und schmerzlich ist: zu dieser menschlichen Seite zu stehen, trägt in vielen Fällen zur Lösung von Konflikten in den verschiedensten Bereichen bei. Der Lohn für ihren Mut, ihre Anstrengung und Einsicht ist nicht mit Gold aufzuwiegen: Sie werden ein unerschütterliches Gefühl des Vertrauens in sich selbst entwickeln!

Das Wichtigste für Löwe-Mond-Geborene ist, dass sie sich ihrer Einmaligkeit bewusst werden, festen Glauben in ihre eigenen Fähigkeiten entwickeln und trotzdem eine kritische Distanz zu ihrer Person besitzen. Sie müssen lernen, sich von ihrer Egozentrik zu befreien und nicht vom Beifall ihrer Mitmenschen abhängig zu sein.

Wie Sie Ihre Mondkraft auf körperlicher und seelischer Ebene stärken

Beim Durchlesen Ihres Mondzeichens haben Sie vielleicht festgestellt, dass die Beschreibung zwar auf Sie zutrifft, Sie aber einiges von dem, was zu Ihrem Wesen gehört, nur teilweise oder nicht in ausreichendem Maße leben. Werden solche wichtigen eigenen Anteile und Bedürfnisse über einen längeren Zeitraum hin vernachlässigt, kann es nicht nur zu seelischem Ungleichgewicht, sondern auch zu körperlichen Beschwerden und Krankheiten kommen.

Die Antworten auf die nachfolgenden Schlüsselfragen sollen Ihnen helfen, herauszufinden, wie Ihr »Stimmungsbarometer« aussieht. Die Skala kann dabei von leichtem Unwohlsein bis zu körperlichen Symptomen reichen.

Kreuzen Sie zum Beispiel die Frage nach immer wieder auftauchenden Herz-Kreislauf-Beschwerden mit Ja an, finden Sie im anschließenden Therapieteil Hinweise, wie Sie – bezogen auf Ihre Mondstellung – damit umgehen können.

Schlüsselfragen

1. Glauben Sie, immer etwas Besonderes sein zu müssen, um wahrgenommen und geliebt zu werden, und wie gehen Sie damit um, wenn Sie von anderen nicht beachtet werden?
2. Können Sie Gefühle von Hilflosigkeit, Unsicherheit oder Minderwertigkeit zeigen?
3. Neigen Sie dazu, sich in gewissen Situationen selbst zu überschätzen und Ihre Grenzen nicht zu erkennen?

Leiden Sie unter:
a. hohem Blutdruck oder anderen Herz-Kreislauf-Erkrankungen?
b. depressiven Verstimmungen?
c. Suchtproblemen wie Alkohol-, Kaffee- oder Zigarettenabhängigkeit?

* kreative Tätigkeiten wie Malen, Tanzen, Singen
* tägliches Sportprogramm, um Energie in Fluss zu bringen
* Tagebuch führen, um den eigenen verdrängten Schattenseiten auf die Spur zu kommen
* Meditation und Selbsterfahrung
* regelmäßiger Aufenthalt in sonnigen Gegenden

Bach-Blüten

* Agrimony – um den Mut zu haben, auch die vermeintlich schwachen Seiten zu zeigen und zu den sensiblen Seiten zu stehen
* Heather – um von der Bewunderung und Anerkennung anderer unabhängig zu werden
* Larch – für echtes Selbstbewusstsein und innere Gelassenheit

Körper- und Atemübung

Kobra
* Legen Sie sich auf den Bauch, die Stirn ruht auf dem Boden, die Hände befinden sich etwas oberhalb des Kopfes und die Ellbogen nahe am Körper.
* Spannen Sie Bein- und Gesäßmuskulatur an und drücken Sie das Schambein zum Boden hin.
* Heben Sie einatmend zuerst den Kopf, dann den Oberkörper, ziehen Sie dabei die Schultern weg von den Ohren nach unten, die Ellbogen bleiben dabei so nahe wie möglich am Körper.
* Strecken Sie die Ellbogen so weit wie möglich durch und schauen Sie nach oben.

- Halten Sie diese Stellung einige Atemzüge lang und kommen Sie dann ausatmend langsam nach unten.
- Wiederholen Sie die Übung nach einer kurzen Pause.

Aufladung des Sonnengeflechts
- Setzen Sie sich aufrecht auf einen Stuhl oder nehmen Sie eine Meditationshaltung ein.
- Reiben Sie die Handflächen aneinander, bis sie warm werden.
- Legen Sie dann die Finger so auf den Bereich oberhalb des Nabels, dass sie sich nicht berühren.
- Atmen Sie durch die Nase ein und stellen Sie sich vor, wie der Atem hinunter in die Schultern, Arme und Hände fließt.
- Mit dem Ausatmen lenken Sie den Atemstrom in das Sonnengeflecht und laden es wie eine Batterie mit Atem und Energie auf.
- Wiederholen Sie diese Energielenkung mehrere Minuten lang, bevor Sie Ihre Hände lösen und nachspüren.

Mudra – Sonnenmudra

- Legen Sie die Daumen beider Hände an die Grundgelenke der jeweiligen Ringfinger, die Kuppen der Ring- und kleinen Finger aneinander. Die übrigen Finger werden leicht gebeugt.
- Atmen Sie dabei tief und gleichmäßig, verlangsamen Sie das Ausatmen und konzentrieren Sie sich auf die Stirnmitte.

Visualisierungsübung

- Lesen Sie die Anleitung zur Visualisierung weiter oben durch, bevor Sie mit der nachfolgenden Übung beginnen.

* Schließen Sie die Augen und zählen Sie von 3 bis 1. Stellen Sie sich eine Treppe vor, die Sie Stufe für Stufe nach unten gehen, dabei zählen Sie von 10 bis 1. Auf der untersten Stufe angekommen, wählen Sie einen idealen Entspannungsplatz, an dem Sie einen Moment verweilen.
* Lassen Sie ein Bild von sich selbst vor dem inneren Augen auftauchen. Betrachten Sie es und spüren Sie nach, ob es ein perfektes Bild ist oder ob es auch andere Seiten haben darf: schwache, verletzliche und bedürftige. Wem würden Sie diese andere Seite zeigen?
* Stellen Sie sich jetzt Ihr ausgewähltes Thema vor, so, wie Sie es gerne lösen würden: Vielleicht gibt es ein Problem, das Sie sich selbst nicht gerne eingestehen, vielleicht eine Situation, die Sie verdrängen möchten.
* Lassen Sie sich so lange Zeit, bis Sie ein befriedigendes inneres Bild, das einen Weg oder eine Lösung zeigt, gefunden haben, »verankern« Sie es in sich und verlassen Sie dann Ihren inneren Entspannungsort.
* Während Sie langsam von 1 bis 10 und dann von 1 bis 3 zählen, kommen Sie aus der Entspannung wieder heraus, strecken und dehnen sich und sind hellwach und klar.

Empfehlungen bei körperlichen Beschwerden

a. hoher Blutdruck
* verzichten Sie auf Reizstoffe wie Kaffee und Alkohol
* wählen Sie möglichst vegetarische Ernährung
* gehen Sie sparsam mit Salz um
* trinken Sie genügend Wasser oder Tee
* treiben Sie regelmäßig Ausdauersport wie Schwimmen oder Radfahren
* Spagyrik: Nr. 4 Cerebretik, 3- bis 4-mal täglich 4 bis 8 Tropfen mit ausreichend Flüssigkeit

b. Herz- und Kreislaufprobleme

* trinken Sie ausreichend, z. B. heißes Ingwerwasser oder -tee
* tägliches Kreislauftraining wie Joggen oder Radfahren
* Wasseranwendungen nach Kneipp
* Spagyrik: Nr. 17 Sanguisol, 2-mal täglich 5 bis 10 Tropfen mit ausreichend Flüssigkeit

Unterstützende Therapien

* Akupunktur
* Yoga- und Atemtherapie
* therapeutische Methoden, bei denen Kreativität gefragt ist, wie Maltherapie, Musiktherapie oder Psychodrama

Affirmation

Mein inneres Selbst ist in seinem Kern göttlich und unbegrenzt.

Der Mond im Zeichen Jungfrau

Menschen mit dem Mond im Zeichen Jungfrau haben ein ruhiges, zurückhaltendes und verständnisvolles Wesen, sind sensibel und empfindsam.

Einige ihrer besten und liebenswerten Eigenschaften sind die Fürsorge, die sie ihren Mitmenschen entgegenbringen, ihre Feinfühligkeit, ihre Hilfsbereitschaft und das Interesse, das sie jederzeit und gerne all jenen schenken, die ihre Unterstützung brauchen.

Sie haben die Fähigkeit, praktisch und intelligent mit dem Leben umzugehen. Sie können Impulse aufgreifen, umsetzen und gute, durchsetzbare Lösungen für die verschiedensten Probleme finden. Mit Begabung und Geschick helfen sie ihren Mitmenschen, eine gewisse Struktur und Ordnung in deren alltägliches Chaos zu bringen. In den unterschiedlichsten Lebenslagen sind sie ein guter Berater, Heiler, Arzt oder Therapeut.

Jungfrau-Monde gehen mit ihren Gefühlen sehr vorsichtig um, sind eher zurückhaltend, verbergen ihre zarte, gefühlvolle und verletzliche Wesensseite vor ihren Mitmenschen.

Auch in Freundschaften, Partnerschaften und Beziehungen schätzen sie das Berechenbare und Verlässliche. Sie scheuen davor zurück, zu schnell und auf Dauer eine Bindung einzugehen, Verantwortung und Verpflichtungen auf sich zu nehmen. Sie brauchen genügend Zeit und die Möglichkeit der gegenseitigen Prüfung. Hat man aber ihre Zuneigung und ihr Vertrauen gewonnen, offenbart dieses zurückhaltende Mondzeichen seine tiefen, sinnlichen, erotischen und leidenschaftlichen Gefühle.

Wohlbefinden von Körper, Geist und Seele

Jungfrau-Mond-Geborene fühlen sich wohl, wenn ihr Grundbedürfnis nach Sicherheit befriedigt wird. Auch der Wunsch, anderen zu helfen, sich nützlich zu machen, aktiv zu sein, ordnend einzugreifen und zu analysieren, gehört zu den wesentlichen Dingen ihres Alltags. Sie reagieren sehr sensibel auf Veränderungen ihrer Umgebung. Für ihr physisches und psychisches Wohlergehen ist es deshalb sehr wichtig, im Voraus zu wissen, wie sich die Dinge entwickeln könnten und mit welchen Gegebenheiten sie zu rechnen haben. Ihre Gefühle bleiben meistens auf dem Boden der Tatsachen: realistisch, kontrolliert und diszipliniert!

Für dieses Mondzeichen ist es unerlässlich und notwendig, die eigenen Empfindungen zu beobachten, zu analysieren und zu ordnen. Sämtliche Aspekte des Innenlebens müssen separat beleuchtet werden, um herauszufinden, wie, warum und weshalb sich die Dinge so und nicht anders entwickelt haben.

Alles muss überschaubar bleiben und abschätzbar sein. Auf diese Weise versuchen sie, eine klare Sicht auf ihr Leben zu gewinnen und diese auch zu behalten.

Bereits in der Kindheit sollte man darauf achten, diesen feinfühligen Menschen Rückzugsmöglichkeiten zu bieten, damit Körper, Geist und Seele immer wieder zur Ruhe kommen können. Sie brauchen Zeit, um die Erlebnisse und Erfahrungen des Tages zu verarbeiten, zu »verdauen«.

Wenn sie sich entspannen können, finden sie ihre innere Ausgeglichenheit und sind in der Lage, ihre Aufgaben und

Anforderungen mit Selbstbewusstsein, Vertrauen und Optimismus zu bewältigen.

Spannungsbereiche, Probleme und Schwierigkeiten

Übertriebenes Streben nach emotionaler Sicherheit, nach Zweckmäßigkeit und Perfektionismus können Jungfrau-Monden Probleme bereiten. Unbewusst entwickeln sie eine starke Abwehr gegenüber allen Veränderungen in ihrem Leben. Es fällt ihnen nicht leicht, spontan auf unbekannte Situationen oder Begebenheiten zu reagieren. Ihr ausgeprägtes Pflichtgefühl und die Tendenz, zunächst vorsichtig und zaghaft mit allem umzugehen, hindern sie so manches Mal daran, mutig, hoffnungsvoll und idealistisch Neues zu wagen.
Leichter als andere neigen sie dazu, sich zurückzunehmen, sich den Anforderungen und Bedürfnissen der Umwelt anzupassen. Sie verstecken ihre Persönlichkeit und ihre eigene Individualität tritt immer mehr in den Hintergrund. Daraus resultieren meist Unsicherheit, innere Leere, Minderwertigkeitsgefühle und nachlassende Kreativität.
Die Neigung, ihre Gefühle zurückzuhalten, mit ihnen ökonomisch und äußerst behutsam umzugehen, ist für sie auch eine Möglichkeit, den Untiefen eigener Emotionen zu entfliehen. Sie haben Angst, in ein seelisches Chaos zu geraten, von irrationalen und vagen Befürchtungen heimgesucht zu werden.
Wenn ihr Sinn für das Überschaubare und ihr Bedürfnis nach Ordnung ins Wanken gerät, fühlen sich die Jungfrau-Mond-Geborenen unsicher und kehren ihre intolerante und pedantische Seite an die Oberfläche. Sie verlieren sich in Einzelheiten und Kleinlichkeiten. Alles wird bis ins Detail zerlegt, manchmal auch kritisiert oder systematisiert und in

eine bestimmte Schublade gelegt. Gerne sind sie diejenigen, die als Erste die fehlerhaften Seiten bei anderen bemerken, alles »bekritteln« und sich daran festbeißen. Ihre Stichelei und Nörgelei können verletzend sein, und selbst die Menschen, die es gut mit ihnen meinen, könnten sich irgendwann einmal zurückziehen und den Kontakt abbrechen.

Hilfestellungen, Lösungen und Therapiemöglichkeiten

Ist der Kontakt zu den Gefühlen und Empfindungen, der Bezug zum eigenen Körper verloren gegangen, können zum Beispiel zwanghaftes Verhalten oder Essstörungen Anzeichen für Blockaden sein. Um diese zu lösen, muss das Vertrauen in den »Fluss des Lebens« gestärkt werden. Mit dem Annehmen dieser neuen veränderten Situation kehren Offenheit, Lebensfreude und der Sinn für Humor in den Alltag zurück.

Jungfrau-Monde halten sich lieber im Hintergrund, beobachten genau und sind aufmerksam bei der Sache. Viel Ermutigung und Anerkennung sind daher nötig, um sie aus ihrer Reserve zu locken. Der Aufenthalt in der Natur, sportliche Betätigung oder handwerklich-kreative Beschäftigungen helfen schon in Kindertagen, die ganze Palette ihrer Gefühle, ihrer Begabungen und Fähigkeiten kennen zu lernen und diese auch unbeschwert auszudrücken.

Ihre zarte, gefühlvolle Wesensseite braucht immer wieder stressfreie und wohltuende Ruhezeiten als Ausgleich zu den vielen äußeren Reizen und dem inneren Druck, dem sie sich manchmal ausgesetzt fühlen. Einfache Atem- und Entspannungsübungen sind dabei wirksame Hilfestellungen. Auch erwachsene Jungfrau-Mond-Geborene sollten ihre kindliche, verspielte Seite kultivieren und das Leben mit all seinen Sinnen genießen. Dazu müssen sie die Dinge »einfach geschehen lassen« und hin und wieder ganz bewusst dem natürlichen »Chaos« Einlass in ihre wohlgeordnete, überschaubare Welt gewähren. Auch der Kontakt und die Nähe zu anderen Menschen verändert ihre Einstellung und plötzlich öffnen sich neue Wege und Möglichkeiten.

Wie Sie Ihre Mondkraft auf körperlicher und seelischer Ebene stärken

Beim Durchlesen Ihres Mondzeichens haben Sie vielleicht festgestellt, dass die Beschreibung zwar auf Sie zutrifft, Sie aber einiges von dem, was zu Ihrem Wesen gehört, nur teilweise oder nicht in ausreichendem Maße leben. Werden solche wichtigen eigenen Anteile und Bedürfnisse über einen längeren Zeitraum hin vernachlässigt, kann es nicht nur zu seelischem Ungleichgewicht, sondern auch zu körperlichen Beschwerden und Krankheiten kommen.

Die Antworten auf die nachfolgenden Schlüsselfragen sollen Ihnen helfen, herauszufinden, wie Ihr »Stimmungsbarometer« aussieht. Die Skala kann dabei von leichtem Unwohlsein bis zu körperlichen Symptomen reichen.

Kreuzen Sie zum Beispiel die Frage nach immer wieder auftauchenden Reizdarmproblemen oder Allergien mit Ja an, finden Sie im anschließenden Therapieteil Hinweise, wie Sie – bezogen auf Ihre Mondstellung – damit umgehen können.

Schlüsselfragen

1. Haben Sie einen hohen Perfektionsanspruch an sich selbst und können Sie Dinge nur schwer geschehen lassen?
2. Haben Sie häufig das Gefühl, alles kontrollieren zu wol-

len, aus Angst, etwas falsch zu machen, oder aufgrund von Zweifeln an den eigenen Fähigkeiten? (Leiden Sie möglicherweise unter Essstörungen?)

3. Haben Sie häufig das Gefühl, überfordert zu sein und den Überblick zu verlieren?

Leiden Sie unter:

a. Allergien?
b. Erkrankungen im Bereich der Verdauungsorgane Leber/ Galle, Bauchspeicheldrüse (z. B. Diabetes)?
c. Dickdarmentzündungen oder Reizdarmsyndrom?

Hilfe zur Selbsthilfe

* Tagebuch führen
* Gespräche mit vertrauten Menschen, in denen Sie auch mal Ihr Herz ausschütten können
* z. B. mit dem Thema Essstörung offen umgehen und frühzeitig Hilfe suchen
* gesunde Ernährung
* praktische Tätigkeiten wie Gartenarbeit oder kreatives Gestalten (Stricken, Malen, Töpfern etc.)

Bach-Blüten

* Crab Apple – um mehr Vertrauen ins Leben zu entwickeln, damit nicht alles unter Kontrolle gehalten werden muss
* Beech – um die intellektuelle kritische Seite mit Herz und Gefühl zu verbinden
* Elm – um Vertrauen in sich zu entwickeln, besonders in Phasen der Verunsicherung und des Zweifels
* Mimulus – um besser mit der Angst vor Unüberschaubarem umgehen zu können

Brustkorbdehnung seitlich

* Legen Sie die linke Handfläche an die rechten unteren Rippen und dehnen Sie den rechten Arm weit nach oben.
* Atmen Sie bewusst in die Dehnung, spüren Sie, wie sich der Brustkorb unter Ihrer Hand bewegt, während Sie mehrere Atemzüge in dieser Haltung bleiben.
* Dehnen Sie sich dann nach links, atmen Sie weiter tief und konzentrieren Sie sich ganz auf den Kontakt Ihrer Hand mit dem Brustkorb.
* Kommen Sie zur Mitte zurück, senken Sie den Arm und spüren Sie kurz nach.
* Vergleichen Sie beide Körperhälften, bevor Sie die Übung zur anderen Seite durchführen.

Kreuzatmung

* Legen Sie sich mit ausgestreckten Beinen auf den Rücken und breiten Sie die Arme auf Schulterhöhe aus, der Nacken ist lang gedehnt.
* Konzentrieren Sie sich auf Ihre Herzmitte und intonieren Sie mit dem Ausatmen dreimal hintereinander ein tiefes U, dabei stellen Sie sich eine Linie vom Herzen zu den Füßen vor, so als würden Sie in den Längsbalken eines Kreuzes intonieren.
* Intonieren Sie dann dreimal ein I und stellen Sie sich eine Linie vom Herzen bis zum Scheitel vor.
* Intonieren Sie dann dreimal ein A und stellen Sie sich vor, dass Sie diesen Ton in beide Arme schicken.
* Abschließend intonieren Sie dreimal ein OM, das in der Herzmitte schwingt. Spüren Sie nach, bevor Sie wieder aufstehen.

* Reiben Sie die Außenkanten des linken Daumens ca. 50-mal mit Daumen und Zeigefinger der rechten Hand.
* Umfassen Sie den linken Daumen mit den Fingern der rechten Hand und legen Sie den rechten Daumen an den linken Daumenballen. Halten Sie die Hände etwa auf Nabelhöhe.
* Nach 10 bis 20 Atemzügen wechseln Sie die Seiten, reiben den rechten Daumen und halten ihn genauso lang. Atmen Sie dabei tief und gleichmäßig.

Visualisierungsübung

* Lesen Sie die Anleitung zur Visualisierung weiter oben durch, bevor Sie mit der nachfolgenden Übung beginnen.
* Schließen Sie die Augen und zählen Sie von 3 bis 1. Stellen Sie sich eine Treppe vor, die Sie Stufe für Stufe nach unten gehen, dabei zählen Sie von 10 bis 1. Auf der untersten Stufe angekommen, wählen Sie einen idealen Entspannungsplatz, an dem Sie einen Moment verweilen.
* Lassen Sie sich etwas Zeit, den gewählten Ort zu genießen. Spüren Sie nach, was vielleicht tief im Inneren diese Ruhe stört. Gibt es Sorgen oder Gefühle, die Sie nicht äußern, die Sie aber dennoch belasten?
* Stellen Sie sich jetzt Ihr ausgewähltes Thema vor, so, wie Sie es gerne lösen würden: Vielleicht gibt es ein Projekt, das nicht so recht vorwärts geht, oder einen Wunsch, den Sie nicht in Ihr Bewusstsein kommen lassen.
* Lassen Sie sich so lange Zeit, bis Sie ein befriedigendes inneres Bild gefunden haben, das Ihnen zeigt, wie Sie weiter

vorgehen können. »Verankern« Sie es in sich und verlassen Sie dann Ihren inneren Entspannungsort.

* Während Sie langsam von 1 bis 10 und dann von 1 bis 3 zählen, kommen Sie aus der Entspannung wieder heraus, strecken und dehnen sich und sind hellwach und klar.

Empfehlungen bei körperlichen Beschwerden

a. Allergien

* auf einen gesunden Darm achten (Darmsanierung, Darm- spülungen etc.)
* auf gesunde vitalstoffreiche Ernährung mit möglichst we- nig tierischem Eiweiß achten
* Süßigkeiten weitgehend vermeiden
* Vitamine und Mineralien (Selen, Zink, Vitamin A und E)
* Schwarzkümmelöl-Kapseln
* Spagyrik: Nr. 6 Dyskrasin N, 3-mal täglich 5 bis 10 Trop- fen mit ausreichend Flüssigkeit

b. Erkrankungen im Bereich der Verdauungsorgane Le- ber/Galle, Bauchspeicheldrüse (z. B. Diabetes)

* leichte, fettarme enzymreiche Kost (Gemüse, Papayas, Ananas, Brombeeren etc. sind sehr enzymreiche Nah- rungsmittel)
* empfehlenswerte Tees: Tausendgüldenkraut, Wermut, Ma- riendistel, Artischocke
* möglichst keine Mahlzeiten nach 18.00 Uhr
* raffinierten Zucker vermeiden oder nur einmal täglich es- sen (um übermäßige Beanspruchung der Bauchspeichel- drüse zu vermeiden)
* Spagyrik: Nr. 8 Hepatik, 1- bis 2-mal täglich 10 Tropfen mit ausreichend Flüssigkeit

c. Dickdarmentzündungen, Reizdarmsyndrom

- regelmäßig Entspannungsübungen in den Tagesablauf einbauen
- langsam und bewusst essen, um nicht zu viel Luft zu schlucken
- Reizstoffe wie Kaffee, schwarzen Tee, Zigaretten oder Alkohol möglichst meiden
- basische Ernährung bevorzugen (Kartoffeln, Gemüse, frische und getrocknete Kräuter, grüne Kräutertees, Basenmischungen aus der Apotheke)
- Fußreflexzonenmassage zur Entspannung und Harmonisierung
- Osteopathie zur Lösung von Energieblockaden im Wirbelsäulenbereich
- Spagyrik: Nr. 1 Alcangrol, 2-mal täglich 10 Tropfen vor dem Essen mit ausreichend Flüssigkeit

Unterstützende Therapien

- Akupunktur
- Fasten- und Reinigungstherapien (F.-X.-Mayr-Kur, Ayurveda etc.)
- Craniosakraltherapie

Affirmation

Ich vertraue dem Fluss des Lebens.

Der Mond im Zeichen Waage

Menschen, die mit dem Mond im Zeichen Waage geboren wurden, haben liebevolle, zarte, friedliche, harmonische und idealistische Gefühle. Sie sind kontaktfreudig und suchen den Austausch und die Begegnung mit anderen Menschen. Durch ihr charmantes, angenehmes Wesen lenken sie die Sympathie und Aufmerksamkeit ihrer Umgebung auf sich und es wird ihnen sehr viel Zuwendung und Wohlwollen entgegengebracht. Sie haben die natürliche Begabung, ein Klima der Großzügigkeit zu schaffen. Sie schenken ihren Mitmenschen Anerkennung, Mitgefühl und Liebe, sie vermitteln ihnen, sich selbst und anderen gegenüber mit Verantwortung, Achtung, Toleranz und Wertschätzung zu begegnen.

Waage-Monde sind von dem Wunsch beseelt, ein Gleichgewicht in ihrem Umfeld zu schaffen und unausgeglichene Zustände zu harmonisieren. Sie gehören zu den Menschen, die instinktiv Spannungen spüren, und sie besitzen die Gabe, in Konfliktsituationen objektiv und vorurteilslos die verschiedenen Seiten zu betrachten und Lösungsmöglichkeiten anzubieten. Deshalb ist ihre Meinung gefragt und ihr Rat willkommen.

So wie die beiden anderen Luftzeichen Zwillinge und Wassermann sind auch die Waage-Mond-Geborenen darauf bedacht, sämtliche Dimensionen in ihrem eigenen Gefühlsleben auszuloten. Leidenschaftliche Ausbrüche, wie z. B. bei den Feuerzeichen, sind von ihnen nicht zu erwarten. Sie geben sich kompromissbereit und wollen niemandem zu nahe treten und erst recht niemanden verletzen. Sie suchen lieber die Versöhnung. Feindschaft und Kampf sind ihnen zuwider. Selbst in persönlichen Beziehungen geben sie sich immer galant und höflich.

Wohlbefinden von Körper, Geist und Seele

Waage-Mond-Geborene haben ein ausgeprägtes Bedürfnis nach Frieden, Schönheit und Ästhetik, nach Heiterkeit und Abwechslung. Ihre besonderen Interessen gelten der Musik, der Malerei, dem Tanz und den vielen anderen schönen Künsten. In der Welt der Kultur fühlen sie sich wohl, sind entspannt und kreativ zugleich.

Diese besonders feinfühligen und empfindsamen Menschen haben zarte, naive Gefühle, sehnen sich nach Zärtlichkeit und liebevoller Zuneigung. Um sich geborgen und sicher zu fühlen, brauchen Waage-Monde deshalb von klein an ein Umfeld mit leichter, angenehmer und friedlicher Atmosphäre. Nur so können sie, egal ob in Familie, Schule oder Arbeit, gelöst und befreit aus sich herausgehen, offen und unbeschwert ihre Talente entfalten, ihre Gefühle zum Ausdruck bringen.

Für ihr physisches und psychisches Wohlbefinden benötigen sie den Kontakt mit anderen Menschen, vor allem aber eine »ideale« Beziehung voller Liebe und Anerkennung. Dabei geht es ihnen um das Gefühl der Zusammengehörigkeit, um die Suche nach dem »gemeinsamen Nenner«, um das Ausbalancieren von Gegensätzen. Für ihr Selbstwertgefühl ist es wichtig, Beachtung und Bewunderung von ihren Mitmenschen zu erfahren. Sie wollen geschätzt, anerkannt und gemocht werden. Nichts verunsichert sie mehr als das Gefühl, unbeliebt und ungeliebt zu sein. Ihrerseits tun sie alles, um immer wieder das Verbindende zwischen den Menschen zu finden, gegenseitigen Respekt zu fördern und dabei möglichst niemanden zu verletzen.

Spannungsbereiche, Probleme und Schwierigkeiten

Verdrängte Gefühle, Beziehungs- und Harmoniesucht, Unverbindlichkeit und Realitätsferne können bei Waage-Mond-Geborenen zu Spannungen und Problemen führen. In der Regel gelingt es ihnen, nach dem Positiven und Schönen im Leben Ausschau zu halten. Doch aus Angst vor Konflikten oder aufgrund ihres ausgeprägten Harmoniebedürfnisses und ihrer großen Kompromissbereitschaft übergehen sie gerne persönliche, zwischenmenschliche Probleme. So manches Mal entschärfen sie die Situationen, um eine »gute Stimmung« zu erzeugen. Ihr großer Wunsch, geliebt und anerkannt zu werden, verleitet sie hin und wieder, sich zu schnell anderen anzupassen, mit ihnen »mitzuschwingen«. Auch unangenehme Gefühle wie Hass, Eifersucht und Wut wollen sie am liebsten ausklammern, übergehen oder unterdrücken, denn diese würden die Waage-Monde aus ihrer gewohnten »Umlaufbahn« katapultieren. Sie laufen Gefahr, sich eine eigene, harmonische Welt zurechtzurücken.
Es kann passieren, dass sie auf diese Weise immer mehr den Bezug zu ihrem eigenen Inneren und den Kontakt zur Realität verlieren. Ihre idealistische Sicht auf Menschen und Dinge, ihre Unfähigkeit, mit Spannungen umzugehen oder sie auszuhalten, könnten letztlich dazu führen, mit den ganz alltäglichen Problemen und Konflikten nicht mehr fertig zu werden. In der Möglichkeit des Rückzugs sehen sie häufig ihre letzte Rettung. Unverstanden und ungeliebt, beleidigt

und gekränkt schreiben sie dann gerne ihren Mitmenschen die Schuld zu. Den eigenen Anteil an diesen verfahrenen Situationen übersehen sie großzügig.

Im Gegensatz zur Waage-Sonne, die das Leben aktiv in ihrem Sinne gestalten will und kann, ist die Gefahr bei Waage-Monden groß, dass sie bei ihren Träumen, Wünschen und Sehnsüchten bleiben und keine ihrer vielfältigen Ideen verwirklichen.

Hilfestellungen, Lösungen und Therapiemöglichkeiten

Das Gefühl, nicht dazuzugehören, die Angst vor Sympathieverlust, der Mangel an Energie, verdrängte Aggressionen oder der übertriebene Hang zum Rückzug bereiten den Waage-Mond-Geborenen von Zeit zu Zeit Probleme.

Ein wichtiger, unumgänglicher Weg, diese Blockaden zu lösen, ist die Bereitschaft, sich der zwischenmenschlichen Konflikte bewusst zu werden und sich offen diesen Situationen zu stellen. Sie sollten ihre eigenen Bedürfnisse erkennen und lernen, die persönlichen Gefühle und Wünsche stärker zu beachten, ohne dass Familie, Gesellschaft oder Freunde dafür den Maßstab vorgeben.

Schon frühzeitig sollten Waage-Monde angehalten werden, sich eine eigene Meinung zu bilden und mutig dazu zu stehen. Das Gefühl, einen eigenen Standpunkt zu entwickeln und zu vertreten, hilft ihnen, ihr Identitätsbewusstsein zu entfalten. Legt die Umgebung jedoch zu großen Wert auf angepasstes Verhalten, fördert man die Neigung zu Opportunismus und Oberflächlichkeit.

Besonders Heranwachsende müssen sich mit ihrer Nachgiebigkeit und ihrer Bereitschaft, sich an Gruppennormen anzupassen, auseinander setzen. Sie sollten lernen, sich abzugrenzen und Nein zu sagen. Schenkt man Waage-Monden hingegen viel Zuneigung, Verständnis, Lob und Anerkennung, stärkt man diese äußerst liebevolle, soziale Komponente und lernt ihre anhängliche und anschmiegsame Seite kennen.

Als Ausdruck ihrer Persönlichkeit brauchen sie die Möglichkeit, sich ihren vielfältigen, künstlerischen Interessen zu widmen, und die Chance, das Umfeld nach eigenem Geschmack und eigenem ästhetischem Empfinden zu gestalten.

Waage-Monde haben ambivalente Gefühle: Allein fühlen sie sich sehr unwohl, denn sie sind anhänglich und am liebsten in Gesellschaft anderer, zu viel Nähe ist ihnen andererseits unangenehm, schon fühlen sie sich emotional eingeengt.

In ihren Freundschaften und Beziehungen brauchen sie deshalb das Gefühl der inneren Freiheit und die Möglichkeit zum emotionalen Rückzug.

In jedem Fall werden Menschen mit dem Mond im Zeichen Waage immer wieder bestrebt sein, dem Leben die positiven Seiten abzugewinnen.

Wie Sie Ihre Mondkraft auf körperlicher und seelischer Ebene stärken

Beim Durchlesen Ihres Mondzeichens haben Sie vielleicht festgestellt, dass die Beschreibung zwar auf Sie zutrifft, Sie aber einiges von dem, was zu Ihrem Wesen gehört, nur teilweise oder nicht in ausreichendem Maße leben. Werden solche wichtigen eigenen Anteile und Bedürfnisse über einen längeren Zeitraum hin vernachlässigt, kann es nicht nur zu seelischem Ungleichgewicht, sondern auch zu körperlichen Beschwerden und Krankheiten kommen.

Die Antworten auf die nachfolgenden Schlüsselfragen sollen Ihnen helfen, herauszufinden, wie Ihr »Stimmungsbarometer« aussieht. Die Skala kann dabei von leichtem Unwohlsein bis zu körperlichen Symptomen reichen.

Kreuzen Sie zum Beispiel die Frage nach immer wieder auftauchenden Blasen- oder Harnwegsentzündungen mit Ja an, finden Sie im anschließenden Therapieteil Hinweise, wie Sie – bezogen auf Ihre Mondstellung – damit umgehen können.

Schlüsselfragen

1. Verhalten Sie sich häufig anderen gegenüber sehr angepasst und versuchen Sie, den Vorstellungen anderer gerecht zu werden?
2. Ziehen Sie sich in Ihr »Schneckenhaus« zurück, wenn Sie sich von anderen nicht verstanden oder angenommen fühlen?
3. Fällt es Ihnen schwer, Konflikte auszuhalten?

Leiden Sie unter:
a. wiederkehrenden Blasenentzündungen bzw. wiederkehrenden Nierenproblemen?
b. Infekten (vor allem in belastenden Lebenssituationen oder in Konfliktsituationen)?
c. Hautproblemen?
d. Bauchspeicheldrüsenproblemen (wie Diabetes)?

Hilfe zur Selbsthilfe

* Beschäftigung mit schönen Dingen wie Kunst, Musik, Theater oder Ähnlichem
* Gartengestaltung, Blumen
* Zusammensein mit anderen Gleichgesinnten (z. B. sich

einem Literaturzirkel anschließen oder gemeinsame Theaterbesuche organisieren)

Bach-Blüten

* Heather – um zu erkennen, dass wir vor allem uns selbst lieben müssen, um ein gesundes Selbstwertgefühl aufzubauen
* Agrimony – um konfliktfähiger zu werden und dadurch den eigenen Standpunkt besser vertreten zu können
* Elm – um in Phasen des Zweifels und der Verunsicherung mehr Vertrauen in sich selbst zu entwickeln
* Pine – um zu lernen, dass man nicht immer die Schuld auf sich nehmen muss, um Harmonie zu schaffen

Körper- und Atemübungen

Tapferkeitshaltung
* Stehen Sie mit geradem Rücken; die Füße sind parallel, die Schultern locker und der Nacken ist lang gedehnt.
* Stellen Sie den rechten Fuß eine Schrittlänge vor und strecken Sie, während Sie einatmen, die Arme nach oben, die Handflächen liegen aneinander.
* Beugen Sie die Knie und dehnen Sie den Körper nach hinten, der Rücken bleibt dabei ganz gerade, der Blick geht nach oben.
* Spüren Sie die Anspannung der Muskulatur von den Füßen bis zu den Fingerspitzen, während Sie ruhig weiteratmen. Achten Sie darauf, dass Sie nicht ins Hohlkreuz gehen, sondern die gesamte Wirbelsäule nach hinten dehnen.
* Kommen Sie, während Sie einatmen, zurück und lassen Sie sich zur Entspannung locker nach vorn abrollen.

* Machen Sie mit der linken Hand eine Faust und strecken Sie den linken Zeigefinger nach oben. Halten Sie die Hände auf Herzhöhe und umschließen Sie den linken Zeigefinger mit den Fingern der rechten Hand. Massieren Sie ihn zuerst etwas und halten Sie ihn dann umschlossen, legen Sie die rechte Daumenspitze auf die Spitze des linken Zeigefingers.
* Atmen Sie dabei ruhig und gleichmäßig und konzentrieren Sie sich dabei auf Ihr Herz und auf die Liebe zu sich selbst.

Visualisierungsübung

* Lesen Sie die Anleitung zur Visualisierung weiter oben durch, bevor Sie mit der nachfolgenden Übung beginnen.
* Schließen Sie die Augen und zählen Sie von 3 bis 1. Stellen Sie sich eine Treppe vor, die Sie Stufe für Stufe nach unten gehen, dabei zählen Sie von 10 bis 1. Auf der untersten Stufe angekommen, wählen Sie einen idealen Entspannungsplatz, an dem Sie einen Moment verweilen.
* Stellen Sie sich jetzt Ihr ausgewähltes Thema vor, so, wie Sie es gerne lösen würden: Lassen Sie z. B. ein Bild oder ein Symbol für Ihren eigenen Selbstwert auftauchen, eine goldene Kugel oder eine schöne Blume. Nehmen Sie die Kraft dieses Bildes in sich auf und spüren Sie, wie es sich anfühlt, »wertvoll« zu sein. Sie können anschließend eine Situation visualisieren, in der Sie konkrete Unterstützung benötigen, einen Konflikt mit einem anderen Menschen oder ein Projekt, das Sie ins Leben rufen möchten und für das Sie ein stabiles Selbstbewusstsein brauchen.
* Lassen Sie sich so lange Zeit, bis Sie ein befriedigendes in-

neres Bild gefunden haben, »verankern« Sie es in sich und verlassen Sie dann Ihren inneren Entspannungsort.

* Während Sie langsam von 1 bis 10 und dann von 1 bis 3 zählen, kommen Sie aus der Entspannung wieder heraus, strecken und dehnen sich und sind hellwach und klar.

Empfehlungen bei körperlichen Beschwerden

a. Blasenentzündungen, Nierenprobleme

* trinken Sie genügend Wasser, Tee oder verdünnte Fruchtsäfte
* achten Sie darauf, dass der untere Rückenbereich und die Füße warm bleiben
* verschlucken Sie Ihre Tränen nicht nach innen
* Spagyrik: Nr. 16 Renalin, 2- bis 3-mal täglich 5 bis 10 Tropfen mit ausreichend Flüssigkeit (z. B. Nieren-Blasen-Tee)

b. Infekte (vor allem in belastenden Lebenssituationen oder in Konfliktsituationen)

* achten Sie gerade in dieser Zeit auf vitalstoffreiche Kost mit genügend basischen Nahrungsmitteln (Gemüse, Kartoffeln, Obst)
* bevorzugen Sie gekochte Speisen
* unterstützen Sie Ihr Immunsystem mit Basenmischungen aus der Apotheke, Echinacin oder Schwarzkümmelöl-Kapseln
* Spagyrik: Nr. 3 Azinat, 2- bis 3-mal täglich 10 bis 15 Tropfen mit ausreichend Flüssigkeit

c. Bauchspeicheldrüsenprobleme (wie z. B. Diabetes)

* vermeiden Sie künstliche Süßigkeiten
* verwöhnen Sie sich selbst und nehmen Sie die Süße des Lebens an

- essen Sie enzymreiche Nahrung wie Ananas, Blaubeeren, Brombeeren oder Papaya kurz vor den Mahlzeiten
- vermeiden Sie Kaffee, scharf Gebratenes und Alkohol
- Spagyrik: Nr. 17 Sanguisol, 2-mal täglich 5 bis 10 Tropfen (nicht bei hohem Blutdruck); Nr. 19 Stomachik I, 3-mal täglich 5 bis 10 Tropfen während oder nach den Mahlzeiten mit ausreichend Flüssigkeit

d. Hautprobleme

- ausreichende Ruhepausen, um das Nervensystem zu entlasten
- gesunde vitalstoffreiche Ernährung, Gemüse, Obst, Salate, viel frische Kräuter, wenig Fett
- auf schadstoffarme Hautpflege- und Waschmittel achten, die möglichst wenig chemische Zusatzstoffe enthalten
- Spagyrik: Nr. 6 Dyskrasin N, 3-mal täglich 5 Tropfen mit ausreichend Flüssigkeit einnehmen

Unterstützende Therapien

- Homöopathie
- Musik- und Kunsttherapie
- Yoga, Qigong, Feldenkrais

Affirmation

Ich bin in Harmonie mit mir und meinen Mitmenschen.

Der Mond im Zeichen Skorpion

Menschen, die mit dem Mond im Zeichen Skorpion geboren wurden, haben tiefe, unergründliche Gefühle. Nach außen hin erscheinen sie ruhig und zurückhaltend, doch starke und leidenschaftliche Emotionen liegen tief in ihrer geheimnisvollen und rätselhaften Seele.

Es fällt ihnen leicht, die »dunklen« Wünsche von anderen Menschen zu erspüren, zu durchschauen und zu verstehen.

Sie selbst wissen um die Tiefen der menschlichen Psyche und erkennen genau die verborgenen Seiten und die unterschwelligen Motive ihrer Mitmenschen. Ja, sie lieben es geradezu, den verdrängten oder »verbotenen« Gefühlen nachzujagen, sie zu erforschen, zu beleuchten und ins Bewusstsein zu bringen. Anderen auf den Grund ihrer Seele zu blicken, deren Innerstes instinktiv zu erfassen, das ist eine ihrer größten Stärken. Eine wirklich kostbare Gabe, mit der sie vielen Menschen eine wichtige Hilfe, emotionaler Beistand und wertvolle Unterstützung sein können.

Zu ihren Fähigkeiten gehört auch, selbst in schwierigen Situationen dem Leben mit großer Kraft und Selbstvertrauen zu begegnen. Für sie sind Krisen notwendige Herausforderung, willkommener Ansporn und längst überfälliger Anstoß für neue Entwicklungen und Erfahrungen.

Skorpion-Monde suchen in ihren Beziehungen, in ihren Freundschaften und Partnerschaften nach intellektueller Tiefe und wahrer Ernsthaftigkeit. Und das nicht nur für ein kurzweiliges Gespräch im Vorübergehen, sondern als dauerhafte, kontinuierliche Auseinandersetzung.

Sie sehnen sich nach dem Austausch intensiver Gefühle und haben gleichzeitig große Scheu, Emotionen zu zeigen.

Persönliche Gedanken, Erlebnisse oder Geheimnisse geben sie selten preis, sie behalten sie für sich und versuchen vielmehr, allein damit umzugehen und fertig zu werden. Deshalb benötigen sie viel Zeit, bis sie sich öffnen, bis sie andere in ihre ganz intime Welt einlassen, bis sie sich selbst ihrem engsten Umfeld so zeigen, wie sie wirklich sind.

Wohlbefinden von Körper, Geist und Seele

Das Bedürfnis nach Nähe und intensiven Beziehungen sowie der Wunsch, Verborgenes zu ergründen, gehört zur Grundstruktur eines Skorpion-Mond-Geborenen.

Sie fühlen sich physisch und psychisch am wohlsten, wenn sie sich mit ihrer Umwelt emotional auseinander setzen können. Richtig glücklich sind sie aber erst dann, wenn es ihnen gelingt, ihre Mitmenschen dazu zu animieren, dies auch zu tun.

Über Empfindungen nachzudenken, Gründe und Erklärungen für Stimmungen und Verhalten zu finden, Schlüsse zu ziehen, zu reflektieren und darüber zu sprechen, ist für sie etwas Selbstverständliches und gehört zu ihrem Alltag. Unwichtig ist es dabei, ob es sich um zwischenmenschliche Beziehungen oder um sachliche, allgemeine Themenkomplexe handelt. Wirklich bedeutungsvoll sind jedoch die Dinge für sie nur, wenn sie zu ihnen eine intensive und sensitive Beziehung herstellen können.

So wie die beiden anderen Wasserzeichen Krebs und Fische haben auch Skorpion-Monde ein großes Bedürfnis nach Geborgenheit, Zärtlichkeit, Liebe, Anerkennung und emotionaler Sicherheit.

Bereits in der Kindheit sind sie einer prägenden Gefühlswelt ausgesetzt: Sie haben aufwühlende, manchmal wilde Träume und müssen sich mit beängstigenden, schmerzlichen Empfindungen und Sehnsüchten auseinander setzen. Verbotenes, Geheimnisvolles, Tabus, Unbewusstes und Sexualität haben für sie eine große Anziehungskraft. Sie hinterfragen alles bis ins letzte Detail, sie möchten allen Geheimnissen auf die Spur kommen.

Für ihr seelisches Wohlbefinden brauchen Skorpion-Monde vor allem Bezugspersonen, denen sie vertrauen können, die Verständnis für die emotionalen Höhen und Tiefen dieser sensiblen Wesen aufbringen und die selbst stark genug sind, sich gemeinsam mit ihnen diesen intensiven Gefühlen zu stellen.

Spannungsbereiche, Probleme und Schwierigkeiten

Finden Skorpion-Mond-Geborene keinen Kontakt mehr zu ihren Gefühlen und Empfindungen, dann können sie nicht mehr im Einklang mit sich selbst und anderen leben.

Der Mangel an Objektivität und Distanz, das Missverständnis von Macht und Ohnmacht, die Angst vor Verlust und Unterdrückung, das sind die Problemfelder dieses Mondzeichens.

Sie dürfen sich nicht zu sehr von ihren Gefühlen, von ihrem Unterbewusstsein leiten lassen. Es gelingt ihnen oft nur mühsam, Distanz zu wahren gegenüber ihren starken Emotionen und, gefangen in ihrer eigenen, subjektiven Welt, den objektiven Zugang zum Leben zu finden.

Mitunter versuchen sie auf subtile, bestimmende Art und

Weise, ihre Mitmenschen zu beeinflussen. Unter dem Deckmäntelchen der Anteilnahme, der Liebe und der Aufmerksamkeit gelingt es ihnen, andere zu bevormunden, zu überwachen oder zu kontrollieren.

Sie klammern sich an eine vermeintliche emotionale Sicherheit und Stabilität. Zwanghaft versuchen sie daran festhalten, denn alles, was mit Veränderung und Trennung zu tun hat, verunsichert sie zutiefst. Die Kontrolle zu verlieren, bedeutet für sie, in eine totale Krise zu stürzen.

Einerseits investieren Skorpion-Monde sehr viele, aufrichtige Gefühle und sind bereit, dafür Opfer zu bringen. Andererseits ist ihre Haltung stets fordernd: Als Gegenleistung erwarten sie von ihrem Umfeld bedingungslose Hingabe und vertreiben durch dieses Verhalten, unbewusst und ungewollt, Menschen, die ihnen lieb und teuer sind.

Hilfestellungen, Lösungen und Therapiemöglichkeiten

Voller Angst vor Ablösungsprozessen und Auflösungstendenzen an negativen Gefühlen festzuhalten, kann zu Depressionen und seelischen Erkrankungen führen.

Um diese Spannungen und Blockaden zu entkrampfen, um frische Kraft und neue Energien freizusetzen, müssen Skorpion-Monde versuchen, Vertrauen und Distanz zu entwickeln, Veränderungen zu akzeptieren und festgefahrene Bindungen zu lösen.

Sie brauchen die Begegnung und den Austausch mit anderen Menschen, um eigene Gefühle und Emotionen besser einschätzen zu können. Von klein an ist eine Umgebung, die sich mit diesen geheimnisvollen Wesen auseinander setzt, von besonderer Bedeutung. Wenn man ihnen dabei hilft, die

Grenzen und Gefühle anderer zu erkennen und zu respektieren, sie hin und wieder zurück auf den Boden der Tatsachen holt und darauf achtet, dass sie sich in Konfliktsituationen nicht verschließen oder abschotten, dann sind das wichtige Lernprozesse, um größere Probleme im späteren Leben zu vermeiden.

Sich den kleinen und großen Überraschungen des Lebens ohne Skrupel hinzugeben, zu lernen, anderen Personen zu vertrauen und sich ihnen zu öffnen, ohne sich dabei hilflos und ohnmächtig zu fühlen, sind hilfreiche Schritte auf dem Weg zur Stärkung ihrer Persönlichkeit.

Dazu gehört vor allen Dingen die ehrliche und uneingeschränkte Akzeptanz ihrer »skorpionischen« Seite: Gefühle zulassen, ohne sich mit ihnen zu identifizieren, Emotionen nicht verdrängen, sondern sie kontrollieren und sich um objektive Reflexionen bemühen.

Die Skorpion-Mond-Geborenen fühlen intuitiv, dass tief greifende Veränderungen ihres Wesens oftmals nur durch schmerzliche Erfahrungen möglich sind. Diese Krise jedoch ist auch Chance zu Veränderung und Wandlung. Wenn sie überstanden ist, sind sie in der Lage, eine neue Beziehung zu sich und eine fruchtbare Kommunikation zu ihrer Umwelt aufzubauen.

Wie Sie Ihre Mondkraft auf körperlicher und seelischer Ebene stärken

Beim Durchlesen Ihres Mondzeichens haben Sie vielleicht festgestellt, dass die Beschreibung zwar auf Sie zutrifft, Sie aber einiges von dem, was zu Ihrem Wesen gehört, nur teilweise oder nicht in ausreichendem Maße leben. Werden solche wichtigen eigenen Anteile und Bedürfnisse über einen längeren Zeitraum hin vernachlässigt, kann es nicht nur zu seelischem Ungleichgewicht, sondern auch zu körperlichen Beschwerden und Krankheiten kommen.

Die Antworten auf die nachfolgenden Schlüsselfragen sollen Ihnen helfen, herauszufinden, wie Ihr »Stimmungsbarometer« aussieht. Die Skala kann dabei von leichtem Unwohlsein bis zu körperlichen Symptomen reichen.

Kreuzen Sie zum Beispiel die Frage nach immer wieder auftauchenden Darmbeschwerden oder hormonellen Problemen mit Ja an, finden Sie im anschließenden Therapieteil Hinweise, wie Sie – bezogen auf Ihre Mondstellung – damit umgehen können.

Schlüsselfragen

1. Fällt es Ihnen schwer, Vertrauen zu anderen Menschen zu entwickeln und sich ihnen zu öffnen?
2. Möchten Sie einen anderen Menschen ganz besitzen und haben Sie dadurch besondere Probleme mit dem Loslassen?
3. Leiden Sie unter Verlustängsten?

Leiden Sie unter:
a. depressiven Verstimmungen und Ängsten?
b. Darmbeschwerden und Erkrankungen der Geschlechtsorgane?
c. hormonellen Problemen wie unregelmäßigem Zyklus oder zyklusbedingter Akne?

Hilfe zur Selbsthilfe

* Wandlungsprozesse können besser angenommen werden, wenn Sie sich als Teil der Natur verstehen, bei der Wer-

den und Vergehen in harmonischem Wechsel aufeinander folgen

* Entspannungs- und Atemübungen ins tägliche Programm aufnehmen
* die hilfreiche Kraft des Wassers nutzen: genügend trinken, Wasser beobachten, sich an Bächen und Flüssen aufhalten

Bach-Blüten

* Holly – um besitzergreifende Liebe in allumfassende Liebe umwandeln und so ein tieferes inneres Gefühl der Geborgenheit entwickeln zu können
* Mustard – um depressive Stimmungen wieder auflösen zu können
* Cherry Plum – um zu stark kontrollierte Gefühle und Stimmungen besser lösen und zulassen zu können
* Beech – um allgemein entspannter, nachsichtiger und toleranter zu werden

Yoga- und Atemübung

Heuschrecke
* Legen Sie sich auf den Bauch; das Kinn liegt auf dem Boden.
* Legen Sie Ihre Hände mit den Handflächen nach oben unter die Oberschenkel.
* Heben Sie einatmend das rechte Bein aus der Hüfte heraus nach oben. Atmen Sie ruhig und gleichmäßig weiter, Kinn und Schultern bleiben auf dem Boden.
* Legen Sie ausatmend das Bein wieder ab und wechseln Sie zum anderen Bein.
* Ballen Sie die Hände zu Fäusten und legen Sie sie unter die Leisten.

- Heben Sie einatmend beide Beine aus der Hüfte heraus nach oben. Atmen Sie dabei mehrere Atemzüge lang ruhig und gleichmäßig weiter.
- Legen Sie die Beine ausatmend wieder ab und spüren Sie nach.

Kleiner Energiekreislauf im Liegen oder Sitzen

- Stellen Sie sich zunächst den Weg der Energie im Körper vor: Ausgangspunkt ist der Damm oder Beckenboden, weiter über die Lenden- und Brustwirbelsäule bis hinauf zum Scheitel und von dort aus über das Gesicht, die Brust, den Bauch wieder hinunter zum Beckenboden. Verbinden Sie dann diesen Energiefluss mit dem Atem. Legen Sie dabei die Zunge an den oberen Gaumen hinter die Schneidezähne.
- Einatmen: Ein heller leuchtender Kraftstrom zieht von unten nach oben an der Wirbelsäule entlang über den Hinterkopf durch das Gehirn bis zum Scheitel.
- Ausatmen: Der Strom geht vom Scheitel wieder hinunter auf der Vorderseite des Körpers über Stirn, Kehlkopf, Herzmitte, Nabel zum Beckenboden.
- Folgen Sie Atem und Energiestrom mit Ihrer Vorstellung. Wiederholen Sie diesen Kreislauf fünf- bis zehnmal und spüren Sie nach.

Mudra – für Flexibilität

- Streichen Sie die Hände aus, spreizen Sie die Finger und legen Sie die Spitzen der Mittelfinger aneinander. Dabei halten Sie die Hände so vor dem Körper, dass die rechte Handfläche nach innen und die Finger nach unten zeigen, die linke Handfläche zeigt nach außen und die Finger nach oben. Der rechte Daumen zeigt nach links, der linke Daumen nach rechts.

* Atmen Sie dabei ruhig und gleichmäßig, vertiefen Sie zunächst die Ausatmung, bis Sie eine angenehme innere Ruhe spüren.

Visualisierungsübung

* Lesen Sie die Anleitung zur Visualisierung weiter oben durch, bevor Sie mit der nachfolgenden Übung beginnen.
* Schließen Sie die Augen und zählen Sie von 3 bis 1. Stellen Sie sich eine Treppe vor, die Sie Stufe für Stufe nach unten gehen, dabei zählen Sie von 10 bis 1. Auf der untersten Stufe angekommen, wählen Sie einen idealen Entspannungsplatz, an dem Sie einen Moment verweilen.
* Lassen Sie sich Zeit, bis sich ein Gefühl von Geborgenheit und Sicherheit einstellt, das Sie nur in Ihrer eigenen Welt, in Ihrem Inneren, finden können.
* Stellen Sie sich jetzt Ihr ausgewähltes Thema vor, so, wie Sie es gerne lösen würden: Gibt es eine Situation, in der Sie sich ohnmächtig fühlen, oder haben Sie Angst, dass jemand, den Sie sehr lieben, Sie verlassen könnte?
* Lassen Sie sich so lange Zeit, bis Sie ein befriedigendes inneres Bild gefunden haben, das Ihnen eine Hilfe oder einen Weg zeigt. »Verankern« Sie es in sich und verlassen Sie dann Ihren inneren Entspannungsort.
* Während Sie langsam von 1 bis 10 und dann von 1 bis 3 zählen, kommen Sie aus der Entspannung wieder heraus, strecken und dehnen sich und sind hellwach und klar.

Empfehlungen bei körperlichen Beschwerden

a. Schlafstörungen oder chronische Müdigkeit, die auf depressive Verstimmungen und Ängste zurückzuführen sind

- regelmäßig Sport treiben
- Wasseranwendungen nach Kneipp (morgendliches kaltes Duschen etc.)
- auf geregelten Tagesablauf achten (morgens nicht zu spät aufstehen)
- leichte frische Kost bevorzugen (wenig Alkohol)
- Spagyrik: Nr. 3 Azinat, 2- bis 3-mal täglich 10 bis 20 Tropfen mit ausreichend Flüssigkeit

b. Darmbeschwerden und Erkrankungen der Unterleibsorgane (z. B. Prostataprobleme)
- auf regelmäßige Entgiftung achten (Fasten- oder Safttage einlegen)
- schwere fette Kost vermeiden
- regelmäßiges Schwitzen (Sport, Sauna)
- Spagyrik: Nr. 1 Alcangrol, 2-mal täglich 10 Tropfen vor dem Essen mit ausreichend Flüssigkeit

c. Hormonelle Probleme wie unregelmäßiger Zyklus oder zyklusbedingte Akne
- achten Sie auf einen geregelten Tagesablauf, vor allem auf ausreichend Schlaf (Rhythmus ist für den menschlichen Organismus sehr wichtig)
- verzichten Sie auf Reizstoffe wie Alkohol und Kaffee ebenso wie auf ein Übermaß an Süßigkeiten oder Milchprodukten; Schweinefleisch möglichst meiden
- mehrmals am Tag Entspannungspausen einlegen
- für ausreichende Entgiftung sorgen (genügend trinken, Sauna, Sport etc.)
- Spagyrik: Nr. 9 Lymphatik, 2-mal täglich 10 Tropfen mit ausreichend Flüssigkeit

* Autogenes Training
* Bindegewebsmassagen
* Atemtherapie
* Therapien, die den Zugang zum Unbewussten öffnen (Musiktherapie, Imaginationstherapien)

Affirmation

Ich bin mir selbst treu und erlaube mir auch meine Schattenseiten.

Der Mond im Zeichen Schütze

Menschen, die mit dem Mond im Zeichen Schütze geboren wurden, haben ein aufgeschlossenes Wesen und beeindrucken durch ihre lebendige Ursprünglichkeit und Originalität. Liebe, Hoffnung und ein starker innerer Glaube an sich selbst durchströmen und begleiten diese glücklichen Wesen. Anderen Personen begegnen sie mit Respekt, Offenheit und Wohlwollen. So gewinnen sie deren Zuneigung und Vertrauen. Sie sind großzügig, tolerant und leidenschaftlich, immer bereit, sich für diejenigen einzusetzen, die Hilfe oder Unterstützung benötigen.

Die idealistischen und enthusiastischen Gefühle der Schütze-Monde übertragen sich auf ihre Umgebung. Es fällt ihnen leicht, andere zu begeistern, sie zu inspirieren und positiv zu stimmen. Immer wieder gelingt es ihnen, neuen Schwung in den Alltag zu bringen, für Spannung und Abwechslung zu sorgen. An ihrer Seite fühlt man sich einfach wohl und gut gelaunt. Sie entwickeln nicht nur genügend Optimismus, um den eigenen Fähigkeiten zu vertrauen, sondern sie haben auch den Mut, eingefahrene Bahnen zu verlassen und eigene Grenzen auszuloten.

Schütze-Mond-Geborene sind ständig auf der Suche nach Neuem, Unbekanntem und Zukünftigem. Deshalb ist es für sie von großer Bedeutung, sich das Gefühl der inneren Freiheit und Unabhängigkeit zu bewahren. Ihre phantasievolle Vorstellungskraft, ihre ansteckende Begeisterung und ihr sicheres Gespür für unendlich viele Möglichkeiten verleiten sie gerne zu einem verklärten, idealistischen Blick auf unsere »wunderbare, heile Welt«.

Wohlbefinden von Körper, Geist und Seele

Innere Zufriedenheit und körperliches Wohlbefinden stellen sich bei Schütze-Mond-Geborenen dann ein, wenn ihr Bedürfnis nach Abwechslung, Spannung und Freiheit befriedigt wird.

So wie die beiden anderen Feuerzeichen Widder und Löwe würden auch sie sich niemals in eine Gesellschaft einfügen wollen, die sie in ihrer Bewegungsfreiheit einschränkt, die von ihnen permanente Verpflichtungen und Unterordnung fordert. Sie fühlen sich dort zu Hause, wo sie ihre Phantasien und Ideen ausleben können, dort, »wo ihren Hoffnungen und Zielen keine Grenzen gesetzt werden«, dort, wo neue und interessante Dinge entstehen.

Vor allem aber empfinden sie tief in ihrem Herzen das Bedürfnis und die Sehnsucht, den Sinn und die Bedeutung des Lebens zu erkennen, zu erfassen und zu ergründen.

Gewährt man Schütze-Monden von klein an genügend Frei- und Spielräume, entwickeln sie sich zu überaus fröhlichen und glücklichen Menschen. Besondere Freude bereitet es vielen von ihnen, sich zu bewegen, Sport zu treiben oder sich so richtig auszutoben. Auch beim Singen, Spielen und Tanzen entfaltet sich ihr ausgeprägtes kreatives Talent.

Sie sind keine Einzelgänger, die gerne für sich allein sind und ihren Träumen nachhängen. Sie brauchen Freunde, Bekannte, ein Publikum oder Partner, mit denen sie ihre Visionen, Gedanken und Ideen austauschen können. Gemeinsam unterwegs sein oder verreisen, Musik hören oder ins Theater gehen, das befriedigt nicht nur ihr Bedürfnis nach großen und kleinen Abenteuern, sondern das ist für sie auch »geistige Nahrung«.

Enorm wichtig für Schütze-Mond-Geborene ist das positive Feedback ihrer Mitmenschen. Auch wenn sie es selbst nicht erkennen: Unbewusst erwarten und erhoffen sie sich deren Bestätigung, Anerkennung und Bewunderung.

Spannungsbereiche, Probleme und Schwierigkeiten

Mit den Begriffen Fluchttendenz, Selbstüberschätzung, Intoleranz und Unaufrichtigkeit lassen sich die Spannungen und Schwierigkeiten der Schütze-Monde am besten umreißen.

Die Konflikte entstehen auch im übertriebenen Ausdruck ihrer Emotionen und in dem persönlichen Empfinden, etwas ganz Besonderes zu sein.

Nach außen hin zeigen sie sich immer optimistisch und nur wenigen Menschen offenbart ein Schütze-Mond-Geborener seine innersten Gefühle. Sehr oft verbirgt sich hinter dieser »fröhlichen Maske« ein sensibles Wesen mit heftigen Schwankungen seines Selbstwertgefühls. Tief im Inneren haben sie die große Sorge, ihrem Image nicht gerecht zu werden, haben Angst, ihre farbige Wunschwelt und ihre idealistischen Empfindungen könnten zerstört werden.

Manche Personen mit diesem Mondzeichen vermögen weder ihre eigene, zarte Gefühlsseite noch die anderer wahrzunehmen. Es fällt ihnen sehr schwer, Traurigkeit, Lebensschmerz und Einsamkeit zuzulassen und anzunehmen. Sie bemerken oft gar nicht, dass sie die Gefühle sensibler Menschen durch mangelndes Verständnis und Desinteresse zutiefst verletzen. Schütze-Monden fehlt es hin und wieder an Geduld sich selbst und anderen gegenüber. Immer beschäftigt und ruhelos in Aktion, können sie schlecht abwarten und sich zurücknehmen. Den Raum und die Zeit zu schaffen, um die eigene Gefühlswelt zu erforschen, ist ein Prozess, der Beharrlichkeit von ihnen verlangt. Es fällt ihnen nicht leicht, innerlich ruhig zu werden, ganz bei sich zu sein, sich selbst zu finden und sich ihrer Persönlichkeit zu stellen.

Hilfestellungen, Lösungen und Therapiemöglichkeiten

Emotionale Blockaden können bei Schütze-Mond-Geborenen zu Ungeduld mit sich und anderen führen. Das Gefühl innerer Leere entsteht, wenn es nichts gibt, worauf sie sich freuen können. Auch Trauer, die umso heftiger auftaucht, wenn sie lange verdrängt wurde, kann auf einen gestörten Fluss der Gefühle hinweisen.

Die Auseinandersetzung mit der Wirklichkeit, die Schulung von Geduld und Ausdauer sowie das Streben nach Echtheit sind Möglichkeiten, die Gefühlssperren zu lösen.

Für Schütze-Monde ist es lebensnotwendig, ihre Energie, Phantasie und große Begeisterungsfähigkeit in welcher Form auch immer zum Ausdruck bringen zu können und zu dürfen.

Sie wollen Neues entdecken, eigene Grenzen austesten und Erfahrungen sammeln, etwas wagen und ausprobieren. Dazu benötigen sie ein tolerantes, großzügiges Umfeld, das Verständnis für sie aufbringt und sie gewähren lässt.

Diese aktiven Menschen kommen selten zur Ruhe. Sie müssen frühzeitig lernen, Körper, Geist und Seele zu entspannen. Der Aufenthalt in der freien Natur, autogenes Training, Atemübungen, Yoga und Meditation sind wertvolle Hilfen und geeignete Techniken, die sie dabei unterstützen, zu sich selbst zu finden. So wird nicht nur ihr Selbstvertrauen gestärkt, auch ihr durchaus vorhandenes philosophisches Interesse kann auf diese Weise geweckt beziehungsweise befriedigt werden. Und sie entwickeln die nötige Reife und Disziplin, Tätigkeiten, Beschäftigungen und Aufgaben ruhig anzugehen und auszuführen, sie akzeptieren Grenzen und sind bereit, Verpflichtungen zu übernehmen.

Schütze-Mond-Geborene sollten versuchen, ihrer emotionalen, verletzlichen Seite zu begegnen, und den Mut aufbringen, auch schmerzliche Erfahrungen zuzulassen. Wenn sie sich auf ihre Emotionen einlassen, entwickeln sie sich zu wahrhaft mitfühlenden Seelen. Sie müssen dann ihre Sehnsucht und ihr Bedürfnis nach Nähe nicht mehr hinter einer Mauer emotionaler Unabhängigkeit verstecken und werden sich selbst lieben und anerkennen können.

Wie Sie Ihre Mondkraft auf körperlicher und seelischer Ebene stärken

Beim Durchlesen Ihres Mondzeichens haben Sie vielleicht festgestellt, dass die Beschreibung zwar auf Sie zutrifft, Sie aber einiges von dem, was zu Ihrem Wesen gehört, nur teilweise oder nicht in ausreichendem Maße leben. Werden solche wichtigen eigenen Anteile und Bedürfnisse über einen längeren Zeitraum hin vernachlässigt, kann es nicht nur zu seelischem Ungleichgewicht, sondern auch zu körperlichen Beschwerden und Krankheiten kommen.

Die Antworten auf die nachfolgenden Schlüsselfragen sollen Ihnen helfen, herauszufinden, wie Ihr »Stimmungsbarometer« aussieht. Die Skala kann dabei von leichtem Unwohlsein bis zu körperlichen Symptomen reichen.

Kreuzen Sie zum Beispiel die Frage nach Übergewicht mit Ja an, finden Sie im anschließenden Therapieteil Hinweise, wie Sie – bezogen auf Ihre Mondstellung – damit umgehen können.

Schlüsselfragen

1. Brauchen Sie das Gefühl, alles in der Hand zu haben?
2. Fällt es Ihnen schwer, hinter Ihren idealistischen Ansprüchen die Wirklichkeit zu sehen?
3. Glauben Sie, für andere verantwortlich zu sein, sie von etwas überzeugen oder gar missionieren zu müssen?

Leiden Sie unter:
a. Erschöpfungszuständen?
b. Übergewicht?
c. Leberproblemen?

Hilfe zur Selbsthilfe

* regelmäßig Sport treiben, vor allem schwimmen gehen
* Fitnesstraining zur Stärkung der Muskulatur
* auf Ernährung achten (wenig Süßigkeiten und tierisches Eiweiß)

Bach-Blüten

* Crab Apple – um Kontrolle loslassen zu können
* Agrimony – um die eigenen Schattenseiten besser annehmen zu können und mehr Toleranz für die eigene sensible Seite und die von anderen zu entwickeln
* Impatiens – um Geduld mit sich und anderen zu entwickeln und gleichzeitig konsequenter zu werden

Krokodilübung

* Legen Sie sich auf den Rücken und stellen Sie die Beine auf, Füße und Knie stehen nebeneinander.
* Breiten Sie die Arme auf Schulterhöhe aus, die Handflächen zeigen dabei nach oben, der Nacken ist lang gedehnt.
* Atmen Sie tief ein und drehen Sie ausatmend den Kopf nach rechts und die Knie nach links. Atmen Sie ein paar Atemzüge lang in diese Stellung, bevor Sie einatmend zur Mitte zurückkommen.
* Drehen Sie sich ausatmend zur anderen Seite und bleiben Sie ebenfalls einige Atemzüge in dieser Stellung. Die Übung können Sie beliebig oft wiederholen.

Vokalatmung

* Setzen Sie sich aufrecht in den Schneider- oder Fersensitz oder auf einen Stuhl, die Schultern sind entspannt, die Hände liegen locker auf den Oberschenkeln.
* Atmen Sie ein und intonieren Sie dreimal hintereinander mit dem Ausatmen ein tiefes U, stellen Sie sich diesen Vokal in Ihrem Unterbauch wie eine Schale vor.
* Danach intonieren Sie dreimal ein O, das Sie sich in Ihrer Körpermitte vorstellen, ein A in Ihrem Brustraum, ein E im Halsbereich und ein I im Kopf und in der Stirn.
* Spüren Sie der Wirkung der Töne in Ihrem Körper nach.

Mudra – Energie-Mudra

* Legen Sie die Spitzen aller fünf Finger auf Herzhöhe aneinander.
* Atmen Sie tief und gleichmäßig und spüren Sie den Ener-

giefluss. Stellen Sie sich vor, wie sich Ihr Herz und Ihr ganzer Körper mit Energie anfüllen.

Visualisierungsübung

* Lesen Sie die Anleitung zur Visualisierung weiter oben durch, bevor Sie mit der nachfolgenden Übung beginnen.
* Schließen Sie die Augen und zählen Sie von 3 bis 1. Stellen Sie sich eine Treppe vor, die Sie Stufe für Stufe nach unten gehen, dabei zählen Sie von 10 bis 1. Auf der untersten Stufe angekommen, wählen Sie einen idealen Entspannungsplatz, an dem Sie einen Moment verweilen.
* Lassen Sie sich Zeit, bis Sie sich an diesem Platz wohl fühlen und sich selbst spüren. Konzentrieren Sie sich ein wenig auf Ihren Atem und spüren Sie die Energie, die der Atem Ihnen bringt.
* Stellen Sie sich jetzt Ihr ausgewähltes Thema vor, so, wie Sie es gerne lösen würden: Vielleicht gibt es etwas, durch das Sie sich blockiert oder gar behindert fühlen, vielleicht fühlen Sie sich in einer Situation eingesperrt oder beengt, sind sich aber Ihrer Gefühle dazu nicht wirklich bewusst.
* Lassen Sie sich so lange Zeit, bis Sie ein befriedigendes inneres Bild gefunden haben, das Ihnen einen Weg oder eine Hilfe bei der Lösung dieses Themas zeigt. »Verankern« Sie es in sich und verlassen Sie dann Ihren inneren Entspannungsort.
* Während Sie langsam von 1 bis 10 und dann von 1 bis 3 zählen, kommen Sie aus der Entspannung wieder heraus, strecken und dehnen sich und sind hellwach und klar.

a. Erschöpfungszustände

* auf regelmäßigen Tagesrhythmus und ausreichend Schlaf achten
* ausreichende Versorgung mit Vitaminen und Mineralien (vor allem Vitamin C, A und E sowie Kalium)
* Naturerlebnisse, Blumen, Farben, Düfte
* Spagyrik: Nr. 2 Aquavit, 2- bis 4-mal täglich 5 bis 10 Tropfen mit ausreichend Flüssigkeit

b. Übergewicht

* auf regelmäßige Entgiftung achten (Fasten- oder Safttage)
* vegetarische Ernährung bevorzugen
* regelmäßige Bewegung in den Tagesablauf einbauen
* Spannungen durch Gespräche mit Gleichgesinnten abbauen
* Spagyrik: Nr. 6 Dyskrasin N, 5-mal täglich 5 bis 7 Tropfen mit ausreichend Flüssigkeit

c. Leberprobleme

* auf Alkohol, Fett, Kaffee und Süßigkeiten weitgehend verzichten
* möglichst keine Mahlzeiten nach 18.00 Uhr einnehmen
* ab und zu nach dem Essen einen Leberwickel machen: dazu ein heißes, feuchtes Tuch auf die Leber rechts unter dem Rippenbogen legen, darüber ein trockenes Tuch und darauf möglichst eine Wärmflasche etwa eine halbe Stunde einwirken lassen
* Spagyrik: Nr. 8 Hepatik, 1- bis 2-mal täglich 10 bis 15 Tropfen mit Wasser oder Tee (z. B. Tausendgüldenkrauttee) einnehmen

* Tanztherapie
* Yoga
* Homöopathie

Affirmation

Ich vertraue meiner inneren Führung in allen Lebenssituationen.

Der Mond im Zeichen Steinbock

Menschen, die mit dem Mond im Zeichen Steinbock geboren wurden, haben klare, dauerhafte, liebevolle und tiefe Gefühle.

Sie wirken auf den ersten Blick emotional zurückhaltend, kontrolliert und ernst. Schnell wird deshalb der flüchtige Schluss gezogen, dass sie distanziert seien und ihre Gefühle weder zulassen noch zeigen können.

Tatsächlich jedoch hat diese introvertierte Seele sanfte, warme und empfindsame Seiten, die dem oberflächlichen Beobachter verborgen bleiben.

Steinbock-Monde sind nicht bereit, ihr wertvolles Innerstes allzu schnell zu offenbaren. Sie brauchen Zeit, um Vertrauen zu entwickeln. Erst dann können sie ihre Zurückhaltung aufgeben und weihen dennoch nur wenige in die Geheimnisse und Sehnsüchte ihres Herzens ein.

Wie die beiden anderen Erdzeichen Stier und Jungfrau sind auch sie in Freundschaften und Beziehungen ausgesprochen treu, zuverlässig und loyal. Sie sind darauf bedacht, den Personen, die ihnen nahe stehen, ein absolut verlässlicher Partner zu sein, ihnen Sicherheit und Geborgenheit zu bieten.

Steinbock-Mond-Geborene haben die besondere Begabung, aus Erfahrungen, die sie im Lauf ihres Lebens machen, zu lernen und mit ihnen konstruktiv umzugehen. So sind sie in der Lage, viele ihrer Wünsche zu verwirklichen. Sie verschwenden ihre Zeit nicht mit unrealistischen Träumen und verlieren sich nicht in einer imaginären Phantasiewelt. Im

Gegenteil, sie besitzen ein ausgezeichnetes Gespür, wie sie ihre Wünsche und Visionen mit den Erfahrungen und Eindrücken des alltäglichen Lebens in Einklang bringen.

Wohlbefinden von Körper, Geist und Seele

Grundsätzlich sind Steinbock-Monde auf Sicherheit bedacht. Sie haben ein ausgeprägtes Bedürfnis nach Ordnung, Struktur und Unabhängigkeit. Der Wunsch, anderen zu helfen, sie zu versorgen und Verantwortung zu übernehmen, gehört mit zu den wesentlichen Dingen ihres Alltags.

Bestimmte Rituale, vorgegebene Richtlinien und klare Verhaltensregeln erleichtern ihr Leben und sorgen für ihr physisches und psychisches Wohlbefinden. Dieser äußere, strukturierte Orientierungsrahmen vermittelt ihnen die nötige innere Geborgenheit und ist für sie eine Hilfe, den Anforderungen des täglichen Lebens zu begegnen. Selbst ihre Phantasie braucht die Verankerung in der Wirklichkeit. Man findet Steinbock-Monde überall dort, wo sie ihr Organisationstalent, ihre Geduld, ihre besonnene Art und ihre Weitsicht für das Wohlergehen anderer einsetzen können. Auf diese Art und Weise ist es ihnen möglich, Liebe, Anerkennung und Wertschätzung zum Ausdruck zu bringen.

Es stärkt ihr inneres Sicherheitsgefühl, wenn sie die Rolle des Versorgers und Beschützers übernehmen, besonders für Personen, die ihnen nahe stehen: für ihre Familie, für ihre Freunde und Partner. Auch für außenstehende Personen, die ihre tatkräftige Unterstützung benötigen, sind sie ein willkommener, wertvoller und verlässlicher Berater. Dieses nach außen hin vorsichtige und zurückhaltende Mondzeichen sollte von klein an ermuntert werden, Emotionen unbeschwert auszudrücken. Gefühle der Liebe, Freude, Zärtlichkeit und Anhänglichkeit sind dabei genauso wichtig wie Zorn, Wut oder Schmerz. Daraus können sie Kraft und Vertrauen schöpfen für ihren Weg der Selbstentfaltung. Um Körper, Geist und Seele zu entspannen und verbrauchte Energie aufzutanken, müssen sich Steinbock-Monde von Zeit zu Zeit in ihre Privatsphäre zurückziehen, sich sammeln und innerlich zur Ruhe kommen.

In der positiven Atmosphäre ihrer gewohnten Umgebung lernt man die überaus zärtliche, liebe-, gefühl- und humorvolle Seite ihres Wesens am besten kennen.

Spannungsbereiche, Probleme und Schwierigkeiten

Unterdrückte Gefühle, unerfüllte Wünsche und unbewusste Machtansprüche des Steinbock-Mondes führen zu seelischer Verhärtung. Im Gegensatz zum Steinbock-Sonnenzeichen, das entschieden und konsequent handelt, findet man bei diesem Mondzeichen viele kindliche, verspielte Elemente. Dieser Aspekt birgt allerdings die Gefahr, dass sie die kreative und romantische Seite ihres Wesens verdrängen, ihre Wünsche und Träume zu Gunsten von Sicherheit und Ordnung unterdrücken.

Das kann zu Spannungen im Zusammenleben mit anderen Menschen führen, da sie diesen den nötigen Freiraum nicht ohne weiteres gewähren. Doch wenn es darum geht, eigene Bedürfnisse durchzusetzen, Situationen oder Personen zu lenken und zu kontrollieren, dann können Steinbock-Monde sehr beherrschend werden. Hinter ihrer Bereitschaft, für andere zu sorgen, Aufgaben und Verantwortung zu übernehmen, steht manchmal ein unbewusster Machtanspruch. Sich unterzuordnen oder anderen die Führung zu überlassen, gehört nicht zu ihren Stärken. Ihr fordernder Wunsch nach emotionaler und körperlicher Zuwendung wird oft von ihren Bezugspersonen nicht verstanden oder einfach übergangen. Unbewusst fühlen sie sich dadurch zurückgewiesen und wertlos. Unsicherheit, Rückzugstendenzen, eine abwehrende und misstrauische Haltung gegenüber jeder Art von emotionaler Nähe und Vertrautheit sind meist die Folge.

Hilfestellungen, Lösungen und Therapiemöglichkeiten

Werden die eigenen Gefühle nicht gelebt und sind die emotionalen Schwingungen blockiert, flüchtet sich der Steinbock-Mond-Geborene in die innere Einsamkeit. Zu hohe Anforderungen und zu viele Ansprüche an sich selbst fördern das Angstgefühl des Versagens.

Die eigenen emotionalen Bedürfnisse entdecken, erkennen, zulassen und ausdrücken, das kann ein erster Schritt zur Lösung der Probleme sein. Voraussetzung ist die Bereitschaft, sich selbst anzunehmen, sich zu lieben und zu schätzen.

Steinbock-Monde sind besonders empfänglich für Regeln, Ge- und Verbote, die sie meist schon in der Kindheit vermittelt bekommen. So haben sie schon in jungen Jahren gelernt, verantwortungsvolle Aufgaben zu übernehmen, artig, fleißig und geduldig zu sein.

Deshalb ist die Förderung und Unterstützung ihrer kindlichen, verspielten und romantischen Wesensseite von frühester Jugend an so unendlich wichtig. Gerade Menschen, die im Zeichen des Steinbock-Mondes geboren werden, sind äußerst kreativ und können mit Hilfe ihrer vielfältigen musischen Talente, wie z. B. Malen, Basteln, Handwerken, Theaterspielen, Schreiben oder Musizieren, ihrer reichen Gefühlswelt Ausdruck verleihen.

Diese emotional vorsichtigen und zurückhaltenden Persönlichkeiten können eine außerordentlich große seelische Stärke und charakterliche Reife entwickeln. Sie müssen aber erkennen, dass Empfindungen wie Liebe oder Schmerz nicht nur komplizierte Erfahrungen sind, sondern dass über diese extremen Gefühle der Weg zur Weiterentwicklung des eigenen Individuums führt.

Wie Sie Ihre Mondkraft auf körperlicher und seelischer Ebene stärken

Beim Durchlesen Ihres Mondzeichens haben Sie vielleicht festgestellt, dass die Beschreibung zwar auf Sie zutrifft, Sie aber einiges von dem, was zu Ihrem Wesen gehört, nur teilweise oder nicht in ausreichendem Maße leben. Werden solche wichtigen eigenen Anteile und Bedürfnisse über einen längeren Zeitraum hin vernachlässigt, kann es nicht nur zu seelischem Ungleichgewicht, sondern auch zu körperlichen Beschwerden und Krankheiten kommen.

Die Antworten auf die nachfolgenden Schlüsselfragen sollen Ihnen helfen, herauszufinden, wie Ihr »Stimmungsbarometer« aussieht. Die Skala kann dabei von leichtem Unwohlsein bis zu körperlichen Symptomen reichen.

Kreuzen Sie zum Beispiel die Frage nach immer wieder auftauchenden Verkrampfungen im Bereich der Rückenmuskulatur mit Ja an, finden Sie im anschließenden Therapieteil Hinweise, wie Sie – bezogen auf Ihre Mondstellung – damit umgehen können.

Schlüsselfragen

1. Haben Sie ein ausgeprägtes Pflichtgefühl, das Sie in der Regel über alles andere stellen, und erwarten Sie das häufig auch von anderen?
2. Unterdrücken Sie aufgrund zu strenger Normen und Moralvorstellungen Ihre lebendigen Bedürfnisse?
3. Gönnen Sie sich selten Ruhepausen?

Leiden Sie unter:
a. Muskelverkrampfungen im ganzen Skelettbereich?
b. Magenbeschwerden?
c. Verdauungsproblemen?

Hilfe zur Selbsthilfe

* regelmäßiger Rückzug ohne Terminplan
* Wandern, Aufenthalt in der Natur, Beschäftigung mit Pflanzen
* innere Einkehr (Tagebuch schreiben)
* Umgang mit Kindern und Jugendlichen, um die spielerische Seite in sich zu stärken

Bach-Blüten

* Rock Water – um nicht immer nur seine Pflichten zu erfüllen, sondern das Leben auch genießen zu können
* Oak – um sich die nötigen Pausen zu gönnen, bevor einen Erschöpfung oder Krankheit dazu zwingen
* Willow – um zu lernen, inneren Groll zum Ausdruck zu bringen, statt ihn in sich aufzustauen

Rückenrollen

* Legen Sie sich auf den Rücken und atmen Sie ein paar Atemzüge tief ein und aus.
* Setzen Sie sich auf, ziehen Sie die Knie an den Körper heran und überkreuzen Sie die Füße.
* Umfassen Sie Ihre Füße und rollen Sie auf dem Rücken so weit wie möglich nach hinten und wieder zurück in die Sitzhaltung. Wiederholen Sie diese Übung mindestens 20- bis 30-mal.
* Spüren Sie in Rückenlage nach.

Sich selbst zulächeln

* Legen Sie sich bequem auf den Rücken und entspannen Sie Füße und Beine, Bauch und Becken, den Rücken, die Schultern, Arme und Hände und schließlich Hals und Kopf. Vertiefen Sie dabei die Ausatmung immer mehr.
* Stellen Sie sich ein Lächeln auf Ihrem Gesicht vor, ein ganz feines, das innen beginnt und sich langsam auf Ihre Gesichtsmuskulatur überträgt.
* Mit dem Atem schicken Sie dieses Lächeln zuerst in Ihren Solarplexus, das Nervenzentrum etwas oberhalb des Nabels.
* Lächeln Sie dann mit dem Ausatmen den Organen in Ihrem Unterleib zu: Ihrem Darm, Ihrer Blase und den Nieren und den Fortpflanzungsorganen. Spüren Sie, wie sich Ihr Bauch unter Ihrem Lächeln entspannt.
* Lächeln Sie dann Ihrem Magen, Ihrer Bauchspeicheldrüse, der Leber und auch der Gallenblase zu. Lächeln Sie in Ihr Herz hinein, in Ihre Lungen und Bronchien. Lächeln Sie zuletzt Ihrem ganzen Körper zu, Ihrem ganzen Wesen. Nehmen Sie sich selbst als ein Lächeln wahr.

* Reiben Sie die Hände kurz, bevor Sie sie ineinander verschränken. Spüren Sie die Fingerspitzen auf den Handrücken. Der linke Zeigefinger liegt in der Mulde zwischen Daumen und Zeigefinger der rechten Hand. Die Daumen berühren sich nicht.
* Im Sitzen legen Sie die Hände mit nach oben gedrehten Handflächen in den Schoß, im Liegen mit den Handflächen nach unten auf den Bauch.
* Halten Sie das Mudra etwa 10 bis 20 Minuten, bis Sie eine tiefe Entspannung im ganzen Körper spüren.

Visualisierungsübung

* Lesen Sie die Anleitung zur Visualisierung weiter oben durch, bevor Sie mit der nachfolgenden Übung beginnen.
* Schließen Sie die Augen und zählen Sie von 3 bis 1. Stellen Sie sich eine Treppe vor, die Sie Stufe für Stufe nach unten gehen, dabei zählen Sie von 10 bis 1. Auf der untersten Stufe angekommen, wählen Sie einen idealen Entspannungsplatz, an dem Sie einen Moment verweilen.
* Stellen Sie sich jetzt Ihr ausgewähltes Thema vor, so, wie Sie es gerne lösen würden: Lassen Sie zum Beispiel Bilder auftauchen, die für Sie Lebensfreude, Leichtigkeit und Glück symbolisieren. Tauchen Sie tief ein in diese Bilder und lassen Sie die Leichtigkeit und die Freude am spielerischen Tun in Ihren Körper fließen. Anschließend können Sie sich eine konkrete Situation vorstellen, in der Sie Hilfe brauchen.
* Lassen Sie sich so lange Zeit, bis Sie ein befriedigendes inneres Bild gefunden haben, »verankern« Sie es in sich und verlassen Sie dann Ihren inneren Entspannungsort.

- Während Sie langsam von 1 bis 10 und dann von 1 bis 3 zählen, kommen Sie aus der Entspannung wieder heraus, strecken und dehnen sich und sind hellwach und klar.

Empfehlungen bei körperlichen Beschwerden

a. Muskelverspannungen und -verkrampfungen im Skelettbereich einschließlich Migräne
- tägliche Körper- und Entspannungsübungen
- warme entspannende Bäder
- Magnesium- und Kalziumpräparate
- abends Lavendelspray aufs Kopfkissen sprühen
- Massagen und Öleinreibungen
- auf Entsäuerung achten (viel basische Kost wie Gemüse und Obst)
- Spagyrik: Nr. 14 Polypathik N, 2-mal täglich 5 bis 10 Tropfen mit ausreichend Flüssigkeit einnehmen

b. Magenbeschwerden
- aussprechen, was einen bedrückt und belastet
- mehrmals täglich kleine Portionen essen
- morgens heißes abgekochtes Ingwerwasser trinken
- täglich 1 bis 2 Tassen schwachen Tausendgüldenkrauttee trinken
- Spagyrik: Nr. 19 Stomachik I, 3-mal täglich 5 bis 7 Tropfen während oder nach den Mahlzeiten mit Tee oder Wasser

c. Verdauungsbeschwerden wie Verstopfung oder Blähungen
- Entspannungs- und Atemübungen, da diese Beschwerden meist auf Verkrampfungen im Bereich der Gallenblase oder des Darms zurückzuführen sind
- Magnesiumpräparate

- regelmäßig 1 bis 2 Tassen leichten Leber-Galle-Tee trinken
- ins morgendliche Müsli einen Teelöffel Flohsamen (pflanzliches Präparat aus der Apotheke) mischen
- Spagyrik: Nr. 8 Hepatik, 1- bis 2-mal täglich 10 Tropfen mit ausreichend Flüssigkeit

Unterstützende Therapien

- Yoga
- Akupunktur
- Gesprächstherapie
- Musiktherapie

Affirmation

Lebensfreude ist die größte Quelle für Gesundheit und Glück.

Der Mond im Zeichen Wassermann

Menschen, die mit dem Mond im Zeichen Wassermann geboren wurden, haben tiefe, aufrichtige, beständige Gefühle. Sie können nicht nur voller Hingabe sein, sondern auch freundschaftlich, tolerant, mitfühlend und verständnisvoll.

Nach außen hin wirken sie manchmal höflich-zurückhaltend und unverbindlich. Dass diese Einschätzung nicht stimmt, wird einem bewusst, wenn man sie näher kennen lernt. Es ist ihre Wesensart, offen und trotzdem vorsichtig an Menschen und Dinge heranzugehen. In Wirklichkeit sind sie jedoch viel empfindsamer, verletzlicher, anhänglicher und verwundbarer, als sie es vor sich selbst und vor anderen zugeben würden.

So wie die beiden weiteren Luftzeichen Zwillinge und Waage sind auch Wassermann-Mond-Geborene darauf bedacht, Situationen zu meiden, die mit heftigen Emotionen verbunden sind. Für sie ist es wichtig, persönliche Eindrücke und Empfindungen aus der »Vogelperspektive« zu beobachten, um sich auf diese Art ein objektives Bild zu verschaffen. So sind sie weniger als manches andere Tierkreiszeichen den Höhen und Tiefen ihres Gefühlslebens ausgeliefert und begeben sich nicht in die Gefahr, ihrem Unterbewusstsein schutzlos ausgesetzt zu sein.

Wassermann-Monde haben, wie alle anderen Menschen auch, den Wunsch, tiefe und enge Bindungen einzugehen. Ohne die Empfindung einer »geistigen Verwandtschaft« werden sie aus freien Stücken keine Beziehungen knüpfen.

Die unter diesem Mondzeichen Geborenen beschäftigen sich nicht nur mit ihren eigenen Bedürfnissen. Sie haben ein übergeordnetes Interesse für die Belange und Themen, die die Allgemeinheit betreffen. Und sie entwickeln ein feines Gespür für die Lösung mannigfaltiger Probleme. Von ihnen kann man eine Menge lernen über Toleranz, Großzügigkeit und die Freiheit, einen Menschen so zu lieben, wie er ist, ohne etwas zu verlangen oder zu fordern.

Wohlbefinden von Körper, Geist und Seele

Wassermann-Monde brauchen vor allem ein Umfeld, in dem sie ihre Interessen mit anderen Menschen teilen können. Dann fühlen sie sich emotional im Gleichgewicht, sicher und geborgen. Mit ihrem Herzen und mit ihrem Verstand engagieren sie sich dort, wo sich die Möglichkeit einer intellektuellen Auseinandersetzung bietet, wo sie ihre Gedanken frei zum Ausdruck bringen und wo sie neue, interessante Dinge entdecken können. Auf dieser zwischenmenschlichen Basis fühlen sie sich einfach wohl und geborgen. Jetzt sind sie so richtig in ihrem Element, stets aufgeschlossen, innerlich lebendig, humorvoll, einfallsreich und spontan.

Unwohl fühlen sie sich, wenn sie in intime Probleme anderer Personen verwickelt werden. Zu viel Nähe, zu viele Emotionen, zu viel »Wir-Gefühl« ist ihnen unangenehm, engt sie ein und macht sie befangen. Diesem Mondzeichen sind Wind, Wasser und viel frische Luft ein wahres Lebenselixier. Es vermittelt ihnen das »Feeling« von ungebundener Freiheit und spannendem Abenteuer.

Für ihr körperliches, seelisches und geistiges Wohlbefinden brauchen sie hin und wieder die Möglichkeit, ihre Erfahrungen und Erlebnisse zu reflektieren. Dann sind Zeiten innerer

Einkehr, Ruhe und Stille nötig, um Geschehenes wieder neu und objektiv beurteilen zu können und um sich selbst wieder näher zu kommen. Von klein an sehnen sich Wassermann-Mond-Geborene einerseits nach einer Gemeinschaft, nach einer Familie, in der sie sich aufgenommen und anerkannt fühlen, andererseits aber darf eine Gruppe sie nicht zu sehr beanspruchen, fordern oder einschränken. Für Bezugspersonen ist dies eine stetige Herausforderung. Trotzdem sollten ihre Bedürfnisse respektiert und sollte ihnen möglichst viel Raum für die Entwicklung ihrer Eigenständigkeit zugestanden werden.

Spannungsbereiche, Probleme und Schwierigkeiten

Der Wunsch nach Sicherheit und Verbundenheit auf der einen Seite und nach seelischer Freiheit und Autonomie auf der anderen kann für Wassermann-Monde zu Spannungen und Problemen führen.

Sie haben eine große Scheu, ihre innersten Gefühle zu zeigen, ganz besonders, wenn sie etwas zutiefst berührt. Um emotionalen Konfrontationen aus dem Weg zu gehen, um sich nicht der Gefahr auszusetzen, von anderen verletzt oder gedemütigt zu werden, verstecken sie sich lieber hinter einer Maske aus Unnahbarkeit, Arroganz oder Überlegenheit. Sie verbergen dadurch geschickt ihr empfindsames Wesen. Fälschlicherweise werden Wassermann-Mond-Geborene deshalb eher als kühl und distanziert eingeschätzt, dem Anschein nach innerlich und äußerlich unberührt.

Mitunter haben sie Schwierigkeiten, ihre eigenen Empfindungen wahrzunehmen, geschweige denn sie anderen mitzuteilen. Die Folge sind zutiefst schmerzliche Erfahrungen: Unverständnis, Ablehnung und das Gefühl, nicht dazuzuge-

hören. Darauf reagieren sie mit Enttäuschung und Rückzugstendenzen. Manchmal trennen sie sich sogar lieber, als sich
diesen quälenden, mitmenschlichen Konflikten auszusetzen.
Wenn von ihnen ständige Anpassung gefordert wird, wenn
sie das Gefühl haben, eingesperrt zu sein, keine eigenen
Wege gehen zu dürfen, dann reagieren sie gerne aggressiv
oder flüchten sich in Depressionen.

Hilfestellungen, Lösungen und Therapiemöglichkeiten

Die Ambivalenz zwischen dem Bedürfnis nach Nähe und
dem Wunsch nach Distanz ist ein Grundproblem der Was-
sermann-Mond-Geborenen.
Der Ausweg aus diesem Dilemma führt über die Balance
zwischen der Verbundenheit mit anderen Menschen und
dem Verlangen nach Eigenständigkeit. Der Schlüssel zur Lösung dieser Schwierigkeiten liegt in der Bewusstwerdung der
inneren Widersprüchlichkeit: einerseits der Sehnsucht nach
Unabhängigkeit Raum zu geben, andererseits das Begehren
nach Geborgenheit zuzulassen.
Damit sich Wassermann-Monde zu Persönlichkeiten entwickeln können, sollten sie schon im Kindesalter die Erfahrung machen, dass Bindungen und Beziehungen sie nicht
vereinnahmen. Sie sollten lernen, Nähe nicht als Fessel zu
empfinden, die keine Unabhängigkeit mehr zulässt. Unter
Zwang jedoch würden erst recht ihre Abwehr und ihr Widerspruch herausgefordert. Im Lauf ihres Lebens werden
sie erkennen, wie wichtig und wertvoll familiäre, freund-
schaftliche und partnerschaftliche Beziehungen sind. Ein
gravierender Entwicklungsschritt für dieses Mondzeichen ist
es, die Selbstwahrnehmung zu stärken. Statt sich nur mit

abstrakten Ideen und allgemeinen Theorien zu beschäftigen, müssen sie versuchen, ein Gefühl für sich selbst zu entwickeln, für die eigenen Emotionen, die eigenen Bedürfnisse und den eigenen Körper. Der Aufenthalt in der freien Natur, Entspannungsübungen, Atem-, Musik- oder Bewegungstherapie sind nur einige Möglichkeiten, die Energien des Wassermann-Mondes wieder ins Lot zu bringen und dieser aufrichtigen Persönlichkeit Stärke und Stabilität zu verleihen.

Wie Sie Ihre Mondkraft auf körperlicher und seelischer Ebene stärken

Beim Durchlesen Ihres Mondzeichens haben Sie vielleicht festgestellt, dass die Beschreibung zwar auf Sie zutrifft, Sie aber einiges von dem, was zu Ihrem Wesen gehört, nur teilweise oder nicht in ausreichendem Maße leben. Werden solche wichtigen eigenen Anteile und Bedürfnisse über einen längeren Zeitraum hin vernachlässigt, kann es nicht nur zu seelischem Ungleichgewicht, sondern auch zu körperlichen Beschwerden und Krankheiten kommen.

Die Antworten auf die nachfolgenden Schlüsselfragen sollen Ihnen helfen, herauszufinden, wie Ihr »Stimmungsbarometer« aussieht. Die Skala kann dabei von leichtem Unwohlsein bis zu körperlichen Symptomen reichen.

Kreuzen Sie zum Beispiel die Frage nach immer wieder auftauchenden Migräneanfällen oder Venenerkrankungen mit Ja an, finden Sie im anschließenden Therapieteil Hinweise, wie Sie – bezogen auf Ihre Mondstellung – damit umgehen können.

1. Fällt es Ihnen schwer, Nähe zuzulassen und Gefühle zu zeigen, oder verbergen Sie sich lieber hinter einer Maske?
2. Neigen Sie dazu, sich in einer Gruppe häufig einsam und isoliert zu fühlen – haben Sie z. B. das Gefühl, nicht dazuzugehören oder etwas Besonderes zu sein?
3. Fühlen Sie sich öfter körperlich und seelisch ausgelaugt und körperlich kraftlos?

Leiden Sie unter:
a. Verkrampfungen im Gefäßbereich, z. B. Migräne?
b. Venenerkrankungen?
c. nervösen Störungen (etwa Schlafstörungen)?

Hilfe zur Selbsthilfe

* Aufenthalt in frischer Luft, vor allem in luftigen Höhen
* regelmäßige Entspannungsübungen
* regelmäßig Musik hören

Bach-Blüten

* Water Violet – um das richtige Verhältnis zwischen Distanz und Nähe zu finden
* Gentian – um von einer zweifelnden und skeptischen Haltung zu einer vertrauensvollen Gelassenheit zu finden
* Olive – zur Regeneration bei mentaler und körperlicher Erschöpfung
* Agrimony – um zu lernen, die innere Gefühlswelt zu entdecken und zuzulassen

Baum

- Stehen Sie aufrecht, die Füße sind parallel. Spüren Sie, wie Ihre Füße auf dem Boden stehen; stellen Sie sich vor, wie Sie im Boden verwurzelt sind.
- Richten Sie Ihre Aufmerksamkeit auf die Wirbelsäule. Sie ist gerade aufgerichtet. Achten Sie darauf, dass Sie nicht ins Hohlkreuz gehen.
- Die Beine sind gerade, die Knie nicht nach hinten durchgedrückt. Der Kopf ist aufgerichtet und ruht auf der Wirbelsäule.
- Verlagern Sie das Gewicht auf die rechte Seite, heben Sie mit den Händen den linken Fuß und legen Sie die Fußsohle an die Innenseite des rechten Oberschenkels.
- Halten Sie einen Moment inne, bis Sie ein stabiles Gleichgewicht gefunden haben, bevor Sie beide Arme nach oben heben und die Handflächen aneinander legen.
- Sie können einen Punkt vor sich auf dem Boden fixieren, um das Gleichgewicht besser halten zu können.
- Bleiben Sie einige Atemzüge in dieser Position, bevor Sie ausatmend die Arme senken und nachspüren, bevor Sie zur anderen Seite wechseln.

Energieaufladende Atemübung

Mit dieser Übung könnten Sie Ihren Tag beginnen oder sich im Lauf des Tages wieder mit Energie aufladen.

- Stellen Sie sich aufrecht hin, die Füße sind hüftbreit auseinander. Die Arme hängen locker neben dem Körper.
- Drehen Sie die Handflächen nach oben und kommen Sie langsam, während Sie einatmen, mit seitlich gestreckten Armen nach oben. Die Hände berühren sich nicht, sind etwa 20 cm auseinander und nach oben wie Schalen geöffnet.

- Während Sie tief aus- und einatmen, stellen Sie sich vor, wie Sie über Hände und Füße Energie aufnehmen und in Ihren Körper fließen lassen.
- Drehen Sie nach mehreren Atemzügen die Handflächen nach außen und kommen Sie mit weit ausgestreckten Armen langsam in die Ausgangsposition zurück.

Mudra – Tiefenentspannungs-Mudra

- Bilden Sie mit Daumen und Zeigefinger einer jeden Hand einen Kreis. Die Fingerspitzen der übrigen Finger legen Sie auf die der anderen Hand. Die Daumen-Zeigefinger-Kreise beider Hände liegen aneinander.
- Schließen Sie die Augen und richten Sie Ihren Blick auf Höhe der Nasenwurzel nach innen.
- Halten Sie einige Atemzüge lang diese Position bei (mehrmals täglich, abends etwas länger).

Visualisierungsübung

- Lesen Sie die Anleitung zur Visualisierung weiter oben durch, bevor Sie mit der nachfolgenden Übung beginnen.
- Schließen Sie die Augen und zählen Sie von 3 bis 1. Stellen Sie sich eine Treppe vor, die Sie Stufe für Stufe nach unten gehen, dabei zählen Sie von 10 bis 1. Auf der untersten Stufe angekommen, wählen Sie einen idealen Entspannungsplatz, an dem Sie einen Moment verweilen.
- Stellen Sie sich jetzt Ihr ausgewähltes Thema vor, so, wie Sie es gerne lösen würden: Wünschen Sie sich im Moment mehr Distanz oder mehr Nähe zu anderen Menschen oder gibt es jemanden, mit dem Sie ein ungeklärtes Problem haben, bei dem Sie sich Ihrer wirklichen Gefühle nicht sicher sind?

- Lassen Sie sich so lange Zeit, bis Sie ein befriedigendes inneres Bild gefunden haben, das Ihnen einen Weg oder eine Hilfe zeigt. »Verankern« Sie es in sich und verlassen Sie dann Ihren inneren Entspannungsort.
- Während Sie langsam von 1 bis 10 und dann von 1 bis 3 zählen, kommen Sie aus der Entspannung wieder heraus, strecken und dehnen sich und sind hellwach und klar.

Empfehlungen bei körperlichen Beschwerden

a. Verkrampfungen im Gefäßbereich (z. B. Migräne)
- Atemübungen, bei denen besonderes Gewicht auf das Ausatmen und Loslassen gelegt wird
- Magnesium- und Kalziumpräparate
- entspannende ätherische Öle wie Lavendel oder Melisse
- auf basische Ernährung achten (Gemüse, Kartoffeln, Salat, Obst, Basenmischungen aus der Apotheke)
- Spagyrik: Nr. 14 Polypathik N, morgens 5 bis 10 Tropfen mit ausreichend Flüssigkeit, abends Nr. 4 Cerebretik, 8 Tropfen mit wenig Flüssigkeit

b. Venenerkrankungen
- regelmäßige Bewegung in frischer Luft, z. B. Joggen oder Wandern
- herzunterstützende Naturheilmittel wie Weißdorn, Kampfer, Magnesium und Kalium
- Säure-Basen-Gleichgewicht beachten (siehe oben)
- Wasseranwendungen nach Kneipp (morgendliche kalte Dusche von den Füßen bis zu den Knien)
- Spagyrik: Nr. 16 Renalin, 2-mal täglich 7 bis 10 Tropfen in Nieren-Blasen- oder Ackerschachtelhalmtee

c. Nervöse Störungen (z. B. Schlafstörungen)

* den Tag bewusst loslassen, z. B. durch ein Abendritual
* Lavendel- oder Rosenöl in die Duftlampe oder aufs Kissen sprühen
* Schüßler-Salz Magnesium phosphoricum in D6, 7 Tabletten in heißem Wasser auflösen und vor dem Schlafengehen schluckweise trinken
* Spagyrik: Nr. 4 Cerebretik, ca. 1 Stunde vor dem Zubettgehen 10 Tropfen mit Flüssigkeit

Unterstützende Therapien

* Fußreflexzonenmassage
* Musik- oder Kunsttherapie
* autogenes Training
* Yoga

Affirmation

Ich kann Nähe zulassen, ohne mich zu verlieren.

Der Mond im Zeichen Fische

Menschen, die mit dem Mond im Zeichen Fische geboren wurden, sind im höchsten Maße zärtlich, verständnisvoll, hingebungsvoll und geduldig. Sie beeindrucken durch ihr aufopferndes Wesen, bezaubern ihr Umfeld durch ihr sympathisches, idealistisches und gefühlvolles Auftreten. Sie sind anhänglich, verträumt und anpassungsfähig.

Viele Fische-Mond-Geborene haben eine ungewöhnlich starke Phantasie und ein intensives Traumleben. Meist sind sie äußerst musisch und künstlerisch begabt. Liebe zu geben, zu empfangen und zu vermitteln, das ist ihre Mission.

Ebenso wie die beiden anderen Wasserzeichen Krebs und Skorpion sind auch sie besonders eng mit der eigenen Gefühlswelt verbunden. Ihre Sensibilität, ihr Einfühlungsvermögen und ihre tiefe Anteilnahme für andere Menschen sind grenzenlos. Als besonders intuitive und empfindsame Personen verfügen sie über ein feines Gespür für alles, »was in der Luft liegt«. Ihre empfindlichen Antennen spüren die leisesten Schwingungen und Stimmungen ihrer Umgebung und sie nehmen sie an.

In Beziehungen und Partnerschaften reagiert dieses Mondzeichen feinfühlig, aufopfernd, nachgiebig und verständnisvoll. Es liegt ihnen viel an einer seelischen Übereinstimmung mit ihren Mitmenschen. Sie werden die Suche nach Nähe, Intimität, Vertrautheit und, als unverbesserliche Romantiker, nach der »vollkommenen«, bedingungslosen Liebe natürlich nie aufgeben.

Wohlbefinden von Körper, Geist und Seele

Ausgeglichen und fröhlich fühlen sich Fische-Mond-Geborene, wenn ihr dringender Wunsch nach Nähe, liebevoller Zuwendung und Schutz befriedigt wird.

Wo man ihnen Liebe, Vertrauen und menschliche Wärme entgegenbringt, fühlen sie sich zu Hause. Sie blühen regelrecht auf, öffnen, entfalten und freuen sich, sind glücklich und zufrieden.

Für die Persönlichkeitsentwicklung dieser sensiblen Wesen ist schon in der Kindheit, in der Schule und im Umgang mit Freunden eine entspannte Atmosphäre ohne Neid und Streit von großer Bedeutung.

Geschützt und geliebt von ihren Bezugspersonen, wachsen sie zu idealistischen und kreativen Menschen heran.

Ein zufriedener Fische-Mond wird alles geben und vieles tun, um die Bedürfnisse anderer zu erfüllen. Wird er gebraucht, überschlagen sich seine grenzenlose Opferbereitschaft und seine uneigennützige Liebesfähigkeit.

Für ihr physisches und psychisches Wohlbefinden brauchen sie Abwechslung und Veränderung. Das fördert ihre vielfältigen Talente und belebt ihre Phantasie. Ein Umfeld, das ihnen keine Anregung bietet, langweilt Fische-Monde zutiefst. Oftmals stehen sie in Verbindung mit einer anderen Wirklichkeit: der geheimnisvollen Welt der Träume und Sehnsüchte, dem »Zwischenbereich« des Unfassbaren und Unterbewussten. Dann ziehen sie sich zurück, um diese Erfahrungen ganz allein für sich zu erleben und zu genießen.

Spannungsbereiche, Probleme und Schwierigkeiten

Die Sehnsucht, sich allen Einschränkungen und Verpflichtungen zu entziehen, sich abzugrenzen, die Angst vor Einsamkeit und die Sorge, verlassen zu werden, das sind die Themen, mit denen sich Fische-Mond-Geborene auseinander setzen müssen. Sie neigen dazu, andere Menschen zu sehr zu idealisieren, sich automatisch deren Wünschen und Erwartungen anzupassen. Folglich vernachlässigen sie ihre eigenen Bedürfnisse und sind allzu schnell bereit, ihre eigene Individualität immer mehr zurückzustellen. So werden sie abhängig von der Anerkennung ihrer Umgebung. Selbst im fortgeschrittenen Alter ist ihnen die Verbundenheit mit anderen Personen wichtiger als das eigene, natürliche Streben nach Unabhängigkeit und Eigenständigkeit. Wegen ihres angepassten Verhaltens können sie wenig mit sich selbst anfangen, fürchten das Alleinsein und haben Angst, geliebte Menschen zu verlieren.

Hin und wieder fehlt es den Fische-Monden an Realismus und Beharrlichkeit. In einer Welt mit ständigen Leistungsanforderungen, täglichen Pflichten, belastenden Zwängen und äußerem Druck fühlen sie sich verloren und versuchen, sich zu entziehen. Sie flüchten sich in die grandiose Welt von Phantasie und Traum. Aufgrund ihrer ausgeprägten Vorstellungskraft gelingt es ihnen meist mühelos, die Realität so umzudeuten, dass sie ihren Wünschen entspricht.

Auch ihre zarten Gefühle möchten sie vor der rauen Wirklichkeit schützen. Drohenden Konflikten gehen sie gerne aus dem Weg, ziehen sich zurück oder kapseln sich ab.

Ihre Opferbereitschaft ist mitunter nicht ganz uneigennützig. Die subtile Botschaft an die Adresse derer, die sie in Anspruch nehmen, lautet: Für die grenzenlose Hilfsbereitschaft und dienende Liebe, die ich euch schenke, schuldet ihr mir etwas! Mit diesem Verhalten lösen sie unbewusst bei vielen Menschen Schuldgefühle aus.

Hilfestellungen, Lösungen und Therapiemöglichkeiten

Ist der Energiefluss unterbrochen, leiden Fische-Mond-Geborene. Vor allem dann reagieren sie schwermütig, wenn von außen zu viel Druck ausgeübt wird oder wenn eigene, schwierige Entscheidungen gefordert werden.

Gefühlsregungen bewusst erleben, Bedürfnisse zulassen, sich und anderen Grenzen setzen, da liegt der Ansatz für die Lösung dieser Probleme.

Wenn sie die Balance finden zwischen der Welt der Gefühle, den feinen übersinnlichen Empfindungen und ihrem praktischen, realistischen, bodenständigen Wesensanteil, dann sind sie auf dem Weg zu innerer Zufriedenheit und Sicherheit. Sie sollten in der Lage sein, ihr wunderbares »Fische-Potenzial« anzunehmen, umzusetzen und produktiv zu nutzen.

Von klein an ist es deshalb besonders wichtig, sie in ihren Empfindungen zu unterstützen, die Freude an Kunst, Musik und Literatur, das Interesse an Theater, Tanz und Malerei ernst zu nehmen und zu fördern. Ihre große Sehnsucht ist, angenommen und geliebt zu werden. Dazu müssen sie ihre eigenen, facettenreichen Gefühle bewusst wahrnehmen, sie kennen lernen und zulassen. Haben sie erkannt, was ihnen gut tut, ist der erste Schritt getan, um sich zu verwirklichen. Orientieren sie sich neben den Gefühlen auch an ihrem gesunden Menschenverstand, dann können sie das so genannte Urvertrauen entwickeln. Dies ist eine gute Basis für Unabhängigkeit und optimale Ich-Entwicklung.

Gleichzeitig ist es für das physische Wohlbefinden notwendig, ein gesundes Körpergefühl zu kultivieren, z. B. durch sportliche Aktivitäten, Bewegung in der Natur, Interesse an ausgewogener Ernährung. Auf diese Weise lernen Fische-Monde, sich mit sich selbst zu beschäftigen und sich mehr an ihren eigenen Bedürfnissen zu orientieren.

Die Gewöhnung an einen regelmäßigen Tagesrhythmus hilft ihnen, ihre vielfältigen Aktivitäten und Bedürfnisse zu befriedigen und zu bewältigen.

Wie Sie Ihre Mondkraft auf körperlicher und seelischer Ebene stärken

Beim Durchlesen Ihres Mondzeichens haben Sie vielleicht festgestellt, dass die Beschreibung zwar auf Sie zutrifft, Sie aber einiges von dem, was zu Ihrem Wesen gehört, nur teilweise oder nicht in ausreichendem Maße leben. Werden solche wichtigen eigenen Anteile und Bedürfnisse über einen längeren Zeitraum hin vernachlässigt, kann es nicht nur zu seelischem Ungleichgewicht, sondern auch zu körperlichen Beschwerden und Krankheiten kommen.

Die Antworten auf die nachfolgenden Schlüsselfragen sollen Ihnen helfen, herauszufinden, wie Ihr »Stimmungsbarometer« aussieht. Die Skala kann dabei von leichtem Unwohlsein bis zu körperlichen Symptomen reichen.

Kreuzen Sie zum Beispiel die Frage nach einer immer wieder auftauchenden schwachen Abwehr und damit einhergehenden Infekten oder Lymphstauungen mit Ja an, finden Sie im anschließenden Therapieteil Hinweise, wie Sie – bezogen auf Ihre Mondstellung – damit umgehen können.

Schlüsselfragen

1. Fällt es Ihnen schwer, Nein zu sagen?
2. Identifizieren Sie sich stark mit anderen und tun Sie aus Mitleid heraus viel für andere?
3. Verlieren Sie sich oft in Tagträumen und schieben Sie unangenehme Arbeiten gerne weg, weil Sie sich nur schwer aus Ihrer inneren Traumwelt lösen möchten?

Leiden Sie unter:
a. geschwächter Abwehr?
b. Lymphstauungen?
c. Fußproblemen, die z. B. durch schwache Bänder und Sehnen ausgelöst wurden?

Hilfe zur Selbsthilfe

* musizieren und Musik hören
* kreative Pausen für inneren Rückzug einlegen
* Aufenthalt am Wasser
* Meditation

Bach-Blüten

* Centaury – um sich besser abzugrenzen, ohne dabei die Nähe und Vertrautheit mit anderen zu verlieren
* Aspen – um mit Ängsten und Verunsicherungsgefühlen besser umgehen zu können
* Clematis – um einen besseren Bezug zur Realität zu finden
* Gorse – um den Lebensmut und -willen zu stärken und voller Hoffnung den Tag zu leben

Körperwahrnehmung schulen

Gehen Sie einmal täglich mit Ihrer Aufmerksamkeit durch den Körper.

- Fangen Sie bei den Füßen an, nehmen Sie alles wahr (Füße kalt/warm) und gehen Sie weiter über die Unterschenkel, Knie, Oberschenkel, Hüftgelenke, Gesäß, Bauch. Nehmen Sie auch hier alle Empfindungen wahr.
- Spüren Sie, wie sich der Brustkorb anfühlt, die Schultern, Arme und Hände. Registrieren Sie die Temperatur und jede andere Körperempfindung (Spannung, Prickeln etc.).
- Gehen Sie weiter zum Hals und zu Kopf, Kopfhaut, Stirn, Augen, Mund, Kiefergelenken.
- Sie üben auf diese Weise, achtsam zu sein, was in Ihrem Körper vorgeht. Darüber hinaus schulen Sie Ihre Fähigkeit zur Konzentration.

Rückenstärkende Atemübung

- Stellen Sie sich aufrecht hin, die Füße sind parallel, der Rücken ist aufgerichtet.
- Lassen Sie ausatmend den Oberkörper nach unten sinken und kommen Sie einatmend mit leicht gebeugten Knien und geradem Rücken nach oben.
- Heben Sie die Arme zuerst zur Decke und breiten Sie sie dann auf Schulterhöhe aus.
- Halten Sie eine Atempause, bevor Sie ausatmend die gestreckten Arme in 3 Schritten federnd nach hinten dehnen – aus – aus – aus.
- Halten Sie die Spannung und ziehen Sie die Arme und Hände beim Einatmen weit nach außen.
- Nach einer kurzen Pause lassen Sie den Oberkörper wieder

ausatmend nach unten sinken, die Arme und Schultern sind dabei ganz locker.

* Wiederholen Sie diese Übung etwa 10-mal und spüren Sie kurz nach.

Mudra – Stabilitäts-Mudra

* Legen Sie bei beiden Händen den Daumen an das untere Glied des Mittelfingers, die Hände ruhen locker auf den Oberschenkeln, die Handflächen sind nach oben gekehrt.
* Atmen Sie dabei tief und gleichmäßig und vertiefen Sie die Ausatmung. Spüren Sie dem Atem im Brustbereich nach und lassen Sie ihn langsam tiefer in den Bauch sinken.

Dieses Mudra eignet sich besonders bei Panik- und Angstanfällen.

Visualisierungsübung

* Innere Bilder sind für Sie als Fische-Mond-Geborene/r sicher sehr vertraut. Bei der nachfolgenden Übung können Sie diese Vertrautheit mit der Welt der Bilder und Träume nutzen, um konkrete Probleme zu lösen. Wählen Sie dazu ein Thema, das Ihnen im Moment Schwierigkeiten bereitet: ein Projekt, vor dem Sie Angst haben, Aufräumarbeiten, die Sie schon lange vor sich herschieben, oder eine Konfrontation mit einem Menschen, die Sie scheuen.
* Lesen Sie die Anleitung zur Visualisierung weiter oben durch, bevor Sie mit der nachfolgenden Übung beginnen.
* Schließen Sie die Augen und zählen Sie von 3 bis 1. Stellen Sie sich eine Treppe vor, die Sie Stufe für Stufe nach unten gehen, dabei zählen Sie von 10 bis 1. Auf der untersten Stufe angekommen, wählen Sie einen idealen Entspannungsplatz, an dem Sie einen Moment verweilen.

- Stellen Sie sich jetzt Ihr ausgewähltes Thema vor, so, wie Sie es gerne lösen würden: Malen Sie die Bilder so ausführlich wie möglich: Betrachten Sie das Problem in gebührendem Abstand, spüren Sie, was wirklich zur Lösung notwendig ist, oder sehen Sie den Partner, mit dem Sie einen Konflikt lösen müssen, realistisch. Auf dieser Ebene werden Sie meistens feststellen, dass der andere nicht so übermächtig ist, wie Sie gedacht haben, oder dass es eine kreative Lösung gibt, die für beide akzeptabel ist. Lassen Sie sich so lange Zeit, bis Sie ein befriedigendes inneres Bild gefunden haben, »verankern« Sie es in sich und verlassen Sie dann Ihren inneren Entspannungsort.
- Während Sie langsam von 1 bis 10 und dann von 1 bis 3 zählen, kommen Sie aus der Entspannung wieder heraus, strecken und dehnen sich und sind hellwach und klar.

Empfehlungen bei körperlichen Beschwerden

a. Lymphstauungen, Wassereinlagerungen
- salzhaltige Kost vermeiden
- Wasseranwendungen, Schwimmen, Sauna oder Dampfbad
- Lymphdrainagen oder Fußreflexzonenmassagen
- regelmäßige Bewegung wie Joggen oder spezielles Fitnesstraining
- Spagyrik: Nr. 9 Lymphatik N, 2- bis 3-mal täglich 10 bis 15 Tropfen vor den Mahlzeiten mit ausreichend Flüssigkeit; Nr. 16 Renalin, 2- bis 3-mal täglich 5 bis 10 Tropfen mit Flüssigkeit

b. geschwächte Abwehr
- bevorzugen Sie vitalstoffreiche Nahrung (wenig Süßes, viel Frisches)

- regelmäßige Bewegung in frischer Luft
- achten Sie auf den Eisen- und Mineralhaushalt (entsprechende Ernährung bevorzugen bzw. in Form von naturheilkundlichen Medikamenten zu sich nehmen)
- Schwarzkümmelöl-Kapseln haben sich als besonders immunstärkend erwiesen, ebenso Echinacin oder biochemische Salze wie Ferrum phosphoricum oder Magnesium phosphoricum (über längeren Zeitraum einnehmen)
- Spagyrik: Nr. 3 Azinat, 2- bis 3-mal täglich 10 Tropfen (über längeren Zeitraum) oder akut 2-mal täglich 25 Tropfen mit viel Flüssigkeit einnehmen

c. Fußerkrankungen, z. B. durch schwache Bänder und Sehnen

- Stärkung der Fußmuskulatur, z. B. durch Yogaübungen oder entsprechende Fitnessprogramme
- ansteigende Fußbäder: Beginnen Sie mit mäßig warmem Wasser und geben Sie nach und nach heißes Wasser dazu; Anwendung ca. 20 Minuten
- Biochemische Salze wie Silicea D12 oder Calcium fluoratum D12, mehrmals täglich über längeren Zeitraum einnehmen
- Hirse und andere Getreide regelmäßig in den Speiseplan einbauen, sie enthalten besonders viel Kieselsäure zur Stärkung von Sehnen und Bändern
- Spagyrik: Nr. 18 Splenetik, 2- bis 3-mal täglich 5 Tropfen mit ausreichend Tee oder Wasser

Unterstützende Therapien

- Bindegewebsmassagen
- Atemtherapie
- Lymphdrainage

- Fußreflexzonenmassage
- Akupunktmassage

Affirmation

Ich stelle mich der Realität des Lebens, ich bin mir meines Wertes bewusst und gehe meinen Weg.

Nachwort

Wir Autorinnen wünschen uns, dass Sie dieses Buch nicht nur einmal lesen, sondern dass es für Sie zu einem Nachschlagewerk wird. Nehmen Sie das Buch vor allem dann zur Hand, wenn Sie sich blockiert fühlen oder in einer Krise stecken. Gerade beim nochmaligen Lesen entdecken Sie vielleicht Hinweise, die Ihnen vorher nicht aufgefallen sind, oder erkennen Seiten an sich, die Sie beim ersten Durchlesen als nicht zu Ihnen gehörig empfunden haben.

Werfen Sie auch einen Blick in das Buch, wenn Sie einen anderen Menschen so gar nicht verstehen können. Die Mondstellung Ihres Partners oder Ihrer Freundin kann Ihnen vielleicht zeigen, welche Bedürfnisse der andere hat und wie diese sich von den Ihren unterscheiden. So können Sie mehr Verständnis und Toleranz für andere Menschen entwickeln und verstehen, dass jeder nur dann glücklich wird, wenn er gemäß der eigenen Seele lebt und die eigenen emotionalen Grundbedürfnisse befriedigt. Daraus resultiert dann auch die Erkenntnis, dass man die Befriedigung dieser Bedürfnisse nicht in erster Linie von anderen erwarten kann, sondern dass man selbst dafür zuständig ist, sich emotional zu nähren. Diese Erkenntnis macht nicht nur ausgeglichener und unabhängiger, sondern auch liebesfähiger.

Auf die Gesundheit hat emotionale Zufriedenheit ebenfalls einen wichtigen Einfluss. Die Psychosomatik, die den Zusammenhang zwischen Körper und Seele zum Thema hat, zeigt uns, wie nicht geweinte Tränen oder verdrängte Wut sich im Körper manifestieren.

In diesem Sinne ist das Buch ein ganzheitlicher Lebensratgeber, der Ihnen helfen soll, sich selbst und andere besser zu verstehen und glücklich und gesund zu bleiben oder wieder zu werden.

Dazu wünschen wir Ihnen von Herzen alles Gute.

Literatur

Banzhaf, Hajo/Haebler, Anna, Schlüsselworte zur Astrologie, München 1994

Christiansen, Andrea, Mudras, München 2002

Greene, Liz, Sag mir dein Sternzeichen und ich sage dir, wie du liebst, München 1997

Haebler, Anna/Röcker, Anna, Atlas der Mondkräfte, München 2002

Hirschi, Gertrud, Mudras, München 2003

Röcker, Anna, Geheimnis der Selbstheilungskräfte, München 2004

Röcker, Anna, Yoga, München 2004

Röcker, Anna, Musikreisen als Heilungsweg, München 2005

Adressen

Anna Haebler
   Tel.: 08144/438, Mail: haebler@lycos.de
Anna Röcker
   Tel.: 089/1234788, Mail: info@annaroecker.de,
   Internet: www.annaroecker.de
Firma Soluna
   Tel.: 0906/706060, Internet: www.soluna.de

ANHANG

Mondtabellen
(Ephemeriden)

Die Symbole der Tierkreiszeichen

Widder . . . .

Stier . . . .

Zwillinge . . . . . .

Krebs . . . .

Löwe . . . .

Jungfrau . . . . . .

Waage . . . .

Skorpion. . . . . .

Schütze . . . . . .

Steinbock . . . . . .

Wassermann . . .

Fische . . . .

1940

Januar
01.	11:43	♊
03.	15:36	♋
05.	21:12	♌
08.	04:30	♍
10.	13:42	♎
13.	01:03	♏
15.	13:55	♐
18.	02:15	♑
20.	11:32	♒
22.	16:35	♓
24.	18:10	♈
26.	18:12	♉
28.	18:43	♊
30.	21:17	♋

Februar
02.	02:36	♌
04.	10:27	♍
06.	20:21	♎
09.	07:58	♏
11.	20:49	♐
14.	09:36	♑
16.	20:10	♒
19.	02:46	♓
21.	05:19	♈
23.	05:11	♉
25.	04:29	♊
27.	05:13	♋
29.	08:54	♌

März
02.	16:02	♍
05.	02:07	♎
07.	14:07	♏
10.	03:01	♐
12.	15:44	♑
15.	02:53	♒
17.	10:57	♓
19.	15:15	♈
21.	16:21	♉
23.	15:47	♊
25.	15:33	♋
27.	17:31	♌
29.	22:59	♍

April
01.	09:13	♎
03.	21:11	♏
06.	10:10	♐
08.	22:39	♑
11.	09:32	♒
13.	18:04	♓
15.	23:44	♈
18.	02:34	♉
20.	03:23	♊
22.	03:33	♋
24.	04:48	♌
26.	08:50	♍
28.	16:39	♎

Mai
01.	03:56	♏
03.	16:52	♐
06.	05:12	♑
08.	15:34	♒
10.	23:33	♓
13.	05:22	♈
15.	09:18	♉
17.	11:40	♊
19.	13:12	♋
21.	14:59	♌
23.	18:34	♍
26.	01:19	♎
28.	11:39	♏
31.	00:18	♐

Juni
02.	12:44	♑
04.	22:49	♒
07.	06:02	♓
09.	11:00	♈
11.	14:41	♉
13.	17:43	♊
15.	20:32	♋
17.	23:34	♌
20.	03:44	♍
22.	10:15	♎
24.	19:55	♏
27.	08:13	♐
29.	20:52	♑

Juli
02.	07:15	♒
04.	14:11	♓
06.	18:12	♈
08.	20:44	♉
10.	23:07	♊
13.	02:07	♋
15.	06:05	♌
17.	11:17	♍
19.	18:22	♎
22.	03:58	♏
24.	16:01	♐
27.	04:56	♑
29.	16:04	♒
31.	23:32	♓

August
03.	03:20	♈
05.	04:50	♉
07.	05:50	♊
09.	07:46	♋
11.	11:29	♌
13.	17:15	♍
16.	01:07	♎
18.	11:10	♏
20.	23:14	♐
23.	12:17	♑
26.	00:13	♒
28.	08:53	♓
30.	13:31	♈

September
01.	14:57	♉
03.	14:54	♊
05.	15:16	♋
07.	17:36	♌
09.	22:45	♍
12.	06:51	♎
14.	17:25	♏
17.	05:43	♐
19.	18:45	♑
22.	07:05	♒
24.	16:57	♓
26.	23:09	♈
29.	01:41	♉

Oktober
01.	01:46	♊
03.	01:12	♋
05.	01:54	♌
07.	05:28	♍
09.	12:44	♎
11.	23:18	♏
14.	11:50	♐
17.	00:49	♑
19.	12:59	♒
21.	23:18	♓
24.	06:51	♈
26.	11:10	♉
28.	12:37	♊
30.	12:25	♋

November
01.	12:21	♌
03.	14:22	♍
05.	20:03	♎
08.	05:46	♏
10.	18:13	♐
13.	07:13	♑
15.	19:00	♒
18.	04:52	♓
20.	12:38	♈
22.	18:11	♉
24.	21:25	♊
26.	22:44	♋
28.	23:18	♌

Dezember
01.	00:50	♍
03.	05:12	♎
05.	13:35	♏
08.	01:26	♐
10.	14:27	♑
13.	02:08	♒
15.	11:20	♓
17.	18:16	♈
19.	23:35	♉
22.	03:37	♊
24.	06:30	♋
26.	08:36	♌
28.	10:58	♍
30.	15:09	♎

1941

Januar
01. 22:35 ♎
04. 09:34 ♏
06. 22:28 ♐
09. 10:27 ♑
11. 19:33 ♒
14. 01:39 ♓
16. 05:45 ♈
18. 08:59 ♉
20. 12:04 ♊
22. 15:16 ♋
24. 19:01 ♌
27. 00:06 ♍
29. 07:34 ♎
31. 18:02 ♏

Februar
03. 06:41 ♐
05. 19:09 ♑
08. 04:57 ♒
10. 11:07 ♓
12. 14:21 ♈
14. 16:07 ♉
16. 17:52 ♊
18. 20:37 ♋
21. 00:54 ♌
23. 07:02 ♍
25. 15:18 ♎
28. 01:54 ♏

März
02. 14:23 ♐
05. 03:12 ♑
07. 14:04 ♒
09. 21:19 ♓
12. 00:51 ♈
14. 01:51 ♉
16. 02:03 ♊
18. 03:08 ♋
20. 06:25 ♌
22. 12:34 ♍
24. 21:30 ♎
27. 08:39 ♏
29. 21:14 ♐

April
01. 10:06 ♑
03. 21:44 ♒
06. 06:26 ♓
08. 11:21 ♈
10. 12:54 ♉
12. 12:31 ♊
14. 12:07 ♋
16. 13:38 ♌
18. 18:31 ♍
21. 03:07 ♎
23. 14:34 ♏
26. 03:23 ♐
28. 16:11 ♑

Mai
01. 03:56 ♒
03. 13:34 ♓
05. 20:06 ♈
07. 23:11 ♉
09. 23:34 ♊
11. 22:49 ♋
13. 23:03 ♌
16. 02:15 ♍
18. 09:33 ♎
20. 20:34 ♏
23. 09:26 ♐
25. 22:10 ♑
28. 09:36 ♒
30. 19:15 ♓

Juni
02. 02:38 ♈
04. 07:17 ♉
06. 09:13 ♊
08. 09:24 ♋
10. 09:31 ♌
12. 11:41 ♍
14. 17:33 ♎
17. 03:30 ♏
19. 16:03 ♐
22. 04:44 ♑
24. 15:51 ♒
27. 00:55 ♓
29. 08:03 ♈

Juli
01. 13:17 ♉
03. 16:34 ♊
05. 18:13 ♋
07. 19:21 ♌
09. 21:36 ♍
12. 02:42 ♎
14. 11:35 ♏
16. 23:30 ♐
19. 12:10 ♑
21. 23:15 ♒
24. 07:48 ♓
26. 14:03 ♈
28. 18:41 ♉
30. 22:09 ♊

August
02. 00:49 ♋
04. 03:17 ♌
06. 06:32 ♍
08. 11:51 ♎
10. 20:13 ♏
13. 07:32 ♐
15. 20:09 ♑
18. 07:37 ♒
20. 16:15 ♓
22. 21:53 ♈
25. 01:21 ♉
27. 03:48 ♊
29. 06:13 ♋
31. 09:18 ♌

September
02. 13:39 ♍
04. 19:52 ♎
07. 04:28 ♏
09. 15:32 ♐
12. 04:06 ♑
14. 16:09 ♒
17. 01:36 ♓
19. 07:29 ♈
21. 10:17 ♉
23. 11:24 ♊
25. 12:24 ♋
27. 14:44 ♌
29. 19:17 ♍

Oktober
02. 02:18 ♎
04. 11:37 ♏
06. 22:52 ♐
09. 11:23 ♑
11. 23:53 ♒
14. 10:29 ♓
16. 17:36 ♈
18. 20:54 ♉
20. 21:25 ♊
22. 21:00 ♋
24. 21:40 ♌
27. 01:02 ♍
29. 07:51 ♎
31. 17:38 ♏

November
03. 05:19 ♐
05. 17:52 ♑
08. 06:26 ♒
10. 17:49 ♓
13. 02:29 ♈
15. 07:22 ♉
17. 08:40 ♊
19. 07:53 ♋
21. 07:11 ♌
23. 08:46 ♍
25. 14:09 ♎
27. 23:26 ♏
30. 11:18 ♐

Dezember
02. 23:59 ♑
05. 12:22 ♒
07. 23:43 ♓
10. 09:12 ♈
12. 15:46 ♉
14. 18:51 ♊
16. 19:10 ♋
18. 18:26 ♌
20. 18:53 ♍
22. 22:33 ♎
25. 06:24 ♏
27. 17:43 ♐
30. 06:27 ♑

1942

Januar
01.	18:42	♓
04.	05:32	♈
06.	14:42	♉
08.	21:48	♊
11.	02:24	♋
13.	04:31	♌
15.	05:07	♍
17.	05:52	♎
19.	08:43	♏
21.	15:08	♐
24.	01:18	♑
26.	13:44	♒
29.	02:03	♓
31.	12:37	♈

Februar
02.	20:57	♉
05.	03:18	♊
07.	07:56	♋
09.	11:07	♌
11.	13:19	♍
13.	15:27	♎
15.	18:50	♏
18.	00:46	♐
20.	09:57	♑
22.	21:47	♒
25.	10:15	♓
27.	21:06	♈

März
02.	05:06	♉
04.	10:23	♊
06.	13:50	♋
08.	16:28	♌
10.	19:08	♍
12.	22:30	♎
15.	03:09	♏
17.	09:41	♐
19.	18:39	♑
22.	06:00	♒
24.	18:33	♓
27.	06:04	♈
29.	14:37	♉
31.	19:36	♊

April
02.	21:54	♋
04.	23:04	♌
07.	00:41	♍
09.	03:56	♎
11.	09:19	♏
13.	16:49	♐
16.	02:18	♑
18.	13:37	♒
21.	02:10	♓
23.	14:22	♈
26.	00:02	♉
28.	05:50	♊
30.	07:59	♋

Mai
02.	08:03	♌
04.	08:04	♍
06.	09:56	♎
08.	14:44	♏
10.	22:31	♐
13.	08:37	♑
15.	20:15	♒
18.	08:49	♓
20.	21:21	♈
23.	08:07	♉
25.	15:22	♊
27.	18:32	♋
29.	18:39	♌
31.	17:43	♍

Juni
02.	17:59	♎
04.	21:14	♏
07.	04:11	♐
09.	14:16	♑
12.	02:11	♒
14.	14:50	♓
17.	03:19	♈
19.	14:33	♉
21.	23:04	♊
24.	03:50	♋
26.	05:09	♌
28.	04:30	♍
30.	04:00	♎

Juli
02.	05:46	♏
04.	11:10	♐
06.	20:22	♑
09.	08:10	♒
11.	20:51	♓
14.	09:08	♈
16.	20:08	♉
19.	05:02	♊
21.	11:02	♋
23.	13:58	♌
25.	14:38	♍
27.	14:37	♎
29.	15:49	♏
31.	19:55	♐

August
03.	03:47	♑
05.	14:54	♒
08.	03:30	♓
10.	15:39	♈
13.	02:09	♉
15.	10:31	♊
17.	16:38	♋
19.	20:35	♌
21.	22:46	♍
24.	00:07	♎
26.	01:55	♏
28.	05:39	♐
30.	12:29	♑

September
01.	22:40	♒
04.	11:00	♓
06.	23:15	♈
09.	09:31	♉
11.	17:05	♊
13.	22:19	♋
16.	01:58	♌
18.	04:48	♍
20.	07:27	♎
22.	10:34	♏
24.	14:57	♐
26.	21:34	♑
29.	07:05	♒

Oktober
01.	19:03	♓
04.	07:35	♈
06.	18:13	♉
09.	01:33	♊
11.	05:46	♋
13.	08:10	♌
15.	10:13	♍
17.	13:01	♎
19.	17:05	♏
21.	22:37	♐
24.	05:52	♑
26.	15:18	♒
29.	03:00	♓
31.	15:48	♈

November
03.	02:19	♉
05.	10:21	♊
07.	14:27	♋
09.	15:47	♌
11.	16:18	♍
13.	17:48	♎
15.	21:28	♏
18.	03:30	♐
20.	11:38	♑
22.	21:35	♒
25.	09:17	♓
27.	22:09	♈
30.	10:29	♉

Dezember
02.	19:55	♊
05.	01:06	♋
07.	02:34	♌
09.	02:07	♍
11.	01:57	♎
13.	03:56	♏
15.	09:04	♐
17.	17:16	♑
20.	03:46	♒
22.	15:46	♓
25.	04:35	♈
27.	17:10	♉
30.	03:44	♊

1943

Januar
01.	10:40
03.	13:34
05.	13:35
07.	12:42
09.	13:03
11.	16:20
13.	23:22
16.	09:39
18.	21:54
21.	10:44
23.	23:03
26.	09:47
28.	17:51
30.	22:34

Februar
02.	00:15
04.	00:10
06.	00:07
08.	02:00
10.	07:17
12.	16:25
15.	04:24
17.	17:18
20.	05:20
22.	15:30
24.	23:25
27.	04:59

März
01.	08:19
03.	09:56
05.	10:54
07.	12:41
09.	16:53
12.	00:39
14.	11:51
17.	00:41
19.	12:43
21.	22:21
24.	05:23
26.	10:23
28.	14:05
30.	17:57

April
01.	20:27
03.	23:17
06.	03:37
08.	10:41
10.	21:03
13.	09:39
15.	21:59
18.	07:41
20.	14:04
22.	17:56
24.	20:39
26.	23:21
29.	02:36

Mai
01.	06:39
03.	11:57
05.	19:16
08.	05:17
10.	17:39
13.	06:21
15.	16:44
17.	23:19
20.	02:33
22.	03:59
24.	05:23
26.	07:58
28.	12:16
30.	18:25

Juni
02.	02:30
04.	12:45
07.	01:03
09.	14:03
12.	01:22
14.	08:59
16.	12:36
18.	13:30
20.	13:33
22.	14:36
24.	17:52
26.	23:52
29.	08:27

Juli
01.	19:13
04.	07:39
06.	20:45
09.	08:44
11.	17:40
13.	22:37
16.	00:07
17.	23:46
19.	23:30
22.	01:08
24.	05:53
26.	14:04
29.	01:04
31.	13:43

August
03.	02:45
05.	14:51
08.	00:40
10.	07:08
12.	10:09
14.	10:36
16.	10:06
18.	10:32
20.	13:39
22.	20:34
25.	07:07
27.	19:49
30.	08:47

September
01.	20:33
04.	06:20
06.	13:38
08.	18:13
10.	20:18
12.	20:46
14.	21:08
16.	23:14
19.	04:42
21.	14:10
24.	02:34
26.	15:30
29.	02:56

Oktober
01.	12:04
03.	19:03
06.	23:11
08.	02:39
10.	04:44
12.	06:12
14.	08:26
16.	13:07
18.	21:28
21.	09:12
23.	22:10
26.	09:38
28.	18:14
31.	00:14

November
02.	04:37
04.	08:10
06.	11:16
08.	14:10
10.	17:32
12.	22:31
15.	06:22
17.	17:27
20.	06:21
22.	18:19
25.	03:09
27.	08:35
29.	11:43

Dezember
01.	14:01
03.	16:36
05.	19:59
08.	00:30
10.	06:32
12.	14:46
15.	01:37
17.	14:22
20.	02:55
22.	12:46
24.	18:44
26.	21:24
28.	22:21
30.	23:17

1944

Januar
02.	01:34	♈
04.	05:58	♉
06.	12:44	♊
08.	21:48	♋
11.	08:58	♌
13.	21:38	♍
16.	10:29	♎
18.	21:28	♏
21.	04:53	♐
23.	08:27	♑
25.	09:09	♒
27.	08:48	♓
29.	09:15	♈
31.	12:07	♉

Februar
02.	18:17	♊
05.	03:40	♋
07.	15:20	♌
10.	04:08	♍
12.	16:54	♎
15.	04:24	♏
17.	13:15	♐
19.	18:33	♑
21.	20:27	♒
23.	20:09	♓
25.	19:31	♈
27.	20:36	♉

März
01.	01:06	♊
03.	09:38	♋
05.	21:19	♌
08.	10:18	♍
10.	22:55	♎
13.	10:12	♏
15.	19:31	♐
18.	02:13	♑
20.	05:55	♒
22.	06:59	♓
24.	06:42	♈
26.	07:01	♉
28.	09:58	♊
30.	16:59	♋

April
02.	03:54	♌
04.	17:49	♍
07.	06:22	♎
09.	17:12	♏
12.	02:02	♐
14.	08:56	♑
16.	13:46	♒
18.	16:28	♓
20.	17:35	♈
22.	18:28	♉
24.	20:59	♊
27.	02:49	♋
29.	12:36	♌

Mai
02.	01:04	♍
04.	13:40	♎
07.	00:18	♏
09.	08:27	♐
11.	14:33	♑
13.	19:10	♒
15.	22:35	♓
18.	01:03	♈
20.	03:15	♉
22.	06:26	♊
24.	12:04	♋
26.	21:04	♌
29.	08:58	♍
31.	21:37	♎

Juni
03.	08:32	♏
05.	16:27	♐
07.	21:41	♑
10.	01:12	♒
12.	03:58	♓
14.	06:41	♈
16.	09:52	♉
18.	14:11	♊
20.	20:28	♋
23.	05:25	♌
25.	16:58	♍
28.	05:40	♎
30.	17:10	♏

Juli
03.	01:38	♐
05.	06:42	♑
07.	09:14	♒
09.	10:39	♓
11.	12:18	♈
13.	15:16	♉
15.	20:11	♊
18.	03:21	♋
20.	12:51	♌
23.	00:24	♍
25.	13:08	♎
28.	01:16	♏
30.	10:50	♐

August
01.	16:42	♑
03.	19:10	♒
05.	19:35	♓
07.	19:43	♈
09.	21:19	♉
12.	01:38	♊
14.	09:03	♋
16.	19:08	♌
19.	07:01	♍
21.	19:45	♎
24.	08:13	♏
26.	18:52	♐
29.	02:12	♑
31.	05:44	♒

September
02.	06:14	♓
04.	05:27	♈
06.	05:28	♉
08.	08:14	♊
10.	14:47	♋
13.	00:50	♌
15.	13:00	♍
18.	01:48	♎
20.	14:11	♏
23.	01:16	♐
25.	09:55	♑
27.	15:10	♒
29.	16:58	♓

Oktober
01.	16:30	♈
03.	14:46	♉
05.	15:59	♊
07.	20:56	♋
10.	06:03	♌
12.	18:04	♍
15.	06:55	♎
17.	19:03	♏
20.	05:50	♐
22.	14:48	♑
24.	21:19	♒
27.	00:53	♓
29.	01:54	♈
31.	01:45	♉

November
02.	02:28	♊
04.	06:04	♋
06.	13:44	♌
09.	00:59	♍
11.	13:45	♎
14.	01:48	♏
16.	12:02	♐
18.	20:20	♑
21.	02:47	♒
23.	07:18	♓
25.	09:57	♈
27.	11:22	♉
29.	12:55	♊

Dezember
01.	16:16	♋
03.	22:53	♌
06.	09:04	♍
08.	21:28	♎
11.	09:42	♏
13.	19:50	♐
16.	03:22	♑
18.	08:44	♒
20.	12:39	♓
22.	15:42	♈
24.	18:24	♉
26.	21:26	♊
29.	01:44	♋
31.	08:19	♌

1945

Januar

Datum	Zeit	
02.	17:49	♌
05.	05:44	♍
07.	18:13	♎
10.	04:55	♏
12.	12:28	♐
14.	16:57	♑
16.	19:27	♒
18.	21:21	♓
20.	23:48	♈
23.	03:35	♉
25.	09:05	♊
27.	16:33	♋
30.	02:09	♌

Februar

Datum	Zeit	
01.	13:46	♍
04.	02:22	♎
06.	13:57	♏
08.	22:29	♐
11.	03:12	♑
13.	04:52	♒
15.	05:12	♓
17.	06:05	♈
19.	09:01	♉
21.	14:42	♊
23.	22:58	♋
26.	09:13	♌
28.	20:57	♍

März

Datum	Zeit	
03.	09:32	♎
05.	21:45	♏
08.	07:37	♐
10.	13:40	♑
12.	15:50	♒
14.	15:32	♓
16.	14:54	♈
18.	16:04	♉
20.	20:31	♊
23.	04:32	♋
25.	15:11	♌
28.	03:15	♍
30.	15:50	♎

April

Datum	Zeit	
02.	05:08	♏
04.	15:51	♐
06.	23:28	♑
09.	03:10	♒
11.	03:38	♓
13.	02:40	♈
15.	02:31	♉
17.	05:14	♊
19.	11:52	♋
21.	22:03	♌
24.	10:15	♍
26.	22:52	♎
29.	10:56	♏

Mai

Datum	Zeit	
01.	21:40	♐
04.	06:06	♑
06.	11:21	♒
08.	13:25	♓
10.	13:24	♈
12.	13:12	♉
14.	14:51	♊
16.	19:57	♋
19.	04:56	♌
21.	16:43	♍
24.	05:21	♎
26.	17:11	♏
29.	03:24	♐
31.	11:35	♑

Juni

Datum	Zeit	
02.	17:25	♒
04.	20:51	♓
06.	22:23	♈
08.	23:15	♉
11.	01:02	♊
13.	05:20	♋
15.	13:07	♌
18.	00:06	♍
20.	12:36	♎
23.	00:27	♏
25.	10:14	♐
27.	17:36	♑
29.	22:51	♒

Juli

Datum	Zeit	
02.	02:29	♓
04.	05:04	♈
06.	07:20	♉
08.	10:10	♊
10.	14:43	♋
12.	21:58	♌
15.	08:13	♍
17.	20:29	♎
20.	08:36	♏
22.	18:29	♐
25.	01:16	♑
27.	05:26	♒
29.	08:07	♓
31.	10:29	♈

August

Datum	Zeit	
02.	13:23	♉
04.	17:23	♊
06.	22:52	♋
09.	06:24	♌
11.	16:21	♍
14.	04:24	♎
16.	16:56	♏
19.	03:31	♐
21.	10:32	♑
23.	14:05	♒
25.	15:30	♓
27.	16:33	♈
29.	18:47	♉
31.	22:59	♊

September

Datum	Zeit	
03.	05:20	♋
05.	13:36	♌
07.	23:48	♍
10.	11:48	♎
13.	00:37	♏
15.	12:11	♐
17.	19:20	♑
19.	23:19	♒
22.	00:11	♓
23.	23:53	♈
26.	00:32	♉
28.	03:38	♊
30.	09:47	♋

Oktober

Datum	Zeit	
02.	18:34	♌
05.	05:17	♍
07.	17:24	♎
10.	06:17	♏
12.	18:33	♐
15.	04:07	♑
17.	09:34	♒
19.	11:09	♓
21.	10:30	♈
23.	09:49	♉
25.	11:11	♊
27.	15:55	♋
30.	00:12	♌

November

Datum	Zeit	
01.	11:08	♍
03.	23:29	♎
06.	12:18	♏
09.	00:35	♐
11.	10:59	♑
13.	18:05	♒
15.	21:24	♓
17.	21:48	♈
19.	21:02	♉
21.	21:14	♊
24.	00:12	♋
26.	06:59	♌
28.	17:18	♍

Dezember

Datum	Zeit	
01.	05:43	♎
03.	18:30	♏
06.	06:23	♐
08.	16:34	♑
11.	00:20	♒
13.	05:15	♓
15.	07:30	♈
17.	08:03	♉
19.	08:27	♊
21.	10:30	♋
23.	15:44	♌
26.	00:45	♍
28.	12:43	♎
31.	01:32	♏

1946

Januar

02.	13:11	♌
04.	22:38	♍
07.	05:47	♎
09.	10:56	♏
11.	14:25	♐
13.	16:42	♑
15.	18:32	♒
17.	21:03	♓
20.	01:40	♈
22.	09:31	♉
24.	20:40	♊
27.	09:27	♋
29.	21:18	♌

Februar

01.	06:24	♍
03.	12:32	♎
05.	16:38	♏
07.	19:47	♐
09.	22:45	♑
12.	01:59	♒
14.	05:50	♓
16.	11:03	♈
18.	18:36	♉
21.	05:05	♊
23.	17:41	♋
26.	06:01	♌
28.	15:34	♍

März

02.	21:25	♎
05.	00:23	♏
07.	02:08	♐
09.	04:12	♑
11.	07:28	♒
13.	12:14	♓
15.	18:32	♈
18.	02:40	♉
20.	13:04	♊
23.	01:30	♋
25.	14:18	♌
28.	00:51	♍
30.	07:26	♎

April

01.	10:16	♏
03.	10:56	♐
05.	11:25	♑
07.	13:21	♒
09.	17:37	♓
12.	00:20	♈
14.	10:13	♉
16.	21:03	♊
19.	09:30	♋
21.	22:28	♌
24.	09:56	♍
26.	17:54	♎
28.	21:45	♏
30.	22:31	♐

Mai

02.	22:03	♑
04.	22:23	♒
07.	01:04	♓
09.	06:57	♈
11.	15:53	♉
14.	03:08	♊
16.	15:46	♋
19.	04:42	♌
21.	16:31	♍
24.	01:39	♎
26.	07:05	♏
28.	09:04	♐
30.	08:54	♑

Juni

01.	08:28	♒
03.	09:39	♓
05.	13:57	♈
07.	21:57	♉
10.	09:04	♊
12.	21:50	♋
15.	10:39	♌
17.	22:16	♍
20.	07:43	♎
22.	14:19	♏
24.	17:56	♐
26.	19:07	♑
28.	19:10	♒
30.	19:47	♓

Juli

02.	22:45	♈
05.	05:21	♉
07.	15:41	♊
10.	04:20	♋
12.	17:05	♌
15.	04:17	♍
17.	13:15	♎
19.	19:59	♏
22.	00:35	♐
24.	03:18	♑
26.	04:44	♒
28.	05:57	♓
30.	08:32	♈

August

01.	14:05	♉
03.	23:23	♊
06.	11:36	♋
09.	00:23	♌
11.	11:24	♍
13.	19:41	♎
16.	01:37	♏
18.	05:59	♐
20.	09:22	♑
22.	12:06	♒
24.	14:38	♓
26.	17:54	♈
28.	23:15	♉
31.	07:49	♊

September

02.	19:31	♋
05.	08:24	♌
07.	19:41	♍
10.	03:46	♎
12.	08:49	♏
14.	12:03	♐
16.	14:45	♑
18.	17:42	♒
20.	21:13	♓
23.	01:38	♈
25.	07:40	♉
27.	16:12	♊
30.	03:32	♋

Oktober

02.	16:29	♌
05.	04:27	♍
07.	12:09	♎
09.	17:05	♏
11.	19:20	♐
13.	20:37	♑
15.	22:23	♒
18.	01:35	♓
20.	06:35	♈
22.	13:33	♉
24.	22:41	♊
27.	10:03	♋
29.	22:59	♌

November

01.	11:36	♍
03.	21:32	♎
06.	03:28	♏
08.	05:49	♐
10.	06:07	♑
12.	06:15	♒
14.	07:53	♓
16.	12:05	♈
18.	19:12	♉
21.	04:58	♊
23.	16:44	♋
26.	05:40	♌
28.	18:30	♍

Dezember

01.	05:30	♎
03.	13:05	♏
05.	16:48	♐
07.	17:30	♑
09.	16:50	♒
11.	16:46	♓
13.	19:09	♈
16.	01:07	♉
18.	10:43	♊
20.	22:48	♋
23.	11:50	♌
26.	00:29	♍
28.	11:43	♎
30.	20:31	♏

1947

Januar
02. 02:06
04. 04:26
06. 04:28
08. 03:53
10. 04:44
12. 08:54
14. 17:15
17. 05:03
19. 18:10
22. 06:37
24. 17:23
27. 02:10
29. 08:45
31. 12:52

Februar
02. 14:38
04. 15:01
06. 15:42
08. 18:39
11. 01:28
13. 12:15
16. 01:12
18. 13:39
20. 23:57
23. 07:58
25. 14:08
27. 18:47

März
01. 21:59
03. 23:59
06. 01:46
08. 04:51
10. 10:51
12. 20:34
15. 09:00
17. 21:35
20. 07:57
22. 15:23
24. 20:29
27. 00:16
29. 03:26
31. 06:22

April
02. 09:30
04. 13:39
06. 20:56
09. 06:12
11. 18:08
14. 06:51
16. 17:47
19. 01:26
21. 05:56
23. 08:28
25. 10:22
27. 12:44
29. 16:15

Mai
01. 21:24
04. 04:35
06. 14:09
09. 01:55
11. 15:41
14. 03:20
16. 11:56
18. 16:51
20. 18:51
22. 19:27
24. 20:18
26. 22:50
29. 03:54
31. 11:42

Juni
02. 21:54
05. 09:51
07. 22:38
10. 10:47
12. 20:34
15. 02:45
17. 05:22
19. 05:32
21. 05:06
23. 06:01
25. 09:51
27. 17:17
30. 02:46

Juli
02. 15:03
05. 03:50
07. 16:03
10. 02:34
12. 10:12
14. 14:17
16. 15:14
18. 14:34
20. 14:19
22. 16:33
24. 22:41
27. 08:40
29. 21:01

August
01. 09:50
03. 21:49
06. 08:20
08. 16:43
10. 22:17
13. 00:49
15. 01:06
17. 00:49
19. 02:04
21. 06:44
23. 15:34
26. 03:31
28. 16:18
31. 04:03

September
02. 14:03
04. 22:10
07. 04:18
09. 08:12
11. 10:03
13. 10:51
15. 12:16
17. 16:10
19. 23:49
22. 10:58
24. 23:38
27. 11:24
29. 20:58

Oktober
02. 04:15
04. 09:44
06. 12:47
08. 15:41
10. 17:57
12. 20:31
15. 00:45
17. 07:53
19. 18:14
22. 06:39
24. 18:46
27. 04:31
29. 11:16
31. 15:36

November
02. 18:32
04. 21:03
06. 23:55
09. 03:42
11. 09:02
13. 16:33
16. 02:37
18. 14:45
21. 03:16
23. 13:53
25. 21:06
28. 00:55
30. 02:31

Dezember
02. 03:30
04. 05:23
06. 09:14
08. 15:24
10. 23:49
13. 10:14
15. 22:16
18. 10:59
20. 22:37
23. 07:11
25. 11:47
27. 13:03
29. 12:41
31. 12:47

1948

Januar
02.	15:10	♊
04.	20:51	♋
07.	05:41	♌
09.	16:41	♍
12.	04:54	♎
14.	17:35	♏
17.	05:44	♐
19.	15:42	♑
21.	22:01	♒
24.	00:23	♓
25.	23:59	♈
27.	22:56	♉
29.	23:29	♊

Februar
01.	03:27	♋
03.	11:26	♌
05.	22:30	♍
08.	10:59	♎
10.	23:37	♏
13.	11:37	♐
15.	22:08	♑
18.	05:56	♒
20.	10:09	♓
22.	11:07	♈
24.	10:22	♉
26.	10:05	♊
28.	12:24	♋

März
01.	18:41	♌
04.	04:50	♍
06.	17:14	♎
09.	05:53	♏
11.	17:33	♐
14.	03:40	♑
16.	11:45	♒
18.	17:14	♓
20.	19:58	♈
22.	20:42	♉
24.	21:01	♊
26.	22:49	♋
29.	03:46	♌
31.	12:34	♍

April
03.	00:18	♎
05.	12:56	♏
08.	00:28	♐
10.	09:58	♑
12.	17:20	♒
14.	22:41	♓
17.	02:16	♈
19.	05:30	♉
21.	07:16	♊
23.	09:49	♋
25.	14:31	♌
27.	22:22	♍
30.	09:16	♎

Mai
02.	21:44	♏
05.	09:28	♐
07.	18:48	♑
10.	01:20	♒
12.	05:38	♓
14.	08:39	♈
16.	11:14	♉
18.	14:07	♊
20.	17:56	♋
22.	23:22	♌
25.	07:08	♍
27.	17:31	♎
30.	05:46	♏

Juni
01.	17:55	♐
04.	03:43	♑
06.	10:06	♒
08.	13:28	♓
10.	15:11	♈
12.	16:48	♉
14.	19:33	♊
17.	00:03	♋
19.	06:28	♌
21.	14:51	♍
24.	01:15	♎
26.	13:23	♏
29.	01:56	♐

Juli
01.	12:40	♑
03.	19:48	♒
05.	23:07	♓
07.	23:53	♈
10.	00:03	♉
12.	01:31	♊
14.	05:28	♋
16.	12:11	♌
18.	21:13	♍
21.	08:02	♎
23.	20:13	♏
26.	08:57	♐
28.	20:34	♑
31.	05:01	♒

August
02.	09:20	♓
04.	10:13	♈
06.	09:32	♉
08.	09:30	♊
10.	11:56	♋
12.	17:49	♌
15.	02:51	♍
17.	14:02	♎
20.	02:23	♏
22.	15:05	♐
25.	03:03	♑
27.	12:40	♒
29.	18:34	♓
31.	20:41	♈

September
02.	20:20	♉
04.	19:35	♊
06.	20:34	♋
09.	00:52	♌
11.	08:56	♍
13.	19:58	♎
16.	08:27	♏
18.	21:02	♐
21.	08:45	♑
23.	18:40	♒
26.	01:46	♓
28.	05:35	♈
30.	06:40	♉

Oktober
02.	06:30	♊
04.	05:58	♋
06.	08:55	♌
08.	15:31	♍
11.	01:42	♎
13.	14:03	♏
16.	02:36	♐
18.	13:54	♑
20.	23:15	♒
23.	06:21	♓
25.	11:10	♈
27.	13:53	♉
29.	15:16	♊
31.	16:31	♋

November
02.	19:10	♌
05.	00:39	♍
07.	09:41	♎
09.	21:34	♏
12.	10:12	♐
14.	21:24	♑
17.	06:02	♒
19.	12:11	♓
21.	16:32	♈
23.	19:48	♉
25.	22:33	♊
28.	01:19	♋
30.	04:52	♌

Dezember
02.	10:16	♍
04.	18:32	♎
07.	05:46	♏
09.	18:30	♐
12.	06:09	♑
14.	14:44	♒
16.	20:01	♓
18.	23:03	♈
21.	01:19	♉
23.	03:59	♊
25.	07:39	♋
27.	12:29	♌
29.	18:46	♍

1949

Januar
01. 03:07 ♎
03. 13:58 ♏
06. 02:40 ♐
08. 15:03 ♑
11. 00:31 ♒
13. 05:57 ♓
15. 08:08 ♈
17. 08:52 ♉
19. 10:03 ♊
21. 12:59 ♋
23. 18:09 ♌
26. 01:22 ♍
28. 10:26 ♎
30. 21:26 ♏

Februar
02. 10:04 ♐
04. 22:57 ♑
07. 09:40 ♒
09. 16:22 ♓
11. 19:01 ♈
13. 19:05 ♉
15. 18:44 ♊
17. 19:53 ♋
19. 23:49 ♌
22. 06:50 ♍
24. 16:26 ♎
27. 03:54 ♏

März
01. 16:36 ♐
04. 05:33 ♑
06. 17:05 ♒
09. 01:21 ♓
11. 05:33 ♈
13. 06:24 ♉
15. 05:40 ♊
17. 05:25 ♋
19. 07:30 ♌
21. 13:04 ♍
23. 22:10 ♎
26. 09:50 ♏
28. 22:41 ♐
31. 11:29 ♑

April
02. 23:03 ♒
05. 08:10 ♓
07. 13:59 ♈
09. 16:32 ♉
11. 17:48 ♊
13. 17:27 ♋
15. 18:23 ♌
17. 22:16 ♍
20. 05:59 ♎
22. 17:08 ♏
25. 06:01 ♐
27. 18:41 ♑
30. 05:48 ♒

Mai
02. 14:43 ♓
04. 21:11 ♈
07. 01:11 ♉
09. 03:07 ♊
11. 03:54 ♋
13. 04:57 ♌
15. 07:57 ♍
17. 14:19 ♎
20. 00:26 ♏
22. 13:02 ♐
25. 01:42 ♑
27. 12:27 ♒
29. 20:39 ♓

Juni
01. 02:36 ♈
03. 06:53 ♉
05. 09:58 ♊
07. 12:13 ♋
09. 14:24 ♌
11. 17:40 ♍
13. 23:26 ♎
16. 08:38 ♏
18. 20:45 ♐
21. 09:30 ♑
23. 20:20 ♒
26. 04:01 ♓
28. 09:01 ♈
30. 12:27 ♉

Juli
02. 15:22 ♊
04. 18:22 ♋
06. 21:45 ♌
09. 02:02 ♍
11. 08:09 ♎
13. 17:01 ♏
16. 04:43 ♐
18. 17:36 ♑
21. 04:57 ♒
23. 12:52 ♓
25. 17:19 ♈
27. 19:36 ♉
29. 21:20 ♊
31. 23:44 ♋

August
03. 03:25 ♌
05. 08:36 ♍
07. 15:34 ♎
10. 00:45 ♏
12. 12:20 ♐
15. 01:18 ♑
17. 13:23 ♒
19. 22:15 ♓
22. 03:08 ♈
24. 04:56 ♉
26. 05:24 ♊
28. 06:19 ♋
30. 09:00 ♌

September
01. 14:05 ♍
03. 21:37 ♎
06. 07:26 ♏
08. 19:13 ♐
11. 08:12 ♑
13. 20:47 ♒
16. 06:52 ♓
18. 13:05 ♈
20. 15:34 ♉
22. 15:42 ♊
24. 15:20 ♋
26. 16:21 ♌
28. 20:07 ♍

Oktober
01. 03:13 ♎
03. 12:20 ♏
06. 00:27 ♐
08. 13:26 ♑
11. 02:02 ♒
13. 12:51 ♓
15. 20:35 ♈
18. 00:42 ♉
20. 01:48 ♊
22. 01:18 ♋
24. 01:08 ♌
26. 03:10 ♍
28. 08:50 ♎
30. 18:21 ♏

November
02. 06:34 ♐
04. 19:37 ♑
07. 07:55 ♒
09. 18:35 ♓
12. 03:00 ♈
14. 08:42 ♉
16. 11:36 ♊
18. 12:18 ♋
20. 12:15 ♌
22. 13:19 ♍
24. 17:24 ♎
27. 01:35 ♏
29. 13:18 ♐

Dezember
02. 02:22 ♑
04. 14:28 ♒
07. 00:31 ♓
09. 08:28 ♈
11. 14:31 ♉
13. 18:45 ♊
15. 21:13 ♋
17. 22:32 ♌
19. 23:59 ♍
22. 03:24 ♎
24. 10:20 ♏
26. 21:05 ♐
29. 09:58 ♑
31. 22:13 ♒

1950

Januar
03.	07:56	♓
05.	14:58	♈
07.	20:06	♉
10.	00:08	♊
12.	03:28	♋
14.	06:16	♌
16.	09:06	♍
18.	13:07	♎
20.	19:41	♏
23.	05:37	♐
25.	18:08	♑
28.	06:43	♒
30.	16:50	♓

Februar
01.	23:34	♈
04.	03:37	♉
06.	06:19	♊
08.	08:50	♋
10.	11:51	♌
12.	15:45	♍
14.	20:57	♎
17.	04:11	♏
19.	14:01	♐
22.	02:12	♑
24.	15:03	♒
27.	02:03	♓

März
01.	09:30	♈
03.	13:24	♉
05.	15:00	♊
07.	15:55	♋
09.	17:37	♌
11.	21:07	♍
14.	02:52	♎
16.	10:59	♏
18.	21:21	♐
21.	09:32	♑
23.	22:28	♒
26.	10:17	♓
28.	19:05	♈
31.	00:01	♉

April
02.	01:41	♊
04.	01:35	♋
06.	01:37	♌
08.	03:29	♍
10.	08:24	♎
12.	16:38	♏
15.	03:32	♐
17.	15:59	♑
20.	04:54	♒
22.	17:02	♓
25.	02:57	♈
27.	09:30	♉
29.	12:25	♊

Mai
01.	12:37	♋
03.	11:50	♌
05.	12:08	♍
07.	15:22	♎
09.	22:34	♏
12.	09:18	♐
14.	21:59	♑
17.	10:52	♒
19.	22:50	♓
22.	09:06	♈
24.	16:51	♉
26.	21:26	♊
28.	23:01	♋
30.	22:43	♌

Juni
01.	22:27	♍
04.	00:18	♎
06.	05:57	♏
08.	15:44	♐
11.	04:12	♑
13.	17:05	♒
16.	04:45	♓
18.	14:37	♈
20.	22:31	♉
23.	04:09	♊
25.	07:19	♋
27.	08:26	♌
29.	08:48	♍

Juli
01.	10:19	♎
03.	14:51	♏
05.	23:24	♐
08.	11:13	♑
11.	00:02	♒
13.	11:34	♓
15.	20:52	♈
18.	04:05	♉
20.	09:34	♊
22.	13:27	♋
24.	15:55	♌
26.	17:39	♍
28.	19:55	♎
31.	00:19	♏

August
02.	08:03	♐
04.	19:06	♑
07.	07:44	♒
09.	19:27	♓
12.	04:36	♈
14.	11:03	♉
16.	15:31	♊
18.	18:49	♋
20.	21:36	♌
23.	00:23	♍
25.	03:53	♎
27.	09:02	♏
29.	16:44	♐

September
01.	03:19	♑
03.	15:45	♒
06.	03:54	♓
08.	13:34	♈
10.	19:55	♉
12.	23:28	♊
15.	01:27	♋
17.	03:12	♌
19.	05:49	♍
21.	09:59	♎
23.	16:09	♏
26.	00:32	♐
28.	11:08	♑
30.	23:26	♒

Oktober
03.	11:59	♓
05.	22:40	♈
08.	05:54	♉
10.	09:29	♊
12.	10:31	♋
14.	10:44	♌
16.	11:55	♍
18.	15:27	♎
20.	21:53	♏
23.	06:59	♐
25.	18:03	♑
28.	06:22	♒
30.	19:03	♓

November
02.	06:38	♈
04.	15:21	♉
06.	20:10	♊
08.	21:29	♋
10.	20:51	♌
12.	20:25	♍
14.	22:14	♎
17.	03:38	♏
19.	12:39	♐
22.	00:08	♑
24.	12:38	♒
27.	01:13	♓
29.	13:02	♈

Dezember
01.	22:53	♉
04.	05:29	♊
06.	08:19	♋
08.	08:17	♌
10.	07:16	♍
12.	07:34	♎
14.	11:10	♏
16.	18:58	♐
19.	06:10	♑
21.	18:49	♒
24.	07:18	♓
26.	18:45	♈
29.	04:41	♉
31.	12:20	♊

1951

Januar
02. 16:58 ♎
04. 18:38 ♏
06. 18:32 ♐
08. 18:35 ♑
10. 20:56 ♒
13. 03:05 ♓
15. 13:10 ♈
18. 01:36 ♊
20. 14:06 ♋
23. 01:12 ♌
25. 10:26 ♍
27. 17:46 ♎
29. 23:04 ♏

Februar
01. 02:16 ♏
03. 03:52 ♐
05. 05:04 ♑
07. 07:29 ♒
09. 12:43 ♓
11. 21:33 ♈
14. 09:18 ♊
16. 21:51 ♋
19. 09:01 ♌
21. 17:43 ♍
24. 00:01 ♎
26. 04:31 ♏
28. 07:49 ♐

März
02. 10:29 ♑
04. 13:11 ♒
06. 16:45 ♓
08. 22:16 ♈
11. 06:33 ♉
13. 17:36 ♊
16. 06:06 ♋
18. 17:44 ♌
21. 02:39 ♍
23. 08:21 ♎
25. 11:36 ♏
27. 13:40 ♐
29. 15:51 ♑
31. 19:02 ♒

April
02. 23:44 ♓
05. 06:16 ♈
07. 14:52 ♉
10. 01:41 ♊
12. 14:04 ♋
15. 02:18 ♌
17. 12:07 ♍
19. 18:13 ♎
21. 20:55 ♏
23. 21:40 ♐
25. 22:19 ♑
28. 00:32 ♒
30. 05:13 ♓

Mai
02. 12:26 ♈
04. 21:47 ♉
07. 08:51 ♊
09. 21:13 ♋
12. 09:49 ♌
14. 20:44 ♍
17. 04:05 ♎
19. 07:23 ♏
21. 07:44 ♐
23. 07:07 ♑
25. 07:41 ♒
27. 11:05 ♓
29. 17:53 ♈

Juni
01. 03:33 ♉
03. 15:03 ♊
06. 03:31 ♋
08. 16:12 ♌
11. 03:46 ♍
13. 12:31 ♎
15. 17:17 ♏
17. 18:26 ♐
19. 17:38 ♑
21. 17:04 ♒
23. 18:49 ♓
26. 00:13 ♈
28. 09:17 ♉
30. 20:51 ♊

Juli
03. 09:27 ♋
05. 22:00 ♌
08. 09:36 ♍
10. 19:04 ♎
13. 01:19 ♏
15. 04:03 ♐
17. 04:14 ♑
19. 03:41 ♒
21. 04:29 ♓
23. 08:21 ♈
25. 16:07 ♉
28. 03:08 ♊
30. 15:42 ♋

August
02. 04:08 ♌
04. 15:18 ♍
07. 00:34 ♎
09. 07:24 ♏
11. 11:31 ♐
13. 13:18 ♑
15. 13:53 ♒
17. 14:52 ♓
19. 17:58 ♈
22. 00:26 ♉
24. 10:27 ♊
26. 22:44 ♋
29. 11:10 ♌
31. 21:59 ♍

September
03. 06:32 ♎
05. 12:49 ♏
07. 17:11 ♐
09. 20:06 ♑
11. 22:11 ♒
14. 00:21 ♓
16. 03:47 ♈
18. 09:41 ♉
20. 18:47 ♊
23. 06:34 ♋
25. 19:08 ♌
28. 06:05 ♍
30. 14:08 ♎

Oktober
02. 19:23 ♏
04. 22:48 ♐
07. 01:30 ♑
09. 04:19 ♒
11. 07:46 ♓
13. 12:19 ♈
15. 18:37 ♉
18. 03:22 ♊
20. 14:42 ♋
23. 03:25 ♌
25. 15:01 ♍
27. 23:25 ♎
30. 04:09 ♏

November
01. 06:20 ♐
03. 07:40 ♑
05. 09:43 ♒
07. 13:23 ♓
09. 18:53 ♈
12. 02:07 ♉
14. 11:15 ♊
16. 22:27 ♋
19. 11:12 ♌
21. 23:36 ♍
24. 09:09 ♎
26. 14:32 ♏
28. 16:20 ♐
30. 16:22 ♑

Dezember
02. 16:45 ♒
04. 19:08 ♓
07. 00:18 ♈
09. 08:04 ♉
11. 17:54 ♊
14. 05:22 ♋
16. 18:05 ♌
19. 06:52 ♍
21. 17:41 ♎
24. 00:38 ♏
26. 03:27 ♐
28. 03:24 ♑
30. 02:36 ♒

1952

Januar
01.	03:10	♒
03.	06:42	♓
05.	13:43	♈
07.	23:42	♉
10.	11:34	♊
13.	00:19	♋
15.	13:00	♌
18.	00:19	♍
20.	08:44	♎
22.	13:22	♏
24.	14:39	♐
26.	14:06	♑
28.	13:45	♒
30.	15:32	♓

Februar
01.	20:51	♈
04.	05:55	♉
06.	17:44	♊
09.	06:36	♋
11.	19:02	♌
14.	06:00	♍
16.	14:45	♎
18.	20:42	♏
20.	23:49	♐
23.	00:48	♑
25.	01:01	♒
27.	02:11	♓
29.	06:02	♈

März
02.	13:36	♉
05.	00:40	♊
07.	13:30	♋
10.	01:51	♌
12.	12:16	♍
14.	20:20	♎
17.	02:15	♏
19.	06:19	♐
21.	08:55	♑
23.	10:39	♒
25.	12:34	♓
27.	16:05	♈
29.	22:36	♉

April
01.	08:39	♊
03.	21:10	♋
06.	09:40	♌
08.	19:56	♍
11.	03:13	♎
13.	08:08	♏
15.	11:41	♐
17.	14:43	♑
19.	17:40	♒
21.	20:56	♓
24.	01:15	♈
26.	07:40	♉
28.	17:06	♊

Mai
01.	05:12	♋
03.	17:57	♌
06.	04:39	♍
08.	11:49	♎
10.	15:50	♏
12.	18:09	♐
14.	20:14	♑
16.	23:05	♒
19.	03:07	♓
21.	08:29	♈
23.	15:37	♉
26.	01:06	♊
28.	12:59	♋
31.	01:57	♌

Juni
02.	13:26	♍
04.	21:19	♎
07.	01:21	♏
09.	02:46	♐
11.	03:26	♑
13.	05:00	♒
15.	08:29	♓
17.	14:11	♈
19.	22:03	♉
22.	08:04	♊
24.	20:02	♋
27.	09:06	♌
29.	21:18	♍

Juli
02.	06:25	♎
04.	11:27	♏
06.	13:02	♐
08.	12:54	♑
10.	12:59	♒
12.	14:56	♓
14.	19:45	♈
17.	03:37	♉
19.	14:05	♊
22.	02:20	♋
24.	15:24	♌
27.	03:54	♍
29.	14:04	♎
31.	20:37	♏

August
02.	23:27	♐
04.	23:41	♑
06.	23:05	♒
08.	23:33	♓
11.	02:46	♈
13.	09:36	♉
15.	19:52	♊
18.	08:19	♋
20.	21:22	♌
23.	09:42	♍
25.	20:10	♎
28.	03:53	♏
30.	08:24	♐

September
01.	10:03	♑
03.	09:59	♒
05.	09:57	♓
07.	11:48	♈
09.	17:06	♉
12.	02:24	♊
14.	14:38	♋
17.	03:42	♌
19.	15:41	♍
22.	01:43	♎
24.	09:33	♏
26.	15:06	♐
28.	18:24	♑
30.	19:52	♒

Oktober
02.	20:34	♓
04.	22:05	♈
07.	02:15	♉
09.	10:16	♊
11.	21:50	♋
14.	10:51	♌
16.	22:44	♍
19.	08:10	♎
21.	15:12	♏
23.	20:28	♐
26.	00:28	♑
28.	03:23	♒
30.	05:34	♓

November
01.	07:58	♈
03.	12:02	♉
05.	19:12	♊
08.	05:56	♋
10.	18:47	♌
13.	06:57	♍
15.	16:18	♎
17.	22:33	♏
20.	02:40	♐
22.	05:52	♑
24.	08:55	♒
26.	12:09	♓
28.	15:54	♈
30.	20:53	♉

Dezember
03.	04:09	♊
05.	14:23	♋
08.	02:57	♌
10.	15:35	♍
13.	01:39	♎
15.	07:59	♏
17.	11:17	♐
19.	13:02	♑
21.	14:45	♒
23.	17:30	♓
25.	21:46	♈
28.	03:48	♉
30.	11:53	♊

1953

Januar
01. 22:17
04. 10:41
06. 23:36
09. 10:44
11. 18:14
13. 21:55
15. 22:57
17. 23:07
20. 00:08
22. 03:20
24. 09:21
26. 18:07
29. 05:06
31. 17:35

Februar
03. 06:31
05. 18:21
08. 03:20
10. 08:32
12. 10:17
14. 09:58
16. 09:30
18. 10:50
20. 15:27
22. 23:48
25. 11:05
27. 23:51

März
02. 12:41
05. 00:31
07. 10:20
09. 17:10
11. 20:37
13. 21:17
15. 20:39
17. 20:44
19. 23:35
22. 06:29
24. 17:14
27. 06:04
29. 18:51

April
01. 06:19
03. 15:58
05. 23:29
08. 04:27
10. 06:49
12. 07:19
14. 07:31
16. 09:27
18. 14:53
21. 00:27
23. 12:53
26. 01:40
28. 12:52
30. 21:52

Mai
03. 04:55
05. 10:12
07. 13:46
09. 15:49
11. 17:12
13. 19:27
16. 00:16
18. 08:47
20. 20:31
23. 09:16
25. 20:32
28. 05:08
30. 11:17

Juni
01. 15:45
03. 19:12
05. 22:01
08. 00:41
10. 04:03
12. 09:17
14. 17:27
17. 04:37
19. 17:16
22. 04:57
24. 13:48
26. 19:29
28. 22:51

Juli
01. 01:08
03. 03:23
05. 06:23
07. 10:42
09. 16:54
12. 01:28
14. 12:28
17. 01:04
19. 13:17
21. 22:59
24. 05:07
26. 08:03
28. 09:07
30. 09:56

August
01. 11:57
03. 16:10
05. 22:59
08. 08:16
10. 19:33
13. 08:08
15. 20:43
18. 07:30
20. 14:53
22. 18:29
24. 19:12
26. 18:46
28. 19:10
30. 22:07

September
02. 04:30
04. 14:05
07. 01:47
09. 14:27
12. 03:05
14. 14:32
16. 23:21
19. 04:30
21. 06:06
23. 05:30
25. 04:45
27. 06:01
29. 10:56

Oktober
01. 19:53
04. 07:40
06. 20:28
09. 08:56
11. 20:19
14. 05:51
16. 12:34
18. 15:55
20. 16:27
22. 15:47
24. 16:04
26. 19:24
29. 02:55
31. 14:04

November
03. 02:51
05. 15:12
08. 02:06
10. 11:18
12. 18:31
14. 23:17
17. 01:35
19. 02:15
21. 02:54
23. 05:31
25. 11:40
27. 21:41
30. 10:06

Dezember
02. 22:30
05. 09:09
07. 17:33
09. 23:59
12. 04:46
14. 08:06
16. 10:22
18. 12:27
20. 15:40
22. 21:23
25. 06:24
27. 18:11
30. 06:43

1954

Januar

01.	17:39
04.	01:46
06.	07:09
08.	10:43
10.	13:27
12.	16:10
14.	19:29
17.	00:01
19.	06:24
21.	15:14
24.	02:30
26.	15:03
29.	02:42
31.	11:27

Februar

02.	16:38
04.	19:03
06.	20:14
08.	21:47
11.	00:54
13.	06:10
15.	13:35
17.	23:00
20.	10:14
22.	22:43
25.	11:00
27.	20:58

März

02.	03:07
04.	05:32
06.	05:40
08.	05:32
10.	07:06
12.	11:37
14.	19:17
17.	05:21
19.	16:57
22.	05:26
24.	17:56
27.	04:55
29.	12:37
31.	16:16

April

02.	16:40
04.	15:43
06.	15:40
08.	18:29
11.	01:05
13.	11:03
15.	22:58
18.	11:32
20.	23:55
23.	11:11
25.	20:02
28.	01:21
30.	03:08

Mai

02.	02:42
04.	02:06
06.	03:30
08.	08:29
10.	17:23
13.	05:03
15.	17:42
18.	05:53
20.	16:49
23.	01:48
25.	08:08
27.	11:32
29.	12:33
31.	12:40

Juni

02.	13:46
04.	17:34
07.	01:06
09.	11:59
12.	00:30
14.	12:37
16.	23:05
19.	07:26
21.	13:37
23.	17:44
25.	20:09
27.	21:41
29.	23:35

Juli

02.	03:16
04.	09:56
06.	19:53
09.	08:04
11.	20:19
14.	06:40
16.	14:19
18.	19:33
20.	23:07
23.	01:52
25.	04:30
27.	07:41
29.	12:10
31.	18:50

August

03.	04:14
05.	16:03
08.	04:32
10.	15:20
12.	22:54
15.	03:17
17.	05:37
19.	07:26
21.	09:56
23.	13:50
25.	19:22
28.	02:44
30.	12:12

September

01.	23:48
04.	12:32
07.	00:10
09.	08:31
11.	12:55
13.	14:22
15.	14:44
17.	15:55
19.	19:13
22.	01:04
24.	09:11
26.	19:11
29.	06:52

Oktober

01.	19:41
04.	08:04
06.	17:45
08.	23:17
11.	00:58
13.	00:32
15.	00:10
17.	01:50
19.	06:41
21.	14:44
24.	01:12
26.	13:11
29.	01:59
31.	14:36

November

03.	01:22
05.	08:34
07.	11:42
09.	11:48
11.	10:50
13.	10:59
15.	14:03
17.	20:52
20.	07:02
22.	19:13
25.	08:01
27.	20:24
30.	07:19

Dezember

02.	15:38
04.	20:35
06.	22:23
08.	22:16
10.	22:06
12.	23:48
15.	04:54
17.	13:51
20.	01:43
22.	14:35
25.	02:40
27.	13:00
29.	21:09

1955

Januar
01.	02:56	
03.	06:24	
05.	08:04	
07.	09:00	
09.	10:41	
11.	14:43	
13.	22:15	
16.	09:15	
18.	22:01	
21.	10:09	
23.	19:58	
26.	03:11	
28.	08:19	
30.	12:06	

Februar
01.	15:02	
03.	17:36	
05.	20:28	
08.	00:43	
10.	07:33	
12.	17:38	
15.	06:07	
17.	18:34	
20.	04:33	
22.	11:09	
24.	15:06	
26.	17:46	
28.	20:24	

März
02.	23:40	
05.	03:48	
07.	09:09	
09.	16:20	
12.	02:04	
14.	14:13	
17.	03:01	
19.	13:47	
21.	20:45	
24.	00:09	
26.	01:31	
28.	02:42	
30.	05:05	

April
01.	09:20	
03.	15:31	
05.	23:34	
08.	09:38	
10.	21:41	
13.	10:40	
15.	22:20	
18.	06:28	
20.	10:29	
22.	11:29	
24.	11:24	
26.	12:09	
28.	15:08	
30.	20:58	

Mai
03.	05:26	
05.	16:04	
08.	04:19	
10.	17:19	
13.	05:29	
15.	14:53	
17.	20:21	
19.	22:12	
21.	21:56	
23.	21:33	
25.	22:52	
28.	03:16	
30.	11:08	

Juni
01.	21:54	
04.	10:24	
06.	23:21	
09.	11:30	
11.	21:32	
14.	04:24	
16.	07:50	
18.	08:36	
20.	08:15	
22.	08:36	
24.	11:26	
26.	17:55	
29.	04:04	

Juli
01.	16:34	
04.	05:29	
06.	17:18	
09.	03:09	
11.	10:33	
13.	15:20	
15.	17:43	
17.	18:30	
19.	19:03	
21.	21:06	
24.	02:16	
26.	11:19	
28.	23:24	
31.	12:18	

August
02.	23:52	
05.	09:04	
07.	15:59	
09.	21:03	
12.	00:33	
14.	02:50	
16.	04:34	
18.	06:57	
20.	11:34	
22.	19:37	
25.	07:03	
27.	19:57	
30.	07:35	

September
01.	16:23	
03.	22:24	
06.	02:36	
08.	05:58	
10.	09:01	
12.	12:02	
14.	15:33	
16.	20:35	
19.	04:18	
21.	15:11	
24.	04:01	
26.	16:07	
29.	01:12	

Oktober
01.	06:46	
03.	09:52	
05.	11:59	
07.	14:23	
09.	17:41	
11.	22:11	
14.	04:13	
16.	12:23	
18.	23:07	
21.	11:52	
24.	00:33	
26.	10:37	
28.	16:46	
30.	19:30	

November
01.	20:23	
03.	21:11	
05.	23:20	
08.	03:36	
10.	10:15	
12.	19:12	
15.	06:17	
17.	18:59	
20.	07:58	
22.	19:10	
25.	02:47	
27.	06:27	
29.	07:11	

Dezember
01.	06:46	
03.	07:07	
05.	09:50	
07.	15:48	
10.	00:59	
12.	12:34	
15.	01:23	
17.	14:19	
20.	02:02	
22.	11:05	
24.	16:33	
26.	18:33	
28.	18:17	
30.	17:36	

1956

Januar
01.	18:31	♌
03.	22:44	♍
06.	06:59	♎
08.	18:32	♏
11.	07:33	♐
13.	20:19	♑
16.	07:47	♒
18.	17:17	♓
21.	00:11	♈
23.	04:06	♉
25.	05:20	♊
27.	05:06	♋
29.	05:17	♌
31.	07:56	♍

Februar
02.	14:33	♎
05.	01:13	♏
07.	14:08	♐
10.	02:52	♑
12.	13:52	♒
14.	22:48	♓
17.	05:48	♈
19.	10:50	♉
21.	13:50	♊
23.	15:10	♋
25.	16:05	♌
27.	18:20	♍
29.	23:45	♎

März
03.	09:09	♏
05.	21:32	♐
08.	10:19	♑
10.	21:11	♒
13.	05:26	♓
15.	11:32	♈
17.	16:12	♉
19.	19:47	♊
21.	22:31	♋
24.	00:53	♌
26.	03:59	♍
28.	09:18	♎
30.	17:56	♏

April
02.	05:37	♐
04.	18:24	♑
07.	05:37	♒
09.	13:46	♓
11.	19:03	♈
13.	22:30	♉
16.	01:15	♊
18.	04:00	♋
20.	07:17	♌
22.	11:36	♍
24.	17:44	♎
27.	02:25	♏
29.	13:44	♐

Mai
02.	02:27	♑
04.	14:15	♒
06.	23:05	♓
09.	04:24	♈
11.	07:00	♉
13.	08:21	♊
15.	09:52	♋
17.	12:40	♌
19.	17:25	♍
22.	00:26	♎
24.	09:46	♏
26.	21:11	♐
29.	09:52	♑
31.	22:09	♒

Juni
03.	08:04	♓
05.	14:22	♈
07.	17:09	♉
09.	17:42	♊
11.	17:45	♋
13.	19:03	♌
15.	22:58	♍
18.	06:03	♎
20.	15:55	♏
23.	03:43	♐
25.	16:26	♑
28.	04:54	♒
30.	15:43	♓

Juli
02.	23:26	♈
05.	03:26	♉
07.	04:20	♊
09.	03:42	♋
11.	03:34	♌
13.	05:54	♍
15.	11:56	♎
17.	21:38	♏
20.	09:40	♐
22.	22:28	♑
25.	10:50	♒
27.	21:54	♓
30.	06:40	♈

August
01.	12:16	♉
03.	14:32	♊
05.	14:27	♋
07.	13:50	♌
09.	14:50	♍
11.	19:20	♎
14.	03:59	♏
16.	15:47	♐
19.	04:38	♑
21.	16:47	♒
24.	03:30	♓
26.	12:23	♈
28.	18:59	♉
30.	22:51	♊

September
02.	00:14	♋
04.	00:20	♌
06.	01:04	♍
08.	04:26	♎
10.	11:46	♏
12.	22:46	♐
15.	11:28	♑
17.	23:34	♒
20.	09:47	♓
22.	18:01	♈
25.	00:25	♉
27.	04:59	♊
29.	07:49	♋

Oktober
01.	09:24	♌
03.	11:01	♍
05.	14:19	♎
07.	20:46	♏
10.	06:48	♐
12.	19:09	♑
15.	07:25	♒
17.	17:35	♓
20.	01:07	♈
22.	06:29	♉
24.	10:23	♊
26.	13:27	♋
28.	16:09	♌
30.	19:10	♍

November
01.	23:24	♎
04.	05:56	♏
06.	15:24	♐
09.	03:19	♑
11.	15:51	♒
14.	02:36	♓
16.	10:12	♈
18.	14:45	♉
20.	17:18	♊
22.	19:10	♋
24.	21:32	♌
27.	01:11	♍
29.	06:34	♎

Dezember
01.	13:59	♏
03.	23:36	♐
06.	11:16	♑
08.	23:57	♒
11.	11:37	♓
13.	20:16	♈
16.	01:06	♉
18.	02:52	♊
20.	03:11	♋
22.	03:56	♌
24.	06:39	♍
26.	12:09	♎
28.	20:20	♏
31.	06:37	♐

1957

Januar
02.	18:24	♋
05.	07:04	♌
07.	19:23	♍
10.	05:27	♎
12.	11:44	♏
14.	14:06	♐
16.	13:50	♑
18.	13:03	♒
20.	13:55	♓
22.	18:02	♈
25.	01:52	♉
27.	12:32	♊
30.	00:42	♋

Februar
01.	13:20	♌
04.	01:42	♍
06.	12:37	♎
08.	20:34	♏
11.	00:39	♐
13.	01:19	♑
15.	00:17	♒
16.	23:50	♓
19.	02:06	♈
21.	08:23	♉
23.	18:27	♊
26.	06:42	♋
28.	19:25	♌

März
03.	07:31	♍
05.	18:20	♎
08.	03:03	♏
10.	08:45	♐
12.	11:12	♑
14.	11:20	♒
16.	10:59	♓
18.	12:15	♈
20.	16:53	♉
23.	01:34	♊
25.	13:17	♋
28.	01:59	♌
30.	13:55	♍

April
02.	00:11	♎
04.	08:30	♏
06.	14:37	♐
08.	18:24	♑
10.	20:13	♒
12.	21:08	♓
14.	22:45	♈
17.	02:43	♉
19.	10:08	♊
21.	20:53	♋
24.	09:23	♌
26.	21:22	♍
29.	07:18	♎

Mai
01.	14:47	♏
03.	20:08	♐
05.	23:54	♑
08.	02:37	♒
10.	04:57	♓
12.	07:48	♈
14.	12:13	♉
16.	19:13	♊
19.	05:12	♋
21.	17:20	♌
24.	05:34	♍
26.	15:43	♎
28.	22:47	♏
31.	03:06	♐

Juni
02.	05:45	♑
04.	07:59	♒
06.	10:45	♓
08.	14:41	♈
10.	20:09	♉
13.	03:36	♊
15.	13:23	♋
18.	01:15	♌
20.	13:46	♍
23.	00:38	♎
25.	08:07	♏
27.	12:01	♐
29.	13:31	♑

Juli
01.	14:23	♒
03.	16:16	♓
05.	20:10	♈
08.	02:20	♉
10.	10:35	♊
12.	20:43	♋
15.	08:32	♌
17.	21:14	♍
20.	08:58	♎
22.	17:34	♏
24.	22:05	♐
26.	23:16	♑
28.	22:59	♒
30.	23:20	♓

August
02.	02:00	♈
04.	07:47	♉
06.	16:23	♊
09.	03:01	♋
11.	15:02	♌
14.	03:46	♍
16.	16:00	♎
19.	01:51	♏
21.	07:48	♐
23.	09:51	♑
25.	09:26	♒
27.	08:41	♓
29.	09:45	♈
31.	14:07	♉

September
02.	22:05	♊
05.	08:50	♋
07.	21:04	♌
10.	09:45	♍
12.	21:57	♎
15.	08:26	♏
17.	15:50	♐
19.	19:31	♑
21.	20:11	♒
23.	19:33	♓
25.	19:40	♈
27.	22:27	♉
30.	04:59	♊

Oktober
02.	15:04	♋
05.	03:17	♌
07.	15:57	♍
10.	03:48	♎
12.	14:01	♏
14.	21:54	♐
17.	02:59	♑
19.	05:23	♒
21.	06:03	♓
23.	06:31	♈
25.	08:33	♉
27.	13:41	♊
29.	22:32	♋

November
01.	10:18	♌
03.	22:59	♍
06.	10:38	♎
08.	20:09	♏
11.	03:24	♐
13.	08:36	♑
15.	12:07	♒
17.	14:25	♓
19.	16:17	♈
21.	18:52	♉
23.	23:29	♊
26.	07:16	♋
28.	18:16	♌

Dezember
01.	06:56	♍
03.	18:48	♎
06.	04:00	♏
08.	10:16	♐
10.	14:23	♑
12.	17:28	♒
14.	20:23	♓
16.	23:35	♈
19.	03:30	♉
21.	08:47	♊
23.	16:19	♋
26.	02:41	♌
28.	15:13	♍
31.	03:37	♎

1958

Januar
02.	13:21
04.	19:22
06.	22:21
08.	23:59
11.	01:52
13.	05:02
15.	09:49
17.	16:13
20.	00:22
22.	10:42
24.	23:03
27.	11:56
29.	22:47

Februar
01.	05:41
03.	08:38
05.	09:11
07.	09:23
09.	11:03
11.	15:11
13.	21:55
16.	06:51
18.	17:39
21.	06:02
23.	19:05
26.	06:52
28.	15:17

März
02.	19:27
04.	20:15
06.	19:35
08.	19:34
10.	21:56
13.	03:36
15.	12:28
17.	23:41
20.	12:17
23.	01:16
25.	13:20
27.	22:53
30.	04:46

April
01.	07:01
03.	06:54
05.	06:16
07.	07:07
09.	11:00
11.	18:41
14.	05:38
16.	18:23
19.	07:16
21.	19:03
24.	04:46
26.	11:44
28.	15:40
30.	17:06

Mai
02.	17:14
04.	17:43
06.	20:21
09.	02:29
11.	12:27
14.	00:58
16.	13:50
19.	01:14
21.	10:23
23.	17:14
25.	21:59
28.	00:55
30.	02:33

Juni
01.	03:54
03.	06:23
05.	11:34
07.	20:24
10.	08:20
12.	21:12
15.	08:31
17.	17:04
19.	23:04
22.	03:22
24.	06:42
26.	09:30
28.	12:12
30.	15:32

Juli
02.	20:44
05.	04:57
07.	16:18
10.	05:09
12.	16:46
15.	01:15
17.	06:31
19.	09:42
21.	12:11
23.	14:57
25.	18:25
27.	22:53
30.	04:52

August
01.	13:11
04.	00:14
06.	13:04
09.	01:16
11.	10:25
13.	15:43
15.	18:07
17.	19:17
19.	20:50
21.	23:48
24.	04:38
26.	11:28
28.	20:25
31.	07:35

September
02.	20:24
05.	09:07
07.	19:22
10.	01:42
12.	04:19
14.	04:44
16.	04:49
18.	06:16
20.	10:13
22.	17:03
25.	02:33
27.	14:07
30.	02:58

Oktober
02.	15:50
05.	03:00
07.	10:51
09.	14:49
11.	15:44
13.	15:11
15.	15:09
17.	17:23
19.	23:04
22.	08:19
24.	20:10
27.	09:07
29.	21:49

November
01.	09:09
03.	18:02
05.	23:45
08.	02:16
10.	02:30
12.	02:03
14.	02:54
16.	06:53
18.	14:56
21.	02:28
23.	15:30
26.	04:00
28.	14:51
30.	23:41

Dezember
03.	06:18
05.	10:31
07.	12:28
09.	13:02
11.	13:46
13.	16:38
15.	23:12
18.	09:45
20.	22:38
23.	11:09
25.	21:33
28.	05:33
30.	11:41

1959

Januar
01. 16:21
03. 19:42
05. 21:56
07. 23:50
10. 02:52
12. 08:39
14. 18:09
17. 06:33
19. 19:16
22. 05:47
24. 13:13
26. 18:13
28. 21:54
31. 01:05

Februar
02. 04:11
04. 07:29
06. 11:40
08. 17:50
11. 02:55
13. 14:47
16. 03:39
18. 14:51
20. 22:38
23. 03:06
25. 05:29
27. 07:14

März
01. 09:33
03. 13:06
05. 18:16
08. 01:25
10. 10:53
12. 22:37
15. 11:30
17. 23:28
20. 08:22
22. 13:28
24. 15:27
26. 15:54
28. 16:31
30. 18:49

April
01. 23:41
04. 07:23
06. 17:33
09. 05:32
11. 18:25
14. 06:48
16. 16:55
18. 23:28
21. 02:19
23. 02:34
25. 01:59
27. 02:32
29. 05:55

Mai
01. 12:58
03. 23:19
06. 11:39
09. 00:34
11. 12:57
13. 23:40
16. 07:38
18. 12:06
20. 13:24
22. 12:51
24. 12:24
26. 14:09
28. 19:42
31. 05:18

Juni
02. 17:37
05. 06:35
07. 18:44
10. 05:19
12. 13:50
14. 19:42
16. 22:38
18. 23:14
20. 23:01
23. 00:00
25. 04:09
27. 12:28
30. 00:11

Juli
02. 13:05
05. 01:03
07. 11:08
09. 19:15
12. 01:26
14. 05:33
16. 07:42
18. 08:42
20. 10:05
22. 13:41
24. 20:53
27. 07:43
29. 20:23

August
01. 08:24
03. 18:09
06. 01:29
08. 06:56
10. 10:59
12. 13:58
14. 16:18
16. 18:53
18. 22:59
21. 05:51
23. 15:58
26. 04:18
28. 16:33
31. 02:33

September
02. 09:31
04. 13:56
06. 16:53
08. 19:20
10. 22:04
13. 01:43
15. 06:54
17. 14:16
20. 00:12
22. 12:16
25. 00:49
27. 11:36
29. 19:04

Oktober
01. 23:08
04. 00:54
06. 01:54
08. 03:38
10. 07:12
12. 13:06
14. 21:20
17. 07:40
19. 19:40
22. 08:22
24. 20:03
27. 04:48
29. 09:41
31. 11:14

November
02. 11:02
04. 11:05
06. 13:14
08. 18:35
11. 03:10
13. 14:04
16. 02:16
18. 14:56
21. 03:04
23. 13:08
25. 19:41
27. 22:22
29. 22:12

Dezember
01. 21:11
03. 21:35
06. 01:16
08. 08:59
10. 19:56
13. 08:24
15. 21:00
18. 08:58
20. 19:29
23. 03:29
25. 08:01
27. 09:16
29. 08:38
31. 08:15

1960

Januar

02.	10:19	♒
04.	16:21	♓
07.	02:22	♈
09.	14:45	♉
12.	03:23	♊
14.	14:59	♋
17.	01:03	♌
19.	09:14	♍
21.	14:59	♎
23.	18:03	♏
25.	18:59	♐
27.	19:19	♑
29.	20:56	♒

Februar

01.	01:39	♓
03.	10:16	♈
05.	21:58	♉
08.	10:37	♊
10.	22:08	♋
13.	07:35	♌
15.	14:55	♍
17.	20:24	♎
20.	00:12	♏
22.	02:39	♐
24.	04:32	♑
26.	07:04	♒
28.	11:37	♓

März

01.	19:18	♈
04.	06:08	♉
06.	18:37	♊
09.	06:25	♋
11.	15:47	♌
13.	22:19	♍
16.	02:37	♎
18.	05:37	♏
20.	08:14	♐
22.	11:10	♑
24.	15:02	♒
26.	20:29	♓
29.	04:13	♈
31.	14:32	♉

April

03.	02:46	♊
05.	15:01	♋
08.	01:02	♌
10.	07:36	♍
12.	11:01	♎
14.	12:37	♏
16.	14:01	♐
18.	16:32	♑
20.	20:55	♒
23.	03:23	♓
25.	11:50	♈
27.	22:16	♉
30.	10:22	♊

Mai

02.	22:59	♋
05.	09:59	♌
07.	17:30	♍
09.	21:07	♎
11.	21:55	♏
13.	21:50	♐
15.	22:51	♑
18.	02:23	♒
20.	08:55	♓
22.	17:59	♈
25.	04:55	♉
27.	17:06	♊
30.	05:50	♋

Juni

01.	17:38	♌
04.	02:31	♍
06.	07:20	♎
08.	08:31	♏
10.	07:48	♐
12.	07:23	♑
14.	09:17	♒
16.	14:42	♓
18.	23:33	♈
21.	10:46	♉
23.	23:10	♊
26.	11:51	♋
28.	23:53	♌

Juli

01.	09:46	♍
03.	16:08	♎
05.	18:42	♏
07.	18:34	♐
09.	17:43	♑
11.	18:19	♒
13.	22:07	♓
16.	05:48	♈
18.	16:40	♉
21.	05:09	♊
23.	17:46	♋
26.	05:31	♌
28.	15:33	♍
30.	22:55	♎

August

02.	03:04	♏
04.	04:26	♐
06.	04:21	♑
08.	04:42	♒
10.	07:21	♓
12.	13:36	♈
14.	23:29	♉
17.	11:43	♊
20.	00:18	♋
22.	11:41	♌
24.	21:09	♍
27.	04:24	♎
29.	09:19	♏
31.	12:09	♐

September

02.	13:35	♑
04.	14:51	♒
06.	17:26	♓
08.	22:44	♈
11.	07:31	♉
13.	19:10	♊
16.	07:46	♋
18.	19:07	♌
21.	03:58	♍
23.	10:18	♎
25.	14:42	♏
27.	17:54	♐
29.	20:32	♑

Oktober

01.	23:14	♒
04.	02:46	♓
06.	08:09	♈
08.	16:16	♉
11.	03:18	♊
13.	15:55	♋
16.	03:40	♌
18.	12:32	♍
20.	18:06	♎
22.	21:16	♏
24.	23:28	♐
27.	01:57	♑
29.	05:26	♒
31.	10:11	♓

November

02.	16:27	♈
05.	00:44	♉
07.	11:26	♊
09.	23:59	♋
12.	12:24	♌
14.	22:07	♍
17.	03:53	♎
19.	06:17	♏
21.	07:02	♐
23.	08:04	♑
25.	10:49	♒
27.	15:51	♓
29.	22:59	♈

Dezember

02.	08:01	♉
04.	18:52	♊
07.	07:21	♋
09.	20:13	♌
12.	07:10	♍
14.	14:13	♎
16.	17:07	♏
18.	17:16	♐
20.	16:48	♑
22.	17:47	♒
24.	21:34	♓
27.	04:30	♈
29.	14:01	♉

1961

Januar
01. 01:22
03. 13:54
06. 02:48
08. 14:31
10. 23:09
13. 03:40
15. 04:41
17. 03:55
19. 03:32
21. 05:26
23. 10:51
25. 19:50
28. 07:22
30. 20:05

Februar
02. 08:48
04. 20:27
07. 05:51
09. 12:01
11. 14:50
13. 15:14
15. 14:53
17. 15:41
19. 19:21
22. 02:51
24. 13:49
27. 02:34

März
01. 15:12
04. 02:21
06. 11:24
08. 18:04
10. 22:19
13. 00:29
15. 01:26
17. 02:32
19. 05:25
21. 11:32
23. 21:22
26. 09:48
28. 22:30
31. 09:21

April
02. 17:36
04. 23:34
07. 03:52
09. 07:03
11. 09:31
13. 11:55
15. 15:16
17. 20:55
20. 05:50
22. 17:43
25. 06:31
27. 17:34
30. 01:27

Mai
02. 06:25
04. 09:40
06. 12:24
08. 15:23
10. 18:56
12. 23:25
15. 05:34
17. 14:17
20. 01:45
22. 14:38
25. 02:18
27. 10:34
29. 15:11
31. 17:20

Juni
02. 18:45
04. 20:50
07. 00:23
09. 05:38
11. 12:40
13. 21:50
16. 09:16
18. 22:12
21. 10:32
23. 19:51
26. 01:05
28. 02:59
30. 03:18

Juli
02. 03:52
04. 06:12
06. 11:01
08. 18:27
11. 04:13
13. 15:56
16. 04:55
18. 17:39
21. 04:05
23. 10:42
25. 13:29
27. 13:41
29. 13:13
31. 13:56

August
02. 17:19
05. 00:04
07. 09:56
09. 21:59
12. 11:00
14. 23:44
17. 10:44
19. 18:44
21. 23:07
24. 00:25
26. 00:02
27. 23:49
30. 01:37

September
01. 06:52
03. 16:00
06. 04:01
08. 17:05
11. 05:33
13. 16:23
16. 00:54
18. 06:42
20. 09:43
22. 10:36
24. 10:40
26. 11:42
28. 15:31
30. 23:19

Oktober
03. 10:43
05. 23:45
08. 12:04
10. 22:19
13. 06:21
15. 12:24
17. 16:37
19. 19:10
21. 20:36
23. 22:07
26. 01:24
28. 08:03
30. 18:30

November
02. 07:17
04. 19:42
07. 05:40
09. 12:51
11. 17:59
13. 21:59
16. 01:18
18. 04:10
20. 07:03
22. 10:59
24. 17:20
27. 03:01
29. 15:25

Dezember
02. 04:08
04. 14:30
06. 21:25
09. 01:31
11. 04:11
13. 06:41
15. 09:44
17. 13:39
19. 18:47
22. 01:50
24. 11:26
26. 23:29
29. 12:26
31. 23:42

1962

Januar
03.	07:23	♒
05.	11:24	♓
07.	12:59	♈
09.	13:53	♉
11.	15:34	♊
13.	19:01	♋
16.	00:42	♌
18.	08:39	♍
20.	18:50	♎
23.	06:53	♏
25.	19:52	♐
28.	07:54	♑
30.	16:59	♒

Februar
01.	22:10	♓
03.	23:57	♈
05.	23:53	♉
07.	23:50	♊
10.	01:35	♋
12.	06:18	♌
14.	14:20	♍
17.	01:04	♎
19.	13:26	♏
22.	02:22	♐
24.	14:36	♑
27.	00:46	♒

März
01.	07:38	♓
03.	10:52	♈
05.	11:16	♉
07.	10:32	♊
09.	10:40	♋
11.	13:35	♌
13.	20:25	♍
16.	06:56	♎
18.	19:33	♏
21.	08:28	♐
23.	20:29	♑
26.	06:49	♒
28.	14:46	♓
30.	19:43	♈

April
01.	21:42	♉
03.	21:41	♊
05.	21:25	♋
07.	22:59	♌
10.	04:12	♍
12.	13:36	♎
15.	01:57	♏
17.	14:54	♐
20.	02:37	♑
22.	12:27	♒
24.	20:20	♓
27.	02:08	♈
29.	05:40	♉

Mai
01.	07:12	♊
03.	07:49	♋
05.	09:16	♌
07.	13:28	♍
09.	21:35	♎
12.	09:11	♏
14.	22:03	♐
17.	09:43	♑
19.	19:02	♒
22.	02:08	♓
24.	07:31	♈
26.	11:29	♉
28.	14:15	♊
30.	16:17	♋

Juni
01.	18:40	♌
03.	22:56	♍
06.	06:23	♎
08.	17:12	♏
11.	05:51	♐
13.	17:45	♑
16.	03:03	♒
18.	09:30	♓
20.	13:49	♈
22.	16:59	♉
24.	19:43	♊
26.	22:34	♋
29.	02:09	♌

Juli
01.	07:19	♍
03.	14:55	♎
06.	01:22	♏
08.	13:48	♐
11.	02:05	♑
13.	12:00	♒
15.	18:32	♓
17.	22:07	♈
20.	00:00	♉
22.	01:34	♊
24.	03:57	♋
26.	07:57	♌
28.	14:00	♍
30.	22:21	♎

August
02.	08:57	♏
04.	21:17	♐
07.	09:56	♑
09.	20:48	♒
12.	04:18	♓
14.	08:07	♈
16.	09:17	♉
18.	09:25	♊
20.	10:20	♋
22.	13:28	♌
24.	19:34	♍
27.	04:30	♎
29.	15:36	♏

September
01.	04:01	♐
03.	16:46	♑
06.	04:26	♒
08.	13:20	♓
10.	18:26	♈
12.	20:02	♉
14.	19:33	♊
16.	19:00	♋
18.	20:29	♌
21.	01:26	♍
23.	10:07	♎
25.	21:31	♏
28.	10:08	♐
30.	22:49	♑

Oktober
03.	10:40	♒
05.	20:35	♓
08.	03:22	♈
10.	06:29	♉
12.	06:41	♊
14.	05:43	♋
16.	05:50	♌
18.	09:05	♍
20.	16:30	♎
23.	03:31	♏
25.	16:14	♐
28.	04:49	♑
30.	16:19	♒

November
02.	02:17	♓
04.	10:02	♈
06.	14:52	♉
08.	16:45	♊
10.	16:45	♋
12.	16:43	♌
14.	18:49	♍
17.	00:40	♎
19.	10:33	♏
21.	22:58	♐
24.	11:33	♑
26.	22:43	♒
29.	08:00	♓

Dezember
01.	15:26	♈
03.	20:53	♉
06.	00:17	♊
08.	01:59	♋
10.	03:07	♌
12.	05:21	♍
14.	10:20	♎
16.	18:59	♏
19.	06:41	♐
21.	19:18	♑
24.	06:33	♒
26.	15:19	♓
28.	21:42	♈
31.	02:20	♉

1963

Januar
02.	05:48	♐
04.	08:34	♑
06.	11:14	♒
08.	14:41	♓
10.	20:01	♈
13.	04:07	♉
15.	15:05	♊
18.	03:35	♋
20.	15:20	♌
23.	00:24	♍
25.	06:14	♎
27.	09:35	♏
29.	11:44	♐
31.	13:55	♑

Februar
02.	17:03	♒
04.	21:40	♓
07.	04:06	♈
09.	12:36	♉
11.	23:18	♊
14.	11:38	♋
16.	23:57	♌
19.	10:00	♍
21.	16:23	♎
23.	19:17	♏
25.	20:05	♐
27.	20:38	♑

März
01.	22:39	♒
04.	03:08	♓
06.	10:15	♈
08.	19:34	♉
11.	06:35	♊
13.	18:51	♋
16.	07:27	♌
18.	18:35	♍
21.	02:21	♎
23.	06:04	♏
25.	06:38	♐
27.	05:57	♑
29.	06:13	♒
31.	09:13	♓

April
02.	15:45	♈
05.	01:20	♉
07.	12:49	♊
10.	01:14	♋
12.	13:48	♌
15.	01:27	♍
17.	10:34	♎
19.	15:53	♏
21.	17:30	♐
23.	16:51	♑
25.	16:06	♒
27.	17:27	♓
29.	22:25	♈

Mai
02.	07:13	♉
04.	18:42	♊
07.	07:16	♋
09.	19:42	♌
12.	07:13	♍
14.	16:51	♎
16.	23:32	♏
19.	02:48	♐
21.	03:21	♑
23.	02:53	♒
25.	03:29	♓
27.	06:58	♈
29.	14:22	♉

Juni
01.	01:09	♊
03.	13:38	♋
06.	02:01	♌
08.	13:07	♍
10.	22:22	♎
13.	05:21	♏
15.	09:46	♐
17.	11:54	♑
19.	12:44	♒
21.	13:46	♓
23.	16:44	♈
25.	22:56	♉
28.	08:41	♊
30.	20:48	♋

Juli
03.	09:11	♌
05.	20:03	♍
08.	04:36	♎
10.	10:53	♏
12.	15:16	♐
14.	18:15	♑
16.	20:27	♒
18.	22:45	♓
21.	02:15	♈
23.	08:06	♉
25.	17:02	♊
28.	04:38	♋
30.	17:08	♌

August
02.	04:12	♍
04.	12:25	♎
06.	17:46	♏
08.	21:07	♐
10.	23:37	♑
13.	02:16	♒
15.	05:39	♓
17.	10:17	♈
19.	16:40	♉
22.	01:25	♊
24.	12:39	♋
27.	01:15	♌
29.	12:57	♍
31.	21:37	♎

September
03.	02:37	♏
05.	04:52	♐
07.	06:02	♑
09.	07:45	♒
11.	11:08	♓
13.	16:30	♈
15.	23:47	♉
18.	08:59	♊
20.	20:10	♋
23.	08:50	♌
25.	21:15	♍
28.	07:03	♎
30.	12:47	♏

Oktober
02.	14:48	♐
04.	14:50	♑
06.	14:58	♒
08.	17:01	♓
10.	21:54	♈
13.	05:34	♉
15.	15:24	♊
18.	02:52	♋
20.	15:32	♌
23.	04:21	♍
25.	15:20	♎
27.	22:36	♏
30.	01:40	♐

November
01.	01:42	♑
03.	00:48	♒
05.	01:08	♓
07.	04:24	♈
09.	11:14	♉
11.	21:07	♊
14.	08:57	♋
16.	21:40	♌
19.	10:23	♍
21.	21:51	♎
24.	06:32	♏
26.	11:25	♐
28.	12:49	♑
30.	12:14	♒

Dezember
02.	11:44	♓
04.	13:20	♈
06.	18:26	♉
09.	03:21	♊
11.	15:04	♋
14.	03:53	♌
16.	16:21	♍
19.	03:29	♎
21.	12:28	♏
23.	18:41	♐
25.	21:57	♑
27.	22:58	♒
29.	23:07	♓

1964

Januar
01.	00:09	♐
03.	03:48	♑
05.	11:10	♒
07.	22:04	♓
10.	10:49	♈
12.	23:14	♉
15.	09:48	♊
17.	18:04	♋
20.	00:10	♌
22.	04:23	♍
24.	07:05	♎
26.	08:51	♏
28.	10:45	♐
30.	14:09	♑

Februar
01.	20:25	♒
04.	06:12	♓
06.	18:35	♈
09.	07:11	♉
11.	17:39	♊
14.	01:09	♋
16.	06:10	♌
18.	09:45	♍
20.	12:48	♎
22.	15:49	♏
24.	19:11	♐
26.	23:30	♑
29.	05:46	♒

März
02.	14:54	♓
05.	02:47	♈
07.	15:35	♉
10.	02:36	♊
12.	10:05	♋
14.	14:15	♌
16.	16:30	♍
18.	18:26	♎
20.	21:11	♏
23.	01:15	♐
25.	06:42	♑
27.	13:48	♒
29.	23:03	♓

April
01.	10:41	♈
03.	23:36	♉
06.	11:24	♊
08.	19:47	♋
11.	00:08	♌
13.	01:37	♍
15.	02:06	♎
17.	03:23	♏
19.	06:40	♐
21.	12:17	♑
23.	20:08	♒
26.	06:01	♓
28.	17:46	♈

Mai
01.	06:42	♉
03.	19:06	♊
06.	04:43	♋
08.	10:16	♌
10.	12:09	♍
12.	12:01	♎
14.	11:53	♏
16.	13:31	♐
18.	18:02	♑
21.	01:41	♒
23.	11:58	♓
26.	00:03	♈
28.	13:00	♉
31.	01:32	♊

Juni
02.	12:01	♋
04.	19:03	♌
06.	22:20	♍
08.	22:50	♎
10.	22:16	♏
12.	22:35	♐
15.	01:27	♑
17.	07:54	♒
19.	17:49	♓
22.	06:03	♈
24.	19:02	♉
27.	07:22	♊
29.	17:56	♋

Juli
02.	01:52	♌
04.	06:42	♍
06.	08:43	♎
08.	08:57	♏
10.	09:01	♐
12.	10:44	♑
14.	15:41	♒
17.	00:32	♓
19.	12:28	♈
22.	01:27	♉
24.	13:30	♊
26.	23:36	♋
29.	07:25	♌
31.	13:00	♍

August
02.	16:28	♎
04.	18:13	♏
06.	19:11	♐
08.	20:50	♑
11.	00:51	♒
13.	08:31	♓
15.	19:44	♈
18.	08:38	♉
20.	20:39	♊
23.	06:13	♋
25.	13:15	♌
27.	18:24	♍
29.	22:16	♎

September
01.	01:13	♏
03.	03:36	♐
05.	06:12	♑
07.	10:19	♒
09.	17:19	♓
12.	03:47	♈
14.	16:30	♉
17.	04:47	♊
19.	14:22	♋
21.	20:44	♌
24.	00:46	♍
26.	03:46	♎
28.	06:39	♏
30.	09:52	♐

Oktober
02.	13:42	♑
04.	18:44	♒
07.	01:57	♓
09.	12:02	♈
12.	00:32	♉
14.	13:15	♊
16.	23:33	♋
19.	06:05	♌
21.	09:24	♍
23.	11:03	♎
25.	12:37	♏
27.	15:14	♐
29.	19:25	♑

November
01.	01:24	♒
03.	09:25	♓
05.	19:43	♈
08.	08:06	♉
10.	21:08	♊
13.	08:28	♋
15.	16:10	♌
17.	19:57	♍
19.	20:58	♎
21.	21:04	♏
23.	21:59	♐
26.	01:02	♑
28.	06:54	♒
30.	15:31	♓

Dezember
03.	02:24	♈
05.	14:53	♉
08.	03:57	♊
10.	15:59	♋
13.	01:12	♌
15.	06:33	♍
17.	08:21	♎
19.	08:02	♏
21.	07:31	♐
23.	08:41	♑
25.	13:04	♒
27.	21:11	♓
30.	08:20	♈

1965

Januar
01.	21:06
04.	10:04
06.	22:06
09.	08:08
11.	15:10
13.	18:48
15.	19:35
17.	18:57
19.	18:55
21.	21:28
24.	04:01
26.	14:32
29.	03:21
31.	16:18

Februar
03.	03:56
05.	13:43
07.	21:24
10.	02:36
12.	05:14
14.	05:54
16.	06:05
18.	07:45
20.	12:45
22.	21:57
25.	10:17
27.	23:14

März
02.	10:38
04.	19:45
07.	02:49
09.	08:14
11.	12:03
13.	14:23
15.	15:55
17.	18:04
19.	22:32
22.	06:37
24.	18:07
27.	06:59
29.	18:32

April
01.	03:19
03.	09:29
05.	13:55
07.	17:24
09.	20:24
11.	23:14
14.	02:38
16.	07:42
18.	15:31
21.	02:24
23.	15:04
26.	03:02
28.	12:12
30.	18:04

Mai
02.	21:26
04.	23:39
07.	01:50
09.	04:47
11.	09:04
13.	15:10
15.	23:32
18.	10:20
20.	22:50
23.	11:14
25.	21:19
28.	03:48
30.	06:58

Juni
01.	08:05
03.	08:46
05.	10:33
07.	14:29
09.	21:04
12.	06:10
14.	17:20
17.	05:51
19.	18:29
22.	05:29
24.	13:16
26.	17:18
28.	18:20
30.	17:59

Juli
02.	18:11
04.	20:43
07.	02:38
09.	11:53
11.	23:29
14.	12:08
17.	00:45
19.	12:13
21.	21:14
24.	02:48
26.	04:53
28.	04:37
30.	03:55

August
01.	04:54
03.	09:20
05.	17:49
08.	05:22
10.	18:09
13.	06:37
15.	17:57
18.	03:27
20.	10:20
22.	14:04
24.	15:01
26.	14:36
28.	14:52
30.	17:54

September
02.	00:59
04.	11:51
07.	00:34
09.	12:56
11.	23:50
14.	08:56
16.	16:06
18.	21:01
20.	23:35
23.	00:30
25.	01:15
27.	03:47
29.	09:42

Oktober
01.	19:29
04.	07:48
06.	20:14
09.	06:54
11.	15:16
13.	21:40
16.	02:27
18.	05:51
20.	08:13
22.	10:21
24.	13:31
26.	19:09
29.	04:05
31.	15:49

November
03.	04:23
05.	15:21
07.	23:29
10.	04:54
12.	08:29
14.	11:13
16.	13:54
18.	17:10
20.	21:37
23.	03:56
25.	12:45
28.	00:03
30.	12:40

Dezember
03.	00:22
05.	09:11
07.	14:27
09.	16:57
11.	18:08
13.	19:35
15.	22:33
18.	03:40
20.	11:01
22.	20:27
25.	07:44
27.	20:17
30.	08:40

1966

Januar
01.	18:46	♍
04.	01:06	♎
06.	03:40	♏
08.	03:50	♐
10.	03:34	♑
12.	04:53	♒
14.	09:08	♓
16.	16:39	♈
19.	02:45	♉
21.	14:26	♊
24.	02:58	♋
26.	15:33	♌
29.	02:43	♍
31.	10:43	♎

Februar
02.	14:41	♏
04.	15:14	♐
06.	14:11	♑
08.	13:50	♒
10.	16:15	♓
12.	22:33	♈
15.	08:26	♉
17.	20:26	♊
20.	09:05	♋
22.	21:30	♌
25.	08:53	♍
27.	18:03	♎

März
01.	23:48	♏
04.	01:57	♐
06.	01:36	♑
08.	00:48	♒
10.	01:47	♓
12.	06:18	♈
14.	14:55	♉
17.	02:35	♊
19.	15:19	♋
22.	03:33	♌
24.	14:32	♍
26.	23:41	♎
29.	06:23	♏
31.	10:12	♐

April
02.	11:31	♑
04.	11:40	♒
06.	12:30	♓
08.	15:54	♈
10.	23:02	♉
13.	09:42	♊
15.	22:13	♋
18.	10:27	♌
20.	21:00	♍
23.	05:27	♎
25.	11:48	♏
27.	16:09	♐
29.	18:50	♑

Mai
01.	20:31	♒
03.	22:23	♓
06.	01:52	♈
08.	08:12	♉
10.	17:52	♊
13.	05:55	♋
15.	18:15	♌
18.	04:49	♍
20.	12:40	♎
22.	17:59	♏
24.	21:37	♐
27.	00:22	♑
29.	02:59	♒
31.	06:11	♓

Juni
02.	10:38	♈
04.	17:10	♉
07.	02:21	♊
09.	13:57	♋
12.	02:26	♌
14.	13:30	♍
16.	21:26	♎
19.	02:05	♏
21.	04:29	♐
23.	06:08	♑
25.	08:23	♒
27.	12:04	♓
29.	17:31	♈

Juli
02.	00:51	♉
04.	10:14	♊
06.	21:39	♋
09.	10:16	♌
11.	22:03	♍
14.	06:51	♎
16.	11:44	♏
18.	13:27	♐
20.	13:46	♑
22.	14:38	♒
24.	17:32	♓
26.	23:04	♈
29.	07:04	♉
31.	17:02	♊

August
03.	04:36	♋
05.	17:15	♌
08.	05:38	♍
10.	15:38	♎
12.	21:42	♏
14.	23:50	♐
16.	23:35	♑
18.	23:05	♒
21.	00:24	♓
23.	04:51	♈
25.	12:37	♉
27.	22:56	♊
30.	10:48	♋

September
01.	23:27	♌
04.	11:59	♍
06.	22:52	♎
09.	06:26	♏
11.	10:01	♐
13.	10:26	♑
15.	09:33	♒
17.	09:34	♓
19.	12:21	♈
21.	18:52	♉
24.	04:48	♊
26.	16:48	♋
29.	05:29	♌

Oktober
01.	17:47	♍
04.	04:43	♎
06.	13:12	♏
08.	18:25	♐
10.	20:27	♑
12.	20:29	♒
14.	20:21	♓
16.	21:59	♈
19.	02:55	♉
21.	11:41	♊
23.	23:20	♋
26.	12:03	♌
29.	00:06	♍
31.	10:28	♎

November
02.	18:43	♏
05.	00:36	♐
07.	04:10	♑
09.	05:54	♒
11.	06:53	♓
13.	08:36	♈
15.	12:37	♉
17.	20:03	♊
20.	06:53	♋
22.	19:31	♌
25.	07:37	♍
27.	17:31	♎
30.	00:50	♏

Dezember
02.	06:02	♐
04.	09:48	♑
06.	12:43	♒
08.	15:18	♓
10.	18:13	♈
12.	22:30	♉
15.	05:19	♊
17.	15:17	♋
20.	03:39	♌
22.	16:07	♍
25.	02:14	♎
27.	08:58	♏
29.	12:57	♐
31.	15:33	♑

1967

Januar

02.	18:04
04.	21:16
07.	01:28
09.	06:53
11.	14:05
13.	23:45
16.	11:48
19.	00:39
21.	11:38
23.	18:51
25.	22:20
27.	23:36
30.	00:33

Februar

01.	02:44
03.	06:55
05.	13:10
07.	21:17
10.	07:19
12.	19:17
15.	08:19
17.	20:16
20.	04:48
22.	09:04
24.	10:04
26.	09:44
28.	10:09

März

02.	12:53
04.	18:35
07.	03:03
09.	13:41
12.	01:53
14.	14:54
17.	03:19
19.	13:10
21.	19:04
23.	21:08
25.	20:56
27.	20:10
29.	21:08

April

01.	01:11
03.	08:49
05.	19:29
08.	07:57
10.	20:56
13.	09:15
15.	19:37
18.	02:54
20.	06:43
22.	07:41
24.	07:19
26.	07:27
28.	09:54
30.	15:57

Mai

03.	01:47
05.	14:10
08.	03:09
10.	15:08
13.	01:11
15.	08:49
17.	13:52
19.	16:31
21.	17:30
23.	18:06
25.	19:58
28.	00:44
30.	09:18

Juni

01.	21:07
04.	10:04
06.	21:52
09.	07:18
11.	14:19
13.	19:24
15.	22:58
18.	01:25
20.	03:20
22.	05:46
24.	10:11
26.	17:49
29.	04:53

Juli

01.	17:43
04.	05:39
06.	14:47
08.	20:58
11.	01:07
13.	04:20
15.	07:17
17.	10:22
19.	13:59
21.	18:59
24.	02:28
26.	12:59
29.	01:40
31.	14:00

August

02.	23:32
05.	05:26
07.	08:36
09.	10:34
11.	12:44
13.	15:52
15.	20:18
18.	02:17
20.	10:18
22.	20:47
25.	09:21
27.	22:08
30.	08:34

September

01.	15:08
03.	18:07
05.	19:03
07.	19:44
09.	21:40
12.	01:43
14.	08:08
16.	16:53
19.	03:46
21.	16:20
24.	05:21
26.	16:45
29.	00:41

Oktober

01.	04:38
03.	05:34
05.	05:14
07.	05:32
09.	08:04
11.	13:45
13.	22:38
16.	09:58
18.	22:41
21.	11:38
23.	23:27
26.	08:40
28.	14:19
30.	16:31

November

01.	16:26
03.	15:51
05.	16:44
07.	20:45
10.	04:42
12.	15:58
15.	04:52
17.	17:40
20.	05:13
22.	14:47
24.	21:46
27.	01:48
29.	03:13

Dezember

01.	03:10
03.	03:25
05.	05:57
07.	12:19
09.	22:43
12.	11:32
15.	00:18
17.	11:23
19.	20:21
22.	03:21
24.	08:27
26.	11:36
28.	13:09
30.	14:11

1968

Januar

Tag	Zeit	Zeichen
01.	16:23	♑
03.	21:35	♒
06.	06:45	♓
08.	19:02	♈
11.	07:54	♉
13.	18:54	♊
16.	03:09	♋
18.	09:11	♌
20.	13:47	♍
22.	17:28	♎
24.	20:23	♏
26.	22:57	♐
29.	02:06	♑
31.	07:16	♒

Februar

Tag	Zeit	Zeichen
02.	15:39	♓
05.	03:15	♈
07.	16:09	♉
10.	03:34	♊
12.	11:50	♋
14.	17:02	♌
16.	20:21	♍
18.	22:59	♎
21.	01:48	♏
23.	05:12	♐
25.	09:37	♑
27.	15:42	♒

März

Tag	Zeit	Zeichen
01.	00:14	♓
03.	11:27	♈
06.	00:17	♉
08.	12:21	♊
10.	21:27	♋
13.	02:51	♌
15.	05:23	♍
17.	06:33	♎
19.	07:53	♏
21.	10:34	♐
23.	15:16	♑
25.	22:15	♒
28.	07:32	♓
30.	18:55	♈

April

Tag	Zeit	Zeichen
02.	07:40	♉
04.	20:13	♊
07.	06:28	♋
09.	13:04	♌
11.	16:01	♍
13.	16:32	♎
15.	16:23	♏
17.	17:23	♐
19.	20:57	♑
22.	03:46	♒
24.	13:32	♓
27.	01:22	♈
29.	14:11	♉

Mai

Tag	Zeit	Zeichen
02.	02:50	♊
04.	13:54	♋
06.	21:58	♌
09.	02:21	♍
11.	03:30	♎
13.	02:53	♏
15.	02:31	♐
17.	04:22	♑
19.	09:53	♒
21.	19:14	♓
24.	07:15	♈
26.	20:12	♉
29.	08:43	♊
31.	19:53	♋

Juni

Tag	Zeit	Zeichen
03.	04:52	♌
05.	10:49	♍
07.	13:30	♎
09.	13:42	♏
11.	13:05	♐
13.	13:46	♑
15.	17:42	♒
18.	01:50	♓
20.	13:25	♈
23.	02:22	♉
25.	14:43	♊
28.	01:30	♋
30.	10:26	♌

Juli

Tag	Zeit	Zeichen
02.	17:10	♍
04.	21:20	♎
06.	23:05	♏
08.	23:24	♐
11.	00:03	♑
13.	03:03	♒
15.	09:51	♓
17.	20:30	♈
20.	09:13	♉
22.	21:31	♊
25.	07:55	♋
27.	16:10	♌
29.	22:32	♍

August

Tag	Zeit	Zeichen
01.	03:11	♎
03.	06:11	♏
05.	07:57	♐
07.	09:37	♑
09.	12:45	♒
11.	18:53	♓
14.	04:36	♈
16.	16:51	♉
19.	05:15	♊
21.	15:40	♋
23.	23:21	♌
26.	04:45	♍
28.	08:38	♎
30.	11:40	♏

September

Tag	Zeit	Zeichen
01.	14:22	♐
03.	17:19	♑
05.	21:27	♒
08.	03:49	♓
10.	13:06	♈
13.	00:54	♉
15.	13:28	♊
18.	00:25	♋
20.	08:15	♌
22.	12:59	♍
24.	15:39	♎
26.	17:30	♏
28.	19:44	♐
30.	23:11	♑

Oktober

Tag	Zeit	Zeichen
03.	04:21	♒
05.	11:35	♓
07.	21:07	♈
10.	08:43	♉
12.	21:23	♊
15.	09:08	♋
17.	17:58	♌
19.	23:05	♍
22.	01:05	♎
24.	01:32	♏
26.	02:13	♐
28.	04:43	♑
30.	09:54	♒

November

Tag	Zeit	Zeichen
01.	17:51	♓
04.	04:01	♈
06.	15:48	♉
09.	04:26	♊
11.	16:45	♋
14.	02:55	♌
16.	09:26	♍
18.	12:06	♎
20.	12:04	♏
22.	11:19	♐
24.	12:02	♑
26.	15:52	♒
28.	23:26	♓

Dezember

Tag	Zeit	Zeichen
01.	09:58	♈
03.	22:06	♉
06.	10:43	♊
08.	23:02	♋
11.	09:59	♌
13.	18:08	♍
15.	22:31	♎
17.	23:28	♏
19.	22:32	♐
21.	21:59	♑
24.	00:01	♒
26.	06:02	♓
28.	15:57	♈
31.	04:11	♉

1969

Januar

02.	16:53	♓
05.	04:55	♈
07.	15:42	♉
10.	00:32	♊
12.	06:32	♋
14.	09:19	♌
16.	09:39	♍
18.	09:17	♎
20.	10:20	♏
22.	14:43	♐
24.	23:13	♑
27.	10:53	♒
29.	23:36	♓

Februar

01.	11:29	♈
03.	21:40	♉
06.	06:00	♊
08.	12:18	♋
10.	16:23	♌
12.	18:28	♍
14.	19:30	♎
16.	21:03	♏
19.	00:48	♐
21.	08:02	♑
23.	18:41	♒
26.	07:11	♓
28.	19:12	♈

März

03.	05:07	♉
05.	12:34	♊
07.	17:56	♋
09.	21:48	♌
12.	00:40	♍
14.	03:09	♎
16.	06:04	♏
18.	10:27	♐
20.	17:20	♑
23.	03:12	♒
25.	15:18	♓
28.	03:37	♈
30.	13:54	♉

April

01.	21:03	♊
04.	01:22	♋
06.	03:57	♌
08.	06:04	♍
10.	08:46	♎
12.	12:41	♏
14.	18:13	♐
17.	01:43	♑
19.	11:28	♒
21.	23:17	♓
24.	11:51	♈
26.	22:57	♉
29.	06:44	♊

Mai

01.	10:50	♋
03.	12:19	♌
05.	12:57	♍
07.	14:28	♎
09.	18:04	♏
12.	00:09	♐
14.	08:28	♑
16.	18:41	♒
19.	06:30	♓
21.	19:12	♈
24.	07:07	♉
26.	16:07	♊
28.	21:05	♋
30.	22:30	♌

Juni

01.	22:07	♍
03.	22:03	♎
06.	00:13	♏
08.	05:36	♐
10.	14:06	♑
13.	00:48	♒
15.	12:52	♓
18.	01:35	♈
20.	13:53	♉
23.	00:03	♊
25.	06:31	♋
27.	08:59	♌
29.	08:44	♎

Juli

01.	07:49	♏
03.	08:26	♐
05.	12:16	♑
07.	19:53	♒
10.	06:31	♓
12.	18:47	♈
15.	07:29	♉
17.	19:42	♊
20.	05:20	♋
22.	14:04	♌
24.	18:10	♍
26.	19:09	♎
28.	18:34	♏
30.	18:30	♐

August

01.	20:54	♑
04.	03:02	♒
06.	12:49	♓
09.	00:57	♈
11.	13:38	♉
14.	01:32	♊
16.	11:51	♋
18.	19:54	♌
21.	01:12	♍
23.	03:49	♎
25.	04:36	♏
27.	05:03	♐
29.	06:57	♑
31.	11:50	♒

September

02.	20:23	♓
05.	07:57	♈
07.	20:36	♉
10.	08:20	♊
12.	18:01	♋
15.	01:25	♌
17.	06:42	♍
19.	10:14	♎
21.	12:31	♏
23.	14:22	♐
25.	16:55	♑
27.	21:29	♒
30.	05:05	♓

Oktober

02.	15:52	♈
05.	04:25	♉
07.	16:21	♊
10.	01:48	♋
12.	08:19	♌
14.	12:33	♍
16.	15:35	♎
18.	18:21	♏
20.	21:26	♐
23.	01:17	♑
25.	06:32	♒
27.	14:00	♓
30.	00:13	♈

November

01.	12:35	♉
04.	01:00	♊
06.	10:59	♋
08.	17:18	♌
10.	20:30	♍
12.	22:08	♎
14.	23:53	♏
17.	02:52	♐
19.	07:32	♑
21.	13:52	♒
23.	21:59	♓
26.	08:10	♈
28.	20:22	♉

Dezember

01.	09:14	♊
03.	20:17	♋
06.	03:30	♌
08.	06:43	♍
10.	07:20	♎
12.	07:27	♏
14.	08:56	♐
16.	12:56	♑
18.	19:35	♒
21.	04:28	♓
23.	15:08	♈
26.	03:21	♉
28.	16:20	♊
31.	04:18	♋

1970

Januar
02.	13:03	♎
04.	17:33	♏
06.	18:30	♐
08.	17:47	♑
10.	17:36	♒
12.	19:48	♓
15.	01:20	♈
17.	10:07	♉
19.	21:13	♊
22.	09:40	♋
24.	22:33	♌
27.	10:42	♍
29.	20:34	♎

Februar
01.	02:50	♏
03.	05:22	♐
05.	05:19	♑
07.	04:37	♒
09.	05:17	♓
11.	08:59	♈
13.	16:29	♉
16.	03:17	♊
18.	15:53	♋
21.	04:42	♌
23.	16:30	♍
26.	02:23	♎
28.	09:38	♏

März
02.	13:54	♐
04.	15:34	♑
06.	15:49	♒
08.	16:16	♓
10.	18:43	♈
13.	00:37	♉
15.	10:18	♊
17.	22:40	♋
20.	11:30	♌
22.	22:56	♍
25.	08:10	♎
27.	15:07	♏
29.	20:00	♐
31.	23:08	♑

April
03.	01:01	♒
05.	02:32	♓
07.	05:02	♈
09.	10:02	♉
11.	18:33	♊
14.	06:16	♋
16.	19:07	♌
19.	06:35	♍
21.	15:15	♎
23.	21:15	♏
26.	01:26	♐
28.	04:43	♑
30.	07:37	♒

Mai
02.	10:32	♓
04.	14:05	♈
06.	19:17	♉
09.	03:17	♊
11.	14:22	♋
14.	03:10	♌
16.	15:02	♍
18.	23:49	♎
21.	05:11	♏
23.	08:13	♐
25.	10:25	♑
27.	12:59	♒
29.	16:27	♓
31.	21:03	♈

Juni
03.	03:10	♉
05.	11:25	♊
07.	22:17	♋
10.	11:02	♌
12.	23:28	♍
15.	09:02	♎
17.	14:39	♏
19.	17:04	♐
21.	18:00	♑
23.	19:11	♒
25.	21:52	♓
28.	02:35	♈
30.	09:24	♉

Juli
02.	18:21	♊
05.	05:26	♋
07.	18:11	♌
10.	07:02	♍
12.	17:41	♎
15.	00:26	♏
17.	03:19	♐
19.	03:44	♑
21.	03:36	♒
23.	04:42	♓
25.	08:18	♈
27.	14:53	♉
30.	00:14	♊

August
01.	11:44	♋
04.	00:34	♌
06.	13:32	♍
09.	00:57	♎
11.	09:07	♏
13.	13:25	♐
15.	14:31	♑
17.	14:01	♒
19.	13:50	♓
21.	15:46	♈
23.	21:03	♉
26.	05:58	♊
28.	17:38	♋
31.	06:36	♌

September
02.	19:25	♍
05.	06:54	♎
07.	15:58	♏
09.	21:51	♐
12.	00:34	♑
14.	00:57	♒
16.	00:35	♓
18.	01:21	♈
20.	05:02	♉
22.	12:41	♊
24.	23:54	♋
27.	12:53	♌
30.	01:33	♍

Oktober
02.	12:35	♎
04.	21:31	♏
07.	04:10	♐
09.	08:26	♑
11.	10:30	♒
13.	11:12	♓
15.	11:59	♈
17.	14:43	♉
19.	20:59	♊
22.	07:12	♋
24.	19:57	♌
27.	08:37	♍
29.	19:15	♎

November
01.	03:24	♏
03.	09:32	♐
05.	14:11	♑
07.	17:33	♒
09.	19:52	♓
11.	21:50	♈
14.	00:48	♉
16.	06:23	♊
18.	15:36	♋
21.	03:50	♌
23.	16:39	♍
26.	03:25	♎
28.	11:02	♏
30.	16:06	♐

Dezember
02.	19:45	♑
04.	22:55	♒
07.	02:03	♓
09.	05:24	♈
11.	09:33	♉
13.	15:32	♊
16.	00:21	♋
18.	12:04	♌
21.	01:01	♍
23.	12:27	♎
25.	20:28	♏
28.	01:01	♐
30.	03:24	♑

1971

Januar
01. 05:08 ♒
03. 07:26 ♓
05. 11:00 ♈
07. 16:08 ♉
09. 23:09 ♊
12. 08:24 ♋
14. 19:57 ♌
17. 08:53 ♍
19. 21:04 ♎
22. 06:16 ♏
24. 11:33 ♐
26. 13:36 ♑
28. 14:01 ♒
30. 14:36 ♓

Februar
01. 16:48 ♈
03. 21:34 ♉
06. 05:07 ♊
08. 15:06 ♋
11. 02:58 ♌
13. 15:50 ♍
16. 04:22 ♎
18. 14:45 ♏
20. 21:37 ♐
23. 00:43 ♑
25. 01:05 ♒
27. 00:30 ♓

März
01. 00:54 ♈
03. 04:01 ♉
05. 10:47 ♊
07. 20:55 ♋
10. 09:10 ♌
12. 22:06 ♍
15. 10:31 ♎
17. 21:23 ♏
20. 05:37 ♐
22. 10:29 ♑
24. 12:07 ♒
26. 11:45 ♓
28. 11:15 ♈
30. 12:43 ♉

April
01. 17:51 ♊
04. 03:05 ♋
06. 15:16 ♌
09. 04:17 ♍
11. 16:28 ♎
14. 03:03 ♏
16. 11:38 ♐
18. 17:46 ♑
20. 21:08 ♒
22. 22:08 ♓
24. 22:06 ♈
26. 22:58 ♉
29. 02:43 ♊

Mai
01. 10:34 ♋
03. 22:03 ♌
06. 10:59 ♍
08. 23:03 ♎
11. 09:08 ♏
13. 17:09 ♐
15. 23:19 ♑
18. 03:39 ♒
20. 06:11 ♓
22. 07:31 ♈
24. 09:01 ♉
26. 12:26 ♊
28. 19:16 ♋
31. 05:48 ♌

Juni
02. 18:26 ♍
05. 06:36 ♎
07. 16:28 ♏
09. 23:45 ♐
12. 05:03 ♑
14. 09:01 ♒
16. 12:06 ♓
18. 14:39 ♈
20. 17:24 ♉
22. 21:30 ♊
25. 04:12 ♋
27. 14:06 ♌
30. 02:22 ♍

Juli
02. 14:46 ♎
05. 00:59 ♏
07. 08:03 ♐
09. 12:26 ♑
11. 15:14 ♒
13. 17:32 ♓
15. 20:10 ♈
17. 23:47 ♉
20. 04:56 ♊
22. 12:16 ♋
24. 22:09 ♌
27. 10:12 ♍
29. 22:50 ♎

August
01. 09:49 ♏
03. 17:32 ♐
05. 21:47 ♑
07. 23:34 ♒
10. 00:27 ♓
12. 01:55 ♈
14. 05:10 ♉
16. 10:50 ♊
18. 18:57 ♋
21. 05:19 ♌
23. 17:22 ♍
26. 06:09 ♎
28. 17:56 ♏
31. 02:54 ♐

September
02. 08:04 ♑
04. 09:51 ♒
06. 09:43 ♓
08. 09:37 ♈
10. 11:25 ♉
12. 16:21 ♊
15. 00:38 ♋
17. 11:29 ♌
19. 23:47 ♍
22. 12:33 ♎
25. 00:43 ♏
27. 10:53 ♐
29. 17:39 ♑

Oktober
01. 20:37 ♒
03. 20:40 ♓
05. 19:42 ♈
07. 19:53 ♉
09. 23:10 ♊
12. 06:30 ♋
14. 17:16 ♌
17. 05:47 ♍
19. 18:31 ♎
22. 06:31 ♏
24. 17:05 ♐
27. 01:11 ♑
29. 05:57 ♒
31. 07:26 ♓

November
02. 06:55 ♈
04. 06:27 ♉
06. 08:15 ♊
08. 13:56 ♋
10. 23:44 ♌
13. 12:05 ♍
16. 00:49 ♎
18. 12:30 ♏
20. 22:36 ♐
23. 06:52 ♑
25. 12:48 ♒
27. 16:04 ♓
29. 17:08 ♈

Dezember
01. 17:25 ♉
03. 18:51 ♊
05. 23:17 ♋
08. 07:40 ♌
10. 19:19 ♍
13. 08:01 ♎
15. 19:37 ♏
18. 05:07 ♐
20. 12:32 ♑
22. 18:10 ♒
24. 22:09 ♓
27. 00:45 ♈
29. 02:38 ♉
31. 05:01 ♊

1972

Januar

02.	09:22
04.	16:50
07.	03:33
09.	16:03
12.	03:57
14.	13:26
16.	20:04
19.	00:28
21.	03:35
23.	06:17
25.	09:14
27.	13:01
29.	18:21

Februar

01.	01:56
03.	12:06
06.	00:18
08.	12:38
10.	22:50
13.	05:36
15.	09:11
17.	10:51
19.	12:11
21.	14:35
23.	18:52
26.	01:15
28.	09:39

März

01.	19:59
04.	08:00
06.	20:36
09.	07:49
11.	15:43
13.	19:39
15.	20:37
17.	20:27
19.	21:12
22.	00:26
24.	06:46
26.	15:48
29.	02:42
31.	14:48

April

03.	03:27
05.	15:20
08.	00:37
10.	05:58
12.	07:32
14.	06:54
16.	06:16
18.	07:46
20.	12:46
22.	21:24
25.	08:34
27.	20:56
30.	09:31

Mai

02.	21:29
05.	07:35
07.	14:28
09.	17:35
11.	17:47
13.	16:57
15.	17:16
17.	20:38
20.	03:56
22.	14:36
25.	03:01
27.	15:33
30.	03:13

Juni

01.	13:15
03.	20:52
06.	01:27
08.	03:15
10.	03:24
12.	03:45
14.	06:10
16.	12:03
18.	21:39
21.	09:43
23.	22:14
26.	09:36
28.	19:02

Juli

01.	02:18
03.	07:22
05.	10:25
07.	12:05
09.	13:29
11.	16:05
13.	21:16
16.	05:49
18.	17:15
21.	05:46
23.	17:10
26.	02:07
28.	08:29
30.	12:50

August

01.	15:57
03.	18:33
05.	21:18
08.	00:56
10.	06:23
12.	14:27
15.	01:19
17.	13:49
20.	01:38
22.	10:43
24.	16:28
26.	19:40
28.	21:43
30.	23:56

September

02.	03:11
04.	07:54
06.	14:15
08.	22:36
11.	09:15
13.	21:42
16.	10:07
18.	20:04
21.	02:09
23.	04:44
25.	05:27
27.	06:14
29.	08:39

Oktober

01.	13:25
03.	20:31
06.	05:35
08.	16:27
11.	04:52
13.	17:44
16.	04:51
18.	12:12
20.	15:22
22.	15:37
24.	15:02
26.	15:44
28.	19:14
31.	01:59

November

02.	11:27
04.	22:46
07.	11:16
10.	00:11
12.	12:02
14.	20:56
17.	01:44
19.	02:53
21.	02:05
23.	01:31
25.	03:12
27.	08:24
29.	17:15

Dezember

02.	04:42
04.	17:22
07.	06:06
09.	17:53
12.	03:33
14.	09:59
16.	12:59
18.	13:24
20.	12:57
22.	13:34
24.	17:02
27.	00:21
29.	11:10
31.	23:51

1973

Januar
03. 12:30
05. 23:47
08. 09:03
10. 15:57
12. 20:24
14. 22:41
16. 23:39
19. 00:40
21. 03:23
23. 09:16
25. 18:52
28. 07:10
30. 19:54

Februar
02. 06:55
04. 15:22
06. 21:29
09. 01:53
11. 05:10
13. 07:44
15. 10:12
17. 13:31
19. 18:58
22. 03:35
24. 15:14
27. 04:04

März
01. 15:22
03. 23:31
06. 04:37
08. 07:51
10. 10:31
12. 13:29
14. 17:07
16. 21:42
19. 03:48
21. 12:15
23. 23:26
26. 12:16
29. 00:12
31. 08:55

April
02. 13:48
04. 15:58
06. 17:12
08. 19:04
10. 22:31
13. 03:47
15. 10:50
17. 19:51
20. 07:02
22. 19:49
25. 08:21
27. 18:10
29. 23:53

Mai
02. 02:01
04. 02:16
06. 02:35
08. 04:36
10. 09:13
12. 16:31
15. 02:09
17. 13:41
20. 02:30
22. 15:17
25. 02:05
27. 09:14
29. 12:28
31. 12:53

Juni
02. 12:21
04. 12:49
06. 15:51
08. 22:16
11. 07:52
13. 19:43
16. 08:37
18. 21:19
21. 08:29
23. 16:48
25. 21:37
27. 23:18
29. 23:08

Juli
01. 22:55
04. 00:31
06. 05:23
08. 14:05
11. 01:48
13. 14:45
16. 03:15
18. 14:07
20. 22:43
23. 04:41
25. 07:58
27. 09:10
29. 09:29
31. 10:34

August
02. 14:12
04. 21:35
07. 08:37
09. 21:30
12. 09:52
14. 20:14
17. 04:16
19. 10:14
21. 14:26
23. 17:08
25. 18:49
27. 20:33
29. 23:52

September
01. 06:17
03. 16:24
06. 05:01
08. 17:30
11. 03:40
13. 10:56
15. 15:59
17. 19:48
19. 23:01
22. 01:56
24. 04:58
26. 09:00
28. 15:18

Oktober
01. 00:47
03. 13:02
06. 01:49
08. 12:23
10. 19:29
12. 23:36
15. 02:09
17. 04:28
19. 07:25
21. 11:19
23. 16:28
25. 23:28
28. 08:57
30. 20:57

November
02. 09:58
04. 21:26
07. 05:19
09. 09:25
11. 10:59
13. 11:46
15. 13:20
17. 16:41
19. 22:15
22. 06:06
24. 16:11
27. 04:13
29. 17:17

Dezember
02. 05:32
04. 14:50
06. 20:08
08. 21:58
10. 21:52
12. 21:44
14. 23:20
17. 03:53
19. 11:44
21. 22:20
24. 10:41
26. 23:43
29. 12:10
31. 22:34

1974

Januar
03.	05:38	♏
05.	08:59	♐
07.	09:28	♑
09.	08:42	♒
11.	08:41	♓
13.	11:21	♈
15.	17:54	♉
18.	04:12	♊
20.	16:47	♋
23.	05:50	♌
25.	18:00	♍
28.	04:32	♎
30.	12:41	♏

Februar
01.	17:53	♐
03.	20:06	♑
05.	20:12	♒
07.	19:52	♓
09.	21:10	♈
12.	01:58	♉
14.	11:01	♊
16.	23:16	♋
19.	12:21	♌
22.	00:15	♍
24.	10:12	♎
26.	18:11	♏

März
01.	00:10	♐
03.	03:59	♑
05.	05:49	♒
07.	06:33	♓
09.	07:52	♈
11.	11:40	♉
13.	19:20	♊
16.	06:41	♋
18.	19:38	♌
21.	07:33	♍
23.	17:02	♎
26.	00:09	♏
28.	05:33	♐
30.	09:40	♑

April
01.	12:41	♒
03.	14:56	♓
05.	17:22	♈
07.	21:25	♉
10.	04:27	♊
12.	14:56	♋
15.	03:34	♌
17.	15:44	♍
20.	01:20	♎
22.	07:53	♏
24.	12:11	♐
26.	15:17	♑
28.	18:03	♒
30.	21:00	♓

Mai
03.	00:39	♈
05.	05:43	♉
07.	13:05	♊
09.	23:15	♋
12.	11:34	♌
15.	00:03	♍
17.	10:20	♎
19.	17:10	♏
21.	20:54	♐
23.	22:46	♑
26.	00:12	♒
28.	02:25	♓
30.	06:16	♈

Juni
01.	12:10	♉
03.	20:21	♊
06.	06:48	♋
08.	19:02	♌
11.	07:43	♍
13.	18:52	♎
16.	02:46	♏
18.	06:59	♐
20.	08:21	♑
22.	08:30	♒
24.	09:11	♓
26.	11:57	♈
28.	17:40	♉

Juli
01.	02:20	♊
03.	13:19	♋
06.	01:41	♌
08.	14:25	♍
11.	02:10	♎
13.	11:21	♏
15.	16:54	♐
17.	18:56	♑
19.	18:43	♒
21.	18:10	♓
23.	19:19	♈
25.	23:45	♉
28.	07:59	♊
30.	19:11	♋

August
02.	07:46	♌
04.	20:26	♍
07.	08:15	♎
09.	18:12	♏
12.	01:15	♐
14.	04:49	♑
16.	05:26	♒
18.	04:42	♓
20.	04:45	♈
22.	07:37	♉
24.	14:34	♊
27.	01:15	♋
29.	13:53	♌

September
01.	02:29	♍
03.	13:58	♎
05.	23:50	♏
08.	07:36	♐
10.	12:40	♑
12.	14:54	♒
14.	15:12	♓
16.	15:17	♈
18.	17:14	♉
20.	22:46	♊
23.	08:22	♋
25.	20:38	♌
28.	09:14	♍
30.	20:25	♎

Oktober
03.	05:39	♏
05.	13:00	♐
07.	18:30	♑
09.	22:03	♒
11.	23:56	♓
14.	01:11	♈
16.	03:23	♉
18.	08:14	♊
20.	16:44	♋
23.	04:20	♌
25.	16:57	♍
28.	04:13	♎
30.	12:59	♏

November
01.	19:23	♐
04.	00:01	♑
06.	03:30	♒
08.	06:18	♓
10.	08:58	♈
12.	12:23	♉
14.	17:39	♊
17.	01:42	♋
19.	12:39	♌
22.	01:11	♍
24.	12:59	♎
26.	22:05	♏
29.	03:58	♐

Dezember
01.	07:22	♑
03.	09:31	♒
05.	11:40	♓
07.	14:42	♈
09.	19:13	♉
12.	01:34	♊
14.	10:04	♋
16.	20:48	♌
19.	09:12	♍
21.	21:35	♎
24.	07:45	♏
26.	14:15	♐
28.	17:15	♑
30.	18:05	♒

1975

Januar

01.	18:32	♌
03.	20:21	♍
06.	00:39	♎
08.	07:39	♏
10.	16:58	♐
13.	04:03	♑
15.	16:23	♒
18.	05:03	♓
20.	16:21	♈
23.	00:23	♊
25.	04:20	♋
27.	05:00	♌
29.	04:14	♌
31.	04:13	♍

Februar

02.	06:53	♎
04.	13:10	♏
06.	22:42	♐
09.	10:16	♑
11.	22:45	♒
14.	11:22	♓
16.	23:09	♈
19.	08:35	♊
21.	14:18	♋
23.	16:13	♌
25.	15:37	♍
27.	14:38	♍

März

01.	15:33	♎
03.	20:05	♏
06.	04:39	♐
08.	16:09	♑
11.	04:49	♒
13.	17:18	♓
16.	04:52	♈
18.	14:43	♊
20.	21:48	♋
23.	01:31	♌
25.	02:21	♍
27.	01:51	♍
29.	02:08	♎
31.	05:10	♏

April

02.	12:08	♐
04.	22:45	♑
07.	11:17	♒
09.	23:44	♓
12.	10:53	♈
14.	20:14	♊
17.	03:27	♋
19.	08:14	♌
21.	10:42	♍
23.	11:41	♍
25.	12:39	♎
27.	15:20	♏
29.	21:08	♐

Mai

02.	06:34	♑
04.	18:34	♒
07.	07:03	♓
09.	18:03	♈
12.	02:44	♊
14.	09:08	♋
16.	13:38	♌
18.	16:45	♍
20.	19:05	♍
22.	21:25	♎
25.	00:51	♏
27.	06:31	♐
29.	15:09	♑

Juni

01.	02:32	♒
03.	15:01	♓
06.	02:19	♈
08.	10:49	♊
10.	16:21	♋
12.	19:45	♌
14.	22:11	♍
17.	00:41	♍
19.	03:59	♎
21.	08:34	♏
23.	14:56	♐
25.	23:33	♑
28.	10:33	♒
30.	23:02	♓

Juli

03.	10:54	♈
05.	19:58	♊
08.	01:23	♋
10.	03:50	♌
12.	04:55	♍
14.	06:21	♍
16.	09:23	♎
18.	14:32	♏
20.	21:46	♐
23.	06:56	♑
25.	17:58	♒
28.	06:27	♓
30.	18:53	♈

August

02.	05:02	♊
04.	11:17	♋
06.	13:44	♌
08.	13:53	♍
10.	13:51	♍
12.	15:30	♎
14.	19:59	♏
17.	03:25	♐
19.	13:09	♑
22.	00:32	♒
24.	13:02	♓
27.	01:45	♈
29.	12:53	♊
31.	20:35	♋

September

03.	00:08	♌
05.	00:29	♌
06.	23:38	♍
08.	23:46	♎
11.	02:41	♏
13.	09:11	♐
15.	18:51	♑
18.	06:32	♒
20.	19:07	♓
23.	07:43	♈
25.	19:13	♊
28.	04:07	♋
30.	09:20	♌

Oktober

02.	11:03	♌
04.	10:39	♍
06.	10:08	♎
08.	11:35	♏
10.	16:29	♐
13.	01:10	♑
15.	12:40	♒
18.	01:20	♓
20.	13:43	♈
23.	00:51	♊
25.	09:57	♋
27.	16:20	♌
29.	19:47	♌
31.	20:55	♍

November

02.	21:07	♎
04.	22:10	♏
07.	01:45	♐
09.	08:59	♑
11.	19:42	♒
14.	08:17	♓
16.	20:38	♈
19.	07:14	♊
21.	15:36	♋
23.	21:48	♌
26.	02:04	♌
28.	04:48	♍
30.	06:37	♎

Dezember

02.	08:33	♏
04.	11:58	♐
06.	18:12	♑
09.	03:52	♒
11.	16:06	♓
14.	04:39	♈
16.	15:12	♊
18.	22:49	♋
21.	03:54	♌
23.	07:28	♌
25.	10:27	♍
27.	13:28	♎
29.	16:53	♏
31.	21:16	♐

1976

Januar
03. 03:33
05. 12:35
08. 00:21
10. 13:10
13. 00:19
15. 08:00
17. 12:15
19. 14:25
21. 16:10
23. 18:48
25. 22:51
28. 04:24
30. 11:34

Februar
01. 20:46
04. 08:17
06. 21:13
09. 09:16
11. 17:59
13. 22:32
15. 23:59
18. 00:14
20. 01:14
22. 04:18
24. 09:54
26. 17:48
29. 03:42

März
02. 15:22
05. 04:18
07. 16:56
10. 02:59
12. 08:55
14. 10:59
16. 10:44
18. 10:17
20. 11:34
22. 15:48
24. 23:19
27. 09:34
29. 21:37

April
01. 10:34
03. 23:15
06. 10:06
08. 17:36
10. 21:16
12. 21:54
14. 21:14
16. 21:15
18. 23:43
21. 05:47
23. 15:28
26. 03:37
28. 16:37

Mai
01. 05:05
03. 15:53
06. 00:09
08. 05:21
10. 07:39
12. 08:03
14. 08:04
16. 09:31
18. 14:02
20. 22:27
23. 10:07
25. 23:07
28. 11:22
30. 21:39

Juni
02. 05:37
04. 11:21
06. 14:59
08. 16:58
10. 18:07
12. 19:45
14. 23:31
17. 06:43
19. 17:32
22. 06:21
24. 18:37
27. 04:29
29. 11:39

Juli
01. 16:46
03. 20:34
05. 23:33
08. 02:05
10. 04:49
12. 08:53
14. 15:36
17. 01:40
19. 14:11
22. 02:40
24. 12:39
26. 19:19
28. 23:23
31. 02:13

August
02. 04:55
04. 08:03
06. 11:54
08. 16:57
11. 00:00
13. 09:49
15. 22:05
18. 10:54
20. 21:34
23. 04:31
25. 08:04
27. 09:42
29. 11:05
31. 13:28

September
02. 17:29
04. 23:20
07. 07:11
09. 17:18
12. 05:30
14. 18:32
17. 06:07
19. 14:11
21. 18:16
23. 19:28
25. 19:34
27. 20:21
29. 23:13

Oktober
02. 04:49
04. 13:10
06. 23:50
09. 12:11
12. 01:14
14. 13:24
16. 22:49
19. 04:25
21. 06:26
23. 06:17
25. 05:49
27. 06:55
29. 11:05
31. 18:53

November
03. 05:46
05. 18:23
08. 07:21
10. 19:28
13. 05:36
15. 12:46
17. 16:34
19. 17:32
21. 17:03
23. 17:03
25. 19:30
28. 01:47
30. 12:01

Dezember
03. 00:41
05. 13:38
08. 01:21
10. 11:12
12. 18:55
15. 00:13
17. 03:01
19. 03:54
21. 04:12
23. 05:48
25. 10:36
27. 19:32
30. 07:43

1977

Januar
01.	20:43	♒
04.	08:12	♓
06.	17:20	♈
09.	00:23	♉
11.	05:48	♊
13.	09:44	♋
15.	12:18	♌
17.	14:02	♍
19.	16:12	♎
21.	20:30	♏
24.	04:19	♐
26.	15:41	♑
29.	04:37	♒
31.	16:20	♓

Februar
03.	01:11	♈
05.	07:17	♉
07.	11:36	♊
09.	15:04	♋
11.	18:11	♌
13.	21:14	♍
16.	00:45	♎
18.	05:45	♏
20.	13:22	♐
23.	00:06	♑
25.	12:50	♒
28.	01:02	♓

März
02.	10:25	♈
04.	16:19	♉
06.	19:34	♊
08.	21:37	♋
10.	23:42	♌
13.	02:40	♍
15.	06:59	♎
17.	13:06	♏
19.	21:23	♐
22.	08:05	♑
24.	20:39	♒
27.	09:16	♓
29.	19:40	♈

April
01.	02:25	♉
03.	05:39	♊
05.	06:40	♋
07.	07:08	♌
09.	08:40	♍
11.	12:24	♎
13.	18:49	♏
16.	03:52	♐
18.	15:02	♑
21.	03:37	♒
23.	16:25	♓
26.	03:43	♈
28.	11:52	♉
30.	16:13	♊

Mai
02.	17:24	♋
04.	16:59	♌
06.	16:54	♍
08.	18:59	♎
11.	00:29	♏
13.	09:29	♐
15.	21:04	♑
18.	09:50	♒
20.	22:35	♓
23.	10:13	♈
25.	19:31	♉
28.	01:28	♊
30.	03:57	♋

Juni
01.	03:54	♌
03.	03:07	♍
05.	03:44	♎
07.	07:35	♏
09.	15:34	♐
12.	02:56	♑
14.	15:50	♒
17.	04:28	♓
19.	15:53	♈
22.	01:29	♉
24.	08:35	♊
26.	12:42	♋
28.	14:02	♌
30.	13:48	♍

Juli
02.	13:56	♎
04.	16:31	♏
06.	23:03	♐
09.	09:33	♑
11.	22:15	♒
14.	10:50	♓
16.	21:51	♈
19.	06:58	♉
21.	14:09	♊
23.	19:13	♋
25.	22:04	♌
27.	23:15	♍
30.	00:04	♎

August
01.	02:23	♏
03.	07:54	♐
05.	17:18	♑
08.	05:29	♒
10.	18:04	♓
13.	04:57	♈
15.	13:26	♉
17.	19:49	♊
20.	00:35	♋
22.	04:03	♌
24.	06:30	♍
26.	08:41	♎
28.	11:46	♏
30.	17:11	♐

September
02.	01:52	♑
04.	13:27	♒
07.	02:03	♓
09.	13:14	♈
11.	21:34	♉
14.	03:07	♊
16.	06:45	♋
18.	09:28	♌
20.	12:04	♍
22.	15:12	♎
24.	19:30	♏
27.	01:40	♐
29.	10:21	♑

Oktober
01.	21:33	♒
04.	10:09	♓
06.	21:58	♈
09.	06:59	♉
11.	12:29	♊
13.	15:11	♋
15.	16:27	♌
17.	17:51	♍
19.	20:36	♎
22.	01:26	♏
24.	08:34	♐
26.	17:53	♑
29.	05:08	♒
31.	17:40	♓

November
03.	06:03	♈
05.	16:17	♉
07.	22:51	♊
10.	01:42	♋
12.	02:03	♌
14.	01:50	♍
16.	02:59	♎
18.	06:58	♏
20.	14:13	♐
23.	00:09	♑
25.	11:48	♒
28.	00:20	♓
30.	12:53	♈

Dezember
03.	00:05	♉
05.	08:18	♊
07.	12:33	♋
09.	13:22	♌
11.	12:26	♍
13.	11:59	♎
15.	14:09	♏
17.	20:11	♐
20.	05:54	♑
22.	17:51	♒
25.	06:30	♓
27.	18:52	♈
30.	06:13	♉

1978

Januar
01. 15:31
03. 21:35
06. 00:03
07. 23:55
09. 23:05
11. 23:50
14. 04:05
16. 12:30
19. 00:06
21. 12:50
24. 01:02
26. 11:56
28. 21:08
31. 04:04

Februar
02. 08:13
04. 09:50
06. 10:04
08. 10:47
10. 13:56
12. 20:50
15. 07:24
17. 19:56
20. 08:10
22. 18:39
25. 03:03
27. 09:28

März
01. 14:02
03. 16:58
05. 18:51
07. 20:45
10. 00:08
12. 06:18
14. 15:48
17. 03:49
19. 16:12
22. 02:49
24. 10:41
26. 16:01
28. 19:37
30. 22:23

April
02. 01:05
04. 04:20
06. 08:51
08. 15:21
11. 00:27
13. 11:59
16. 00:30
18. 11:44
20. 19:53
23. 00:39
25. 03:00
27. 04:27
29. 06:28

Mai
01. 09:59
03. 15:27
05. 22:52
08. 08:18
10. 19:41
13. 08:17
15. 20:15
18. 05:24
20. 10:39
22. 12:31
24. 12:41
26. 13:10
28. 15:36
30. 20:52

Juni
02. 04:50
04. 14:53
07. 02:30
09. 15:07
12. 03:35
14. 13:55
16. 20:28
18. 23:01
20. 22:52
22. 22:07
24. 22:57
27. 02:53
29. 10:21

Juli
01. 20:37
04. 08:33
06. 21:13
09. 09:44
11. 20:48
14. 04:47
16. 08:50
18. 09:33
20. 08:41
22. 08:26
24. 10:46
26. 16:50
29. 02:31
31. 14:28

August
03. 03:10
05. 15:29
08. 02:30
10. 11:11
12. 16:43
14. 19:03
16. 19:15
18. 19:04
20. 20:29
23. 01:06
25. 09:31
27. 20:59
30. 09:40

September
01. 21:46
04. 08:15
06. 16:38
08. 22:39
11. 02:20
13. 04:09
15. 05:09
17. 06:50
19. 10:43
21. 17:56
24. 04:31
26. 17:02
29. 05:11

Oktober
01. 15:17
03. 22:48
06. 04:07
08. 07:52
10. 10:42
12. 13:12
14. 16:06
16. 20:22
19. 03:05
21. 12:52
24. 01:04
26. 13:32
28. 23:51
31. 06:53

November
02. 11:03
04. 13:40
06. 16:04
08. 19:06
10. 23:11
13. 04:35
15. 11:45
17. 21:16
20. 09:09
22. 21:57
25. 09:07
27. 16:39
29. 20:23

Dezember
01. 21:44
03. 22:35
06. 00:36
08. 04:40
10. 10:50
12. 18:54
15. 04:50
17. 16:37
20. 05:34
22. 17:40
25. 02:32
27. 07:07
29. 08:15
31. 07:53

1979

Januar
02. 08:08
04. 10:41
06. 16:17
09. 00:42
11. 11:14
13. 23:16
16. 12:10
19. 00:40
21. 10:51
23. 17:08
25. 19:27
27. 19:12
29. 18:25
31. 19:11

Februar
02. 23:03
05. 06:33
07. 17:06
10. 05:25
12. 18:18
15. 06:37
17. 17:12
20. 00:51
22. 05:00
24. 06:12
26. 05:52
28. 05:54

März
02. 08:09
04. 13:58
06. 23:34
09. 11:47
12. 00:42
14. 12:42
16. 22:49
19. 06:38
21. 11:56
23. 14:52
25. 16:04
27. 16:47
29. 18:36
31. 23:08

April
03. 07:24
05. 18:58
08. 07:52
10. 19:45
13. 05:16
15. 12:18
17. 17:23
19. 21:02
21. 23:41
24. 01:51
26. 04:27
28. 08:48
30. 16:11

Mai
03. 02:56
05. 15:41
08. 03:48
10. 13:10
12. 19:25
14. 23:25
17. 02:26
19. 05:18
21. 08:30
23. 12:20
25. 17:28
28. 00:51
30. 11:08

Juni
01. 23:41
04. 12:12
06. 22:05
09. 04:15
11. 07:23
13. 09:06
15. 10:56
17. 13:52
19. 18:18
22. 00:23
24. 08:24
26. 18:47
29. 07:14

Juli
01. 20:08
04. 06:57
06. 13:56
08. 17:07
10. 17:59
12. 18:23
14. 19:57
16. 23:43
19. 05:59
21. 14:40
24. 01:30
26. 14:01
29. 03:06
31. 14:46

August
02. 23:05
05. 03:23
07. 04:28
09. 04:05
11. 04:10
13. 06:21
15. 11:41
17. 20:17
20. 07:28
22. 20:11
25. 09:13
27. 21:12
30. 06:39

September
01. 12:34
03. 14:59
05. 15:03
07. 14:29
09. 15:12
11. 18:54
14. 02:27
16. 13:25
19. 02:15
21. 15:11
24. 02:54
26. 12:36
28. 19:40
30. 23:49

Oktober
03. 01:23
05. 01:28
07. 01:45
09. 04:07
11. 10:09
13. 20:12
16. 08:51
18. 21:44
21. 09:02
23. 18:09
26. 01:11
28. 06:16
30. 09:29

November
01. 11:09
03. 12:16
05. 14:25
07. 19:24
10. 04:14
12. 16:20
15. 05:16
17. 16:29
20. 00:56
22. 07:01
24. 11:36
26. 15:17
28. 18:17
30. 20:54

Dezember
03. 00:02
05. 05:01
07. 13:09
10. 00:33
12. 13:29
15. 01:08
17. 09:36
19. 14:55
21. 18:13
23. 20:50
25. 23:40
28. 03:08
30. 07:32

1980

Januar
01.	13:29	♒
03.	21:47	♓
06.	08:48	♈
08.	21:38	♉
11.	09:55	♊
13.	19:17	♋
16.	00:51	♌
18.	03:25	♍
20.	04:33	♎
22.	05:52	♏
24.	08:31	♐
26.	13:11	♑
28.	20:02	♒
31.	05:08	♓

Februar
02.	16:21	♈
05.	05:04	♉
07.	17:46	♊
10.	04:19	♋
12.	11:12	♌
14.	14:20	♍
16.	14:54	♎
18.	14:42	♏
20.	15:35	♐
22.	18:58	♑
25.	01:34	♒
27.	11:10	♓
29.	22:53	♈

März
03.	11:40	♉
06.	00:22	♊
08.	11:38	♋
10.	20:02	♌
13.	00:45	♍
15.	02:10	♎
17.	01:41	♏
19.	01:13	♐
21.	02:47	♑
23.	07:55	♒
25.	16:58	♓
28.	04:52	♈
30.	17:49	♉

April
02.	06:21	♊
04.	17:35	♋
07.	03:43	♌
09.	09:59	♍
11.	13:07	♎
13.	13:40	♏
15.	13:11	♐
17.	13:41	♑
19.	17:11	♒
22.	00:52	♓
24.	12:12	♈
27.	01:09	♉
29.	13:35	♊

Mai
02.	00:22	♋
04.	09:14	♌
06.	16:04	♍
08.	20:33	♎
10.	22:44	♏
12.	23:24	♐
15.	00:07	♑
17.	02:52	♒
19.	09:14	♓
21.	19:32	♈
24.	08:11	♉
26.	20:37	♊
29.	07:05	♋
31.	15:14	♌

Juni
02.	21:29	♍
05.	02:10	♎
07.	05:23	♏
09.	07:30	♐
11.	09:22	♑
13.	12:29	♒
15.	18:22	♓
18.	03:47	♈
20.	15:55	♉
23.	04:26	♊
25.	15:02	♋
27.	22:46	♌
30.	04:04	♍

Juli
02.	07:48	♎
04.	10:46	♏
06.	13:30	♐
08.	16:33	♑
10.	20:44	♒
13.	03:03	♓
15.	12:11	♈
17.	23:55	♉
20.	12:33	♊
22.	23:42	♋
25.	07:45	♌
27.	12:34	♍
29.	15:11	♎
31.	16:53	♏

August
02.	18:55	♐
04.	22:10	♑
07.	03:12	♒
09.	10:23	♓
11.	19:54	♈
14.	07:32	♉
16.	20:15	♊
19.	08:08	♋
21.	17:11	♌
23.	22:32	♍
26.	00:43	♎
28.	01:11	♏
30.	01:41	♐

September
01.	03:50	♑
03.	08:39	♒
05.	16:22	♓
08.	02:31	♈
10.	14:22	♉
13.	03:06	♊
15.	15:28	♋
18.	01:45	♌
20.	08:31	♍
22.	11:27	♎
24.	11:37	♏
26.	10:53	♐
28.	10:21	♑
30.	13:46	♒

Oktober
02.	20:57	♓
05.	07:19	♈
07.	19:30	♉
10.	08:15	♊
12.	20:37	♋
15.	07:37	♌
17.	15:54	♍
19.	20:31	♎
21.	21:43	♏
23.	20:55	♐
25.	20:17	♑
27.	21:59	♒
30.	03:38	♓

November
01.	13:19	♈
04.	01:31	♉
06.	14:19	♊
09.	02:25	♋
11.	13:15	♌
13.	22:10	♍
16.	04:21	♎
18.	07:22	♏
20.	07:51	♐
22.	07:27	♑
24.	08:18	♒
26.	12:23	♓
28.	20:37	♈

Dezember
01.	08:13	♉
03.	21:00	♊
06.	08:57	♋
08.	19:12	♌
11.	03:36	♍
13.	10:03	♎
15.	14:21	♏
17.	16:36	♐
19.	17:39	♑
21.	19:03	♒
23.	22:34	♓
26.	05:32	♈
28.	16:05	♉
31.	04:36	♊

1981

Januar

02.	16:42	♐
05.	02:41	♑
07.	10:12	♒
09.	15:42	♓
11.	19:43	♈
13.	22:45	♉
16.	01:17	♊
18.	04:08	♋
20.	08:21	♌
22.	15:02	♍
25.	00:45	♎
27.	12:49	♏
30.	01:12	♐

Februar

01.	11:37	♑
03.	18:55	♒
05.	23:21	♓
08.	02:01	♈
10.	04:10	♉
12.	06:51	♊
14.	10:43	♋
16.	16:10	♌
18.	23:34	♍
21.	09:12	♎
23.	20:54	♏
26.	09:29	♐
28.	20:46	♑

März

03.	04:51	♒
05.	09:12	♓
07.	10:48	♈
09.	11:22	♉
11.	12:42	♊
13.	16:06	♋
15.	22:02	♌
18.	06:20	♍
20.	16:31	♎
23.	04:14	♏
25.	16:51	♐
28.	04:52	♑
30.	15:15	♒

April

01.	20:41	♓
03.	22:25	♈
05.	22:04	♉
07.	21:47	♊
09.	23:34	♋
12.	04:36	♌
14.	12:56	♍
16.	23:38	♎
19.	11:39	♏
22.	00:15	♐
24.	12:31	♑
26.	22:57	♒
29.	05:56	♓

Mai

01.	08:57	♈
03.	08:59	♉
05.	08:01	♊
07.	08:18	♋
09.	11:40	♌
11.	18:55	♍
14.	05:24	♎
16.	17:37	♏
19.	06:14	♐
21.	18:20	♑
24.	05:00	♒
26.	13:05	♓
28.	17:44	♈
30.	19:10	♉

Juni

01.	18:48	♊
03.	18:38	♋
05.	20:43	♌
08.	02:25	♍
10.	11:55	♎
12.	23:54	♏
15.	12:31	♐
18.	00:21	♑
20.	10:36	♒
22.	18:44	♓
25.	00:18	♈
27.	03:16	♉
29.	04:21	♊

Juli

01.	04:57	♋
03.	06:47	♌
05.	11:26	♍
07.	19:42	♎
10.	07:02	♏
12.	19:35	♐
15.	07:19	♑
17.	17:02	♒
20.	00:26	♓
22.	05:44	♈
24.	09:18	♉
26.	11:42	♊
28.	13:41	♋
30.	16:20	♌

August

01.	20:54	♍
04.	04:24	♎
06.	14:58	♏
09.	03:22	♐
11.	15:20	♑
14.	00:56	♒
16.	07:34	♓
18.	11:49	♈
20.	14:43	♉
22.	17:18	♊
24.	20:17	♋
27.	00:10	♌
29.	05:32	♍
31.	13:02	♎

September

02.	23:10	♏
05.	11:24	♐
07.	23:48	♑
10.	09:59	♒
12.	16:34	♓
14.	19:55	♈
16.	21:30	♉
18.	22:59	♊
21.	01:39	♋
23.	06:08	♌
25.	12:29	♍
27.	19:40	♎
30.	05:53	♏

Oktober

02.	17:59	♐
05.	06:49	♑
07.	18:01	♒
10.	01:32	♓
12.	05:01	♈
14.	05:43	♉
16.	05:41	♊
18.	06:52	♋
20.	10:34	♌
22.	17:05	♍
25.	01:56	♎
27.	12:38	♏
30.	00:48	♐

November

01.	13:46	♑
04.	01:51	♒
06.	10:52	♓
08.	15:39	♈
10.	16:44	♉
12.	15:59	♊
14.	15:37	♋
16.	17:32	♌
18.	22:53	♍
21.	07:33	♎
23.	18:36	♏
26.	07:00	♐
28.	19:53	♑

Dezember

01.	08:09	♒
03.	18:16	♓
06.	00:49	♈
08.	03:31	♉
10.	03:30	♊
12.	02:40	♋
14.	03:08	♌
16.	06:38	♍
18.	13:58	♎
21.	00:39	♏
23.	13:11	♐
26.	01:59	♑
28.	13:54	♒
31.	00:01	♓

1982

Januar
02. 07:33
04. 12:02
06. 13:49
08. 14:01
10. 14:21
12. 16:37
14. 22:17
17. 07:46
19. 20:00
22. 08:51
24. 20:25
27. 05:49
29. 12:58
31. 18:03

Februar
02. 21:20
04. 23:18
07. 00:50
09. 03:15
11. 08:02
13. 16:16
16. 03:45
18. 16:36
21. 04:15
23. 13:09
25. 19:17
27. 23:32

März
02. 02:50
04. 05:48
06. 08:50
08. 12:27
10. 17:34
13. 01:17
15. 12:03
18. 00:47
20. 12:53
22. 22:01
25. 03:37
27. 06:39
29. 09:44
31. 12:09

April
02. 15:36
04. 20:18
07. 02:26
09. 10:33
11. 21:07
14. 09:41
16. 22:18
19. 08:20
21. 14:23
23. 16:59
25. 17:48
27. 18:43
29. 21:09

Mai
02. 01:45
04. 08:32
06. 17:24
09. 04:17
11. 16:50
14. 05:44
16. 16:46
19. 00:04
21. 03:22
23. 03:54
25. 03:38
27. 04:27
29. 07:43
31. 14:02

Juni
02. 23:12
05. 10:31
07. 23:12
10. 12:08
12. 23:44
15. 08:20
17. 13:07
19. 14:34
21. 14:13
23. 13:57
25. 15:36
27. 20:30
30. 05:02

Juli
02. 16:25
05. 05:15
07. 18:03
10. 05:35
12. 14:49
14. 20:59
17. 00:03
19. 00:46
21. 00:35
23. 01:20
25. 04:45
27. 11:58
29. 22:48

August
01. 11:36
04. 00:17
06. 11:23
08. 20:21
11. 03:00
13. 07:22
15. 09:40
17. 10:40
19. 11:40
21. 14:22
23. 20:21
26. 06:11
28. 18:42
31. 07:23

September
02. 18:11
05. 02:24
07. 08:27
09. 12:57
11. 16:18
13. 18:46
15. 20:57
18. 00:03
20. 05:32
22. 14:30
25. 02:31
27. 14:21
30. 01:18

Oktober
02. 09:06
04. 14:09
06. 17:39
08. 20:39
10. 23:44
13. 03:09
15. 07:23
17. 13:20
19. 22:02
22. 09:38
24. 22:36
27. 10:12
29. 18:25
31. 23:04

November
03. 01:23
05. 02:59
07. 05:10
09. 08:40
11. 13:46
13. 20:42
16. 05:52
18. 17:21
21. 06:20
23. 18:43
26. 04:07
28. 09:31
30. 11:36

Dezember
02. 11:58
04. 12:26
06. 14:32
08. 19:11
11. 02:34
13. 12:27
16. 00:15
18. 13:12
21. 01:56
23. 12:34
25. 19:37
27. 22:49
29. 23:12
31. 22:33

1983

Januar

02.	22:49	♋
05.	01:44	♌
07.	08:16	♍
09.	18:14	♎
12.	06:26	♏
14.	19:26	♐
17.	08:02	♑
19.	19:08	♒
22.	03:36	♓
24.	08:40	♈
26.	10:28	♉
28.	10:10	♊
30.	09:35	♋

Februar

01.	10:47	♌
03.	15:32	♍
06.	00:28	♎
08.	12:33	♏
11.	01:40	♐
13.	14:02	♑
16.	00:46	♒
18.	09:30	♓
20.	15:52	♈
22.	19:31	♉
24.	20:47	♊
26.	20:49	♋
28.	21:30	♌

März

03.	00:51	♍
05.	08:15	♎
07.	19:29	♏
10.	08:30	♐
12.	20:47	♑
15.	07:00	♒
17.	15:04	♓
19.	21:20	♈
22.	01:52	♉
24.	04:43	♊
26.	06:18	♋
28.	08:48	♌
30.	11:57	♍

April

01.	18:20	♎
04.	04:30	♏
06.	17:06	♐
09.	05:30	♑
11.	15:37	♒
13.	22:59	♓
16.	04:15	♈
18.	08:14	♉
20.	11:26	♊
22.	14:12	♋
24.	17:04	♌
26.	21:04	♍
29.	03:28	♎

Mai

01.	13:01	♏
04.	01:09	♐
06.	13:43	♑
09.	00:16	♒
11.	07:36	♓
13.	12:03	♈
15.	14:48	♉
17.	17:01	♊
19.	19:37	♋
21.	23:11	♌
24.	04:17	♍
26.	11:27	♎
28.	21:07	♏
31.	08:59	♐

Juni

02.	21:42	♑
05.	08:59	♒
07.	17:05	♓
09.	21:37	♈
11.	23:32	♉
14.	00:21	♊
16.	01:38	♋
18.	04:36	♌
20.	09:59	♍
22.	17:55	♎
25.	04:08	♏
27.	16:07	♐
30.	04:52	♑

Juli

02.	16:47	♒
05.	02:05	♓
07.	07:41	♈
09.	09:50	♉
11.	09:54	♊
13.	09:43	♋
15.	11:10	♌
17.	15:38	♍
19.	23:31	♎
22.	10:11	♏
24.	22:26	♐
27.	11:11	♑
29.	23:21	♒

August

01.	09:37	♓
03.	16:43	♈
05.	20:09	♉
07.	20:37	♊
09.	19:49	♋
11.	19:51	♌
13.	22:44	♍
16.	05:33	♎
18.	15:59	♏
21.	04:25	♐
23.	17:10	♑
26.	05:08	♒
28.	15:38	♓
30.	23:49	♈

September

02.	04:53	♉
04.	06:47	♊
06.	06:36	♋
08.	06:13	♌
10.	07:49	♍
12.	13:08	♎
14.	22:34	♏
17.	10:46	♐
19.	23:30	♑
22.	11:10	♒
24.	21:12	♓
27.	04:24	♈
29.	10:24	♉

Oktober

01.	13:54	♊
03.	15:15	♋
05.	15:42	♌
07.	17:06	♍
09.	21:21	♎
12.	05:30	♏
14.	16:59	♐
17.	05:41	♑
19.	17:18	♒
22.	02:47	♓
24.	10:10	♈
26.	15:47	♉
28.	19:50	♊
30.	22:33	♋

November

02.	00:31	♌
04.	02:53	♍
06.	07:09	♎
08.	14:31	♏
11.	01:10	♐
13.	13:41	♑
16.	01:36	♒
18.	11:06	♓
20.	17:45	♈
22.	22:10	♉
25.	01:19	♊
27.	04:02	♋
29.	06:57	♌

Dezember

01.	10:41	♍
03.	15:56	♎
05.	23:28	♏
08.	09:39	♐
10.	21:53	♑
13.	10:17	♒
15.	20:33	♓
18.	03:24	♈
20.	07:02	♉
22.	08:44	♊
24.	10:01	♋
26.	12:18	♌
28.	16:27	♍
30.	22:44	♎

1984

Januar
02. 07:07
04. 17:30
07. 05:34
09. 18:15
12. 05:36
14. 13:40
16. 17:48
18. 18:50
20. 18:35
22. 19:07
24. 22:04
27. 04:12
29. 13:12

Februar
01. 00:11
03. 12:22
06. 01:04
08. 13:05
10. 22:39
13. 04:20
15. 06:09
17. 05:32
19. 04:39
21. 05:44
23. 10:22
25. 18:49
28. 06:02

März
01. 18:29
04. 07:07
06. 19:09
09. 05:30
11. 12:48
13. 16:21
15. 16:47
17. 15:51
19. 15:49
21. 18:41
24. 01:36
26. 13:09
29. 01:37
31. 14:14

April
03. 01:55
05. 12:04
07. 19:59
10. 01:01
12. 03:11
14. 03:29
16. 03:41
18. 05:44
20. 11:10
22. 20:27
25. 08:26
27. 21:03
30. 08:30

Mai
02. 18:02
05. 01:26
07. 06:43
09. 10:02
11. 11:54
13. 13:22
15. 15:50
17. 20:43
20. 04:55
22. 16:09
25. 04:39
27. 16:13
30. 01:23

Juni
01. 07:54
03. 12:19
05. 15:27
07. 18:03
09. 20:48
12. 00:26
14. 05:48
16. 13:41
19. 00:18
21. 12:40
24. 00:38
26. 10:04
28. 16:09
30. 19:30

Juli
02. 21:28
04. 23:27
07. 02:28
09. 07:03
11. 13:23
13. 21:41
16. 08:10
18. 20:26
21. 08:52
23. 19:10
26. 01:44
28. 04:41
30. 05:29

August
01. 06:03
03. 08:04
05. 12:30
07. 19:24
10. 04:25
12. 15:13
15. 03:28
17. 16:13
20. 03:31
22. 11:20
24. 15:00
26. 15:32
28. 14:57
30. 15:23

September
01. 18:30
04. 00:55
06. 10:11
08. 21:24
11. 09:47
13. 22:33
16. 10:26
18. 19:36
21. 00:49
23. 02:19
25. 01:41
27. 01:04
29. 02:32

Oktober
01. 06:28
03. 15:03
06. 02:19
08. 14:51
11. 03:28
13. 15:14
16. 01:00
18. 07:41
20. 10:56
22. 11:32
24. 11:08
26. 11:43
28. 15:05
30. 22:13

November
02. 08:50
04. 21:20
07. 09:53
09. 21:10
12. 06:31
14. 13:34
16. 18:08
18. 20:29
20. 21:31
22. 22:34
25. 01:17
27. 07:06
29. 16:33

Dezember
02. 04:42
04. 17:20
07. 04:24
09. 12:56
11. 19:08
13. 23:35
16. 02:52
18. 05:27
20. 07:58
22. 11:21
24. 16:47
27. 01:18
29. 12:49

1985

Januar

01.	01:36	♉
03.	13:00	♊
05.	21:18	♋
08.	02:28	♌
10.	05:40	♍
12.	08:13	♎
14.	11:07	♏
16.	14:48	♐
18.	19:29	♑
21.	01:38	♒
23.	10:02	♓
25.	21:05	♈
28.	09:53	♉
30.	22:01	♊

Februar

02.	06:59	♋
04.	12:02	♌
06.	14:09	♍
08.	15:10	♎
10.	16:49	♏
12.	20:09	♐
15.	01:27	♑
17.	08:36	♒
19.	17:38	♓
22.	04:42	♈
24.	17:27	♉
27.	06:11	♊

März

01.	16:23	♋
03.	22:28	♌
06.	00:43	♍
08.	00:47	♎
10.	00:47	♏
12.	02:29	♐
14.	06:55	♑
16.	14:11	♒
18.	23:50	♓
21.	11:20	♈
24.	00:06	♉
26.	13:02	♊
29.	00:13	♋
31.	08:51	♌

April

02.	12:25	♍
04.	12:54	♎
06.	12:10	♏
08.	12:17	♐
10.	14:57	♑
12.	21:04	♒
15.	06:30	♓
17.	18:18	♈
20.	07:12	♉
22.	20:01	♊
25.	07:26	♋
27.	16:10	♌
29.	21:24	♍

Mai

01.	23:22	♎
03.	23:17	♏
05.	22:56	♐
08.	00:11	♑
10.	04:38	♒
12.	12:56	♓
15.	00:25	♈
17.	13:23	♉
20.	02:01	♊
22.	13:05	♋
24.	21:54	♌
27.	04:06	♍
29.	07:41	♎
31.	09:07	♏

Juni

02.	09:33	♐
04.	10:34	♑
06.	13:52	♒
08.	20:46	♓
11.	07:24	♈
13.	20:11	♉
16.	08:45	♊
18.	19:22	♋
21.	03:32	♌
23.	09:32	♍
25.	13:48	♎
27.	16:37	♏
29.	18:30	♐

Juli

01.	20:22	♑
03.	23:36	♒
06.	05:40	♓
08.	15:20	♈
11.	03:44	♉
13.	16:23	♊
16.	02:54	♋
18.	10:25	♌
20.	15:29	♍
22.	19:10	♎
24.	22:16	♏
27.	01:12	♐
29.	04:21	♑
31.	08:25	♒

August

02.	14:33	♓
04.	23:43	♈
07.	11:41	♉
10.	00:31	♊
12.	11:28	♋
14.	18:57	♌
16.	23:15	♍
19.	01:44	♎
21.	03:51	♏
23.	06:36	♐
25.	10:24	♑
27.	15:31	♒
29.	22:25	♓

September

01.	07:42	♈
03.	19:28	♉
06.	08:27	♊
08.	20:10	♋
11.	04:27	♌
13.	08:52	♍
15.	10:34	♎
17.	11:17	♏
19.	12:40	♐
21.	15:49	♑
23.	21:11	♒
26.	04:50	♓
28.	14:43	♈

Oktober

01.	01:35	♉
03.	14:36	♊
06.	02:59	♋
08.	12:33	♌
10.	18:09	♍
12.	20:12	♎
14.	20:13	♏
16.	20:05	♐
18.	21:35	♑
21.	01:54	♒
23.	09:27	♓
25.	19:47	♈
28.	07:59	♉
30.	20:59	♊

November

02.	09:31	♋
04.	20:04	♌
07.	03:18	♍
09.	06:52	♎
11.	07:31	♏
13.	06:52	♐
15.	06:53	♑
17.	09:25	♒
19.	15:42	♓
22.	01:42	♈
24.	14:07	♉
27.	03:08	♊
29.	15:23	♋

Dezember

02.	01:59	♌
04.	10:14	♍
06.	15:33	♎
08.	17:56	♏
10.	18:13	♐
12.	17:59	♑
14.	19:15	♒
16.	23:50	♓
19.	08:36	♈
21.	20:41	♉
24.	09:45	♊
26.	21:44	♋
29.	07:44	♌
31.	15:43	♍

1986

Januar
- 02. 21:45
- 05. 01:44
- 07. 03:47
- 09. 04:42
- 11. 06:01
- 13. 09:39
- 15. 17:03
- 18. 04:14
- 20. 17:12
- 23. 05:15
- 25. 14:47
- 27. 21:51
- 30. 03:10

Februar
- 01. 07:19
- 03. 10:32
- 05. 13:02
- 07. 15:35
- 09. 19:32
- 12. 02:21
- 14. 12:38
- 17. 01:17
- 19. 13:39
- 21. 23:25
- 24. 05:58
- 26. 10:07
- 28. 13:06

März
- 02. 15:51
- 04. 18:56
- 06. 22:42
- 09. 03:48
- 11. 11:03
- 13. 21:04
- 16. 09:23
- 18. 22:04
- 21. 08:38
- 23. 15:40
- 25. 19:22
- 27. 21:05
- 29. 22:20

April
- 02. 01:25
- 03. 05:11
- 05. 11:03
- 07. 19:12
- 10. 05:36
- 12. 17:51
- 15. 06:42
- 17. 18:10
- 20. 02:24
- 22. 06:50
- 24. 08:15
- 26. 08:16
- 28. 08:41
- 30. 11:06

Mai
- 02. 16:30
- 05. 01:01
- 07. 11:59
- 10. 00:26
- 12. 13:18
- 15. 01:15
- 17. 10:45
- 19. 16:41
- 21. 19:02
- 23. 18:57
- 25. 18:15
- 27. 18:59
- 29. 22:54

Juni
- 01. 06:43
- 03. 17:45
- 06. 06:26
- 08. 19:16
- 11. 07:11
- 13. 17:18
- 16. 00:38
- 18. 04:36
- 20. 05:36
- 22. 04:59
- 24. 04:50
- 26. 07:12
- 28. 13:35
- 30. 23:54

Juli
- 03. 12:32
- 06. 01:19
- 08. 12:56
- 10. 22:50
- 13. 06:40
- 15. 11:58
- 17. 14:34
- 19. 15:10
- 21. 15:17
- 23. 16:59
- 25. 22:02
- 28. 07:11
- 30. 19:19

August
- 02. 08:04
- 04. 19:26
- 07. 04:44
- 09. 12:05
- 11. 17:36
- 13. 21:17
- 15. 23:22
- 18. 00:44
- 20. 02:52
- 22. 07:27
- 24. 15:36
- 27. 03:00
- 29. 15:40

September
- 01. 03:08
- 03. 12:06
- 05. 18:33
- 07. 23:12
- 10. 02:40
- 12. 05:28
- 14. 08:07
- 16. 11:27
- 18. 16:33
- 21. 00:25
- 23. 11:13
- 25. 23:44
- 28. 10:39
- 30. 19:57

Oktober
- 03. 02:03
- 05. 05:35
- 07. 07:48
- 09. 09:52
- 11. 12:45
- 13. 17:03
- 15. 23:13
- 18. 07:35
- 20. 18:15
- 23. 06:37
- 25. 19:02
- 28. 05:20
- 30. 12:05

November
- 01. 15:19
- 03. 16:19
- 05. 16:48
- 07. 18:28
- 09. 22:30
- 12. 05:14
- 14. 14:24
- 17. 01:26
- 19. 13:46
- 22. 02:25
- 24. 13:46
- 26. 21:59
- 29. 02:13

Dezember
- 01. 03:08
- 03. 02:28
- 05. 02:23
- 07. 04:48
- 09. 10:49
- 11. 20:10
- 14. 07:41
- 16. 20:09
- 19. 08:44
- 21. 20:30
- 24. 06:05
- 26. 12:06
- 28. 14:20
- 30. 13:54

1987

Januar

01.	12:53	♎
03.	13:36	♏
05.	17:51	♐
08.	02:13	♑
10.	13:39	♒
13.	02:18	♓
15.	14:45	♈
18.	02:15	♉
20.	12:09	♊
22.	19:30	♋
24.	23:35	♌
27.	00:42	♍
29.	00:17	♎
31.	00:24	♏

Februar

02.	03:09	♐
04.	09:53	♑
06.	20:23	♒
09.	08:55	♓
11.	21:21	♈
14.	08:26	♉
16.	17:44	♊
19.	01:04	♋
21.	06:09	♌
23.	08:57	♍
25.	10:08	♎
27.	11:07	♏

März

01.	13:37	♐
03.	19:11	♑
06.	04:26	♒
08.	16:24	♓
11.	04:54	♈
13.	15:55	♉
16.	00:34	♊
18.	06:57	♋
20.	11:32	♌
22.	14:48	♍
24.	17:18	♎
26.	19:46	♏
28.	23:12	♐
31.	05:46	♑

April

02.	14:16	♒
05.	01:33	♓
07.	14:04	♈
10.	01:28	♉
12.	10:06	♊
14.	15:41	♋
16.	19:02	♌
18.	21:21	♍
20.	23:45	♎
23.	03:02	♏
25.	07:41	♐
27.	14:06	♑
29.	22:43	♒

Mai

02.	09:39	♓
04.	22:06	♈
07.	10:07	♉
09.	19:29	♊
12.	01:09	♋
14.	03:41	♌
16.	04:37	♎
18.	05:42	♎
20.	08:24	♏
22.	13:23	♐
24.	20:39	♑
27.	05:55	♒
29.	16:59	♓

Juni

01.	05:25	♈
03.	17:56	♉
06.	04:24	♊
08.	11:06	♋
10.	13:53	♌
12.	14:05	♍
14.	13:45	♎
16.	14:54	♏
18.	18:56	♐
21.	02:09	♑
23.	11:54	♒
25.	23:22	♓
28.	11:52	♈

Juli

01.	00:34	♉
03.	11:55	♊
05.	20:03	♋
08.	00:05	♌
10.	00:43	♍
11.	23:49	♎
13.	23:36	♏
16.	02:00	♐
18.	08:04	♑
20.	17:33	♒
23.	05:13	♓
25.	17:50	♈
28.	06:26	♉
30.	17:59	♊

August

02.	03:09	♋
04.	08:47	♌
06.	10:52	♍
08.	10:37	♎
10.	10:01	♏
12.	11:09	♐
14.	15:38	♑
16.	23:59	♒
19.	11:19	♓
21.	23:58	♈
24.	12:23	♉
26.	23:35	♊
29.	08:49	♋
31.	15:24	♌

September

02.	19:04	♍
04.	20:22	♎
06.	20:37	♏
08.	21:34	♐
11.	00:57	♑
13.	07:54	♒
15.	18:22	♓
18.	06:50	♈
20.	19:13	♉
23.	05:58	♊
25.	14:30	♋
27.	19:49	♌
30.	00:08	♍

Oktober

02.	02:51	♎
04.	04:39	♏
06.	06:35	♐
08.	09:57	♑
10.	16:03	♒
13.	01:31	♓
15.	13:34	♈
18.	02:06	♉
20.	12:50	♊
22.	20:41	♋
25.	01:57	♌
27.	05:33	♍
29.	08:27	♎
31.	11:19	♏

November

02.	14:40	♐
04.	19:02	♑
07.	01:16	♒
09.	10:10	♓
11.	21:45	♈
14.	10:29	♉
16.	21:48	♊
19.	05:47	♋
21.	10:16	♌
23.	12:32	♍
25.	14:13	♎
27.	16:40	♏
29.	20:36	♐

Dezember

02.	02:06	♑
04.	09:13	♒
06.	18:20	♓
09.	05:40	♈
11.	18:30	♉
14.	06:40	♊
16.	15:41	♋
18.	20:33	♌
20.	22:08	♍
22.	22:20	♎
24.	23:10	♏
27.	02:05	♐
29.	07:37	♑
31.	15:29	♒

1988

Januar
03.	01:17	♒
05.	12:47	♓
08.	01:35	♈
10.	14:17	♉
13.	00:39	♊
15.	06:58	♋
17.	09:15	♌
19.	09:02	♍
21.	08:27	♎
23.	09:31	♏
25.	13:36	♐
27.	21:02	♑
30.	07:11	♒

Februar
01.	19:06	♓
04.	07:54	♈
06.	20:36	♉
09.	07:42	♊
11.	15:36	♋
13.	19:36	♌
15.	20:25	♍
17.	19:44	♎
19.	19:35	♏
21.	21:50	♐
24.	03:42	♑
26.	13:12	♒
29.	01:12	♓

März
02.	14:06	♈
05.	02:32	♉
07.	13:27	♊
09.	21:59	♋
12.	03:31	♌
14.	06:08	♍
16.	06:42	♎
18.	06:45	♏
20.	08:05	♐
22.	12:21	♑
24.	20:27	♒
27.	08:54	♓
29.	21:49	♈

April
01.	10:05	♉
03.	20:26	♊
06.	04:29	♋
08.	10:19	♌
10.	14:10	♍
12.	16:24	♎
14.	17:47	♏
16.	19:31	♐
18.	23:10	♑
21.	06:04	♒
23.	16:34	♓
26.	05:16	♈
28.	17:37	♉

Mai
01.	03:39	♊
03.	10:52	♋
05.	15:54	♌
07.	19:37	♍
09.	22:39	♎
12.	01:23	♏
14.	04:22	♐
16.	08:31	♑
18.	15:05	♒
21.	00:51	♓
23.	13:12	♈
26.	01:49	♉
28.	12:06	♊
30.	18:57	♋

Juni
01.	22:58	♌
04.	01:34	♍
06.	04:00	♎
08.	07:04	♏
10.	11:02	♐
12.	16:14	♑
14.	23:19	♒
17.	08:57	♓
19.	21:03	♈
22.	09:57	♉
24.	20:58	♊
27.	04:18	♋
29.	07:59	♌

Juli
01.	09:30	♍
03.	10:33	♎
05.	12:37	♏
07.	16:27	♐
09.	22:16	♑
12.	06:08	♒
14.	16:11	♓
17.	04:17	♈
19.	17:22	♉
22.	05:13	♊
24.	13:42	♋
26.	18:07	♌
28.	19:25	♍
30.	19:23	♎

August
01.	19:53	♏
03.	22:24	♐
06.	03:43	♑
08.	11:52	♒
10.	22:26	♓
13.	10:46	♈
15.	23:52	♉
18.	12:12	♊
20.	21:55	♋
23.	03:49	♌
25.	06:05	♍
27.	06:01	♎
29.	05:29	♏
31.	06:22	♐

September
02.	10:11	♑
04.	17:37	♒
07.	04:14	♓
09.	16:48	♈
12.	05:51	♉
14.	18:07	♊
17.	04:25	♋
19.	11:45	♌
21.	15:43	♍
23.	16:51	♎
25.	15:29	♏
27.	15:29	♐
29.	17:43	♑

Oktober
01.	23:39	♒
04.	09:31	♓
06.	22:01	♈
09.	11:03	♉
11.	22:58	♊
14.	08:58	♋
16.	16:44	♌
18.	22:05	♍
21.	00:58	♎
23.	01:59	♏
25.	02:22	♐
27.	03:55	♑
29.	08:28	♒
31.	17:03	♓

November
03.	05:02	♈
05.	18:04	♉
08.	05:46	♊
10.	15:06	♋
12.	22:12	♌
15.	03:36	♍
17.	07:34	♎
19.	10:12	♏
21.	12:02	♐
23.	14:12	♑
25.	18:19	♒
28.	01:52	♓
30.	12:59	♈

Dezember
03.	01:56	♉
05.	13:51	♊
07.	22:55	♋
10.	05:07	♌
12.	09:25	♍
14.	12:53	♎
16.	16:03	♏
18.	19:11	♐
20.	22:43	♑
23.	03:35	♒
25.	10:57	♓
27.	21:27	♈
30.	10:09	♉

1989

Januar
01.	22:34	♎
04.	08:12	♏
06.	14:14	♐
08.	17:31	♑
10.	19:31	♒
12.	21:36	♓
15.	00:36	♈
17.	04:57	♉
19.	10:57	♊
21.	19:02	♋
24.	05:32	♌
26.	18:01	♍
29.	06:49	♎
31.	17:30	♏

Februar
03.	00:30	♐
05.	03:51	♑
07.	04:52	♒
09.	05:18	♓
11.	06:45	♈
13.	10:22	♉
15.	16:40	♊
18.	01:33	♋
20.	12:34	♌
23.	01:05	♍
25.	13:57	♎
28.	01:29	♏

März
02.	09:58	♐
04.	14:36	♑
06.	15:59	♒
08.	15:36	♓
10.	15:25	♈
12.	17:16	♉
14.	22:27	♊
17.	07:13	♋
19.	18:39	♌
22.	07:24	♍
24.	20:10	♎
27.	08:54	♏
29.	18:25	♐

April
01.	00:45	♑
03.	03:37	♒
05.	03:51	♓
07.	03:07	♈
09.	03:31	♉
11.	06:58	♊
13.	14:31	♋
16.	01:39	♌
18.	14:31	♍
21.	03:13	♎
23.	14:38	♏
26.	00:15	♐
28.	07:33	♑
30.	12:03	♒

Mai
02.	13:51	♓
04.	13:55	♈
06.	14:03	♉
08.	16:19	♊
10.	22:23	♋
13.	08:30	♌
15.	21:07	♍
18.	09:48	♎
20.	20:52	♏
23.	05:54	♐
25.	13:01	♑
27.	18:13	♒
29.	21:25	♓
31.	22:59	♈

Juni
03.	00:02	♉
05.	02:17	♊
07.	07:28	♋
09.	16:29	♌
12.	04:31	♍
14.	17:11	♎
17.	04:12	♏
19.	12:41	♐
21.	18:57	♑
23.	23:36	♒
26.	03:06	♓
28.	05:45	♈
30.	08:08	♉

Juli
02.	11:19	♊
04.	16:37	♋
07.	01:04	♌
09.	12:30	♍
12.	01:09	♎
14.	12:31	♏
16.	21:01	♐
19.	02:35	♑
21.	06:07	♒
23.	08:41	♓
25.	11:10	♈
27.	14:15	♉
29.	18:32	♊

August
01.	00:41	♋
03.	09:19	♌
05.	20:28	♍
08.	09:05	♎
10.	21:02	♏
13.	06:16	♐
15.	11:59	♑
17.	14:46	♒
19.	15:59	♓
21.	17:10	♈
23.	19:39	♉
26.	00:13	♊
28.	07:12	♋
30.	16:29	♌

September
02.	03:47	♍
04.	16:23	♎
07.	04:51	♏
09.	15:13	♐
11.	22:02	♑
14.	01:08	♒
16.	01:38	♓
18.	01:22	♈
20.	02:16	♉
22.	05:50	♊
24.	11:44	♋
26.	21:32	♌
29.	09:15	♍

Oktober
01.	21:53	♎
04.	10:29	♏
06.	21:45	♐
09.	06:07	♑
11.	10:38	♒
13.	11:41	♓
15.	10:52	♈
17.	10:19	♉
19.	12:09	♊
21.	17:47	♋
24.	03:15	♌
26.	15:11	♍
29.	03:56	♎
31.	16:23	♏

November
03.	03:46	♐
05.	13:09	♑
07.	19:25	♒
09.	22:08	♓
11.	22:09	♈
13.	21:19	♉
15.	21:51	♊
18.	01:45	♋
20.	09:54	♌
22.	21:25	♍
25.	10:13	♎
27.	22:30	♏
30.	09:26	♐

Dezember
02.	18:42	♑
05.	01:48	♒
07.	06:11	♓
09.	07:59	♈
11.	08:15	♉
13.	08:49	♊
15.	11:41	♋
17.	18:19	♌
20.	04:45	♍
22.	17:18	♎
25.	05:37	♏
27.	16:10	♐
30.	00:38	♑

1990

Januar

01.	07:10	♒
03.	11:56	♓
05.	15:04	♈
07.	17:02	♉
09.	18:52	♊
11.	22:02	♋
14.	03:57	♌
16.	13:17	♍
19.	01:16	♎
21.	13:44	♏
24.	00:27	♐
26.	08:25	♑
28.	13:51	♒
30.	17:34	♓

Februar

01.	20:27	♈
03.	23:12	♉
06.	02:27	♊
08.	06:51	♋
10.	13:13	♌
12.	22:09	♍
15.	09:34	♎
17.	22:07	♏
20.	09:30	♐
22.	17:52	♑
24.	22:49	♒
27.	01:16	♓

März

01.	02:43	♈
03.	04:37	♉
05.	08:02	♊
07.	13:24	♋
09.	20:47	♌
12.	06:09	♍
14.	17:25	♎
17.	05:56	♏
19.	18:01	♐
22.	03:31	♑
24.	09:09	♒
26.	12:15	♓
28.	12:26	♈
30.	12:42	♉

April

01.	14:50	♊
03.	19:50	♋
06.	03:42	♌
08.	13:44	♍
11.	01:18	♎
13.	13:48	♏
16.	02:15	♐
18.	12:53	♑
20.	19:57	♒
22.	22:58	♓
24.	23:03	♈
26.	22:12	♉
28.	22:39	♊

Mai

01.	02:08	♋
03.	09:18	♌
05.	19:28	♍
08.	07:22	♎
10.	19:56	♏
13.	08:21	♐
15.	19:30	♑
18.	03:54	♒
20.	08:31	♓
22.	09:42	♈
24.	08:59	♉
26.	08:34	♊
28.	10:29	♋
30.	16:08	♌

Juni

02.	01:31	♍
04.	13:22	♎
07.	01:59	♏
09.	14:12	♐
12.	01:09	♑
14.	09:59	♒
16.	15:55	♓
18.	18:43	♈
20.	19:14	♉
22.	19:09	♊
	5	♋
	2	♌
	7	♍

	1	♎
	5	♏
	9	♐
	6	♑
	9	♒
	6	♓
	9	♈
	2	♉
	4	♊
	9	♋
	7	♌
	8	♍
	9	♎
	9	♏

	9	♐
	9	♑
	4	♒
	3	♓
	5	♈
	1	♉
	2	♊
	1	♋
	3	♌
	7	♍
	5	♎
	7	♏
	3	♐

September

01.	22:51	♎
04.	06:06	♏
06.	10:23	♐
08.	12:55	♑
10.	15:05	♒
12.	17:53	♓
14.	21:52	♈
17.	03:19	♉
19.	10:34	♊
21.	20:06	♋
24.	07:52	♌
26.	20:36	♍
29.	07:54	♎

Oktober

01.	14:42	♏
03.	18:42	♐
05.	20:06	♑
07.	20:47	♒
09.	22:29	♓
12.	02:16	♈
14.	08:21	♉
16.	16:26	♊
19.	02:24	♋
21.	14:09	♌
24.	03:03	♍
26.	15:14	♎
29.	00:22	♏
31.	05:14	♐

November

02.	06:31	♑
04.	06:06	♒
06.	06:07	♓
08.	08:24	♈
10.	13:48	♉
12.	22:08	♊
15.	08:39	♋
17.	20:39	♌
20.	09:31	♍
22.	22:07	♎
25.	08:32	♏
27.	15:06	♐
29.	17:37	♑

Dezember

01.	17:23	♒
03.	16:27	♓
05.	16:59	♈
07.	20:39	♉
10.	03:59	♊
12.	14:28	♋
15.	02:44	♌
17.	15:35	♍
20.	03:59	♎
22.	14:48	♏
24.	22:45	♐
27.	03:09	♑
29.	04:26	♒
31.	04:02	♓

1991

Januar

02.	03:54	♐
04.	05:57	♑
06.	11:33	♒
08.	20:59	♓
11.	09:06	♈
13.	22:00	♉
16.	10:04	♊
18.	20:23	♋
21.	04:28	♌
23.	10:01	♍
25.	13:06	♎
27.	14:23	♏
29.	15:03	♐
31.	16:44	♑

Februar

02.	21:02	♒
05.	05:01	♓
07.	16:23	♈
10.	05:16	♉
12.	17:16	♊
15.	02:59	♋
17.	10:11	♌
19.	15:24	♍
21.	19:10	♎
23.	21:56	♏
26.	00:13	♐
28.	02:50	♑

März

02.	07:03	♒
04.	14:08	♓
07.	00:35	♈
09.	13:14	♉
12.	01:31	♊
14.	11:11	♋
16.	17:38	♌
18.	21:40	♍
21.	00:37	♎
23.	03:27	♏
25.	06:43	♐
27.	10:41	♑
29.	15:49	♒

April

01.	00:01	♓
03.	09:59	♈
05.	22:19	♉
08.	10:59	♊
10.	21:18	♋
13.	03:50	♌
15.	07:06	♍
17.	08:41	♎
19.	10:17	♏
21.	13:04	♐
23.	17:29	♑
25.	23:36	♒
28.	07:34	♓
30.	17:42	♈

Mai

03.	05:54	♉
05.	18:51	♊
08.	06:04	♋
10.	13:35	♌
12.	17:07	♍
14.	18:02	♎
16.	18:14	♏
18.	19:30	♐
20.	23:00	♑
23.	05:08	♒
25.	13:41	♓
28.	00:21	♈
30.	12:40	♉

Juni

02.	01:42	♊
04.	13:36	♋
06.	22:25	♌
09.	03:13	♍
11.	04:36	♎
13.	04:16	♏
15.	04:10	♐
17.	06:03	♑
19.	11:01	♒
21.	19:18	♓
24.	06:16	♈
26.	18:49	♉
29.	07:47	♊

Juli

01.	19:51	♋
04.	05:33	♌
06.	11:52	♍
08.	14:42	♎
10.	15:03	♏
12.	14:35	♐
14.	15:12	♑
16.	18:34	♒
19.	01:41	♓
21.	12:16	♈
24.	00:55	♉
26.	13:49	♊
29.	01:35	♋
31.	11:20	♌

August

02.	18:32	♍
04.	22:54	♎
07.	00:47	♏
09.	01:09	♐
11.	01:35	♑
13.	03:52	♒
15.	09:34	♓
17.	19:11	♈
20.	07:34	♉
22.	20:27	♊
25.	07:51	♋
27.	17:01	♌
29.	23:59	♍

September

01.	05:02	♎
03.	08:19	♏
05.	10:13	♐
07.	11:35	♑
09.	13:51	♒
11.	18:42	♓
14.	03:14	♈
16.	15:04	♉
19.	03:58	♊
21.	15:20	♋
23.	23:56	♌
26.	05:59	♍
28.	10:25	♎
30.	12:58	♏

Oktober

02.	15:58	♐
04.	18:45	♑
06.	22:00	♒
09.	02:59	♓
11.	10:58	♈
13.	22:10	♉
16.	11:04	♊
18.	22:53	♋
21.	07:33	♌
23.	12:55	♍
25.	16:09	♎
27.	18:37	♏
29.	21:20	♐

November

01.	00:47	♑
03.	05:12	♒
05.	11:09	♓
07.	19:21	♈
10.	06:16	♉
12.	19:06	♊
15.	07:33	♋
17.	17:08	♌
19.	22:49	♍
22.	01:22	♎
24.	02:25	♏
26.	03:37	♐
28.	06:12	♑
30.	10:47	♒

Dezember

02.	17:33	♓
05.	02:32	♈
07.	13:41	♉
10.	02:27	♊
12.	15:19	♋
15.	02:06	♌
17.	09:10	♍
19.	12:21	♎
21.	12:55	♏
23.	12:38	♐
25.	13:23	♑
27.	16:37	♒
29.	23:03	♓

1992

Januar
01. 08:30
03. 20:09
06. 08:59
08. 21:52
11. 09:22
13. 18:00
15. 22:55
18. 00:26
19. 23:57
21. 23:22
24. 00:42
26. 05:32
28. 14:20
31. 02:07

Februar
02. 15:09
05. 03:51
07. 15:15
10. 00:36
12. 07:08
14. 10:31
16. 11:15
18. 10:47
20. 11:04
22. 14:11
24. 21:26
27. 08:33
29. 21:34

März
03. 10:11
05. 21:07
08. 06:05
10. 13:03
12. 17:50
14. 20:20
16. 21:13
18. 21:55
21. 00:20
23. 06:13
25. 16:08
28. 04:44
30. 18:23

April
02. 05:04
04. 13:18
06. 19:33
09. 00:18
11. 03:46
13. 06:09
15. 08:10
17. 11:10
19. 16:40
22. 01:40
24. 13:38
27. 02:20
29. 13:13

Mai
01. 21:09
04. 02:28
06. 06:09
08. 09:07
10. 11:56
12. 15:05
14. 19:15
17. 01:22
19. 10:13
21. 21:43
24. 10:25
26. 21:52
29. 06:16
31. 11:19

Juni
02. 13:58
04. 15:35
06. 17:28
08. 20:33
11. 01:27
13. 08:29
15. 17:50
18. 05:19
20. 17:59
23. 06:03
25. 15:28
27. 21:14
29. 23:42

Juli
02. 00:15
04. 00:37
06. 02:27
08. 06:53
10. 14:17
13. 00:16
15. 12:03
18. 00:44
20. 13:07
22. 23:36
25. 06:44
27. 10:08
29. 10:39
31. 10:01

August
02. 10:17
04. 13:16
06. 19:57
09. 06:00
11. 18:06
14. 06:51
16. 19:11
19. 06:10
21. 14:36
23. 19:36
25. 21:15
27. 20:46
29. 20:10
31. 21:38

September
03. 02:50
05. 12:06
08. 00:08
10. 12:56
13. 01:02
15. 11:47
17. 20:40
20. 02:59
22. 06:19
24. 07:08
26. 06:55
28. 06:44
30. 10:33

Oktober
02. 18:29
05. 05:53
07. 18:38
10. 06:36
12. 16:48
15. 01:08
17. 07:36
19. 12:01
21. 14:27
23. 15:39
25. 17:04
27. 20:29
30. 03:18

November
01. 13:43
04. 02:13
06. 14:19
09. 00:19
11. 07:49
13. 13:19
15. 17:23
17. 20:28
19. 23:03
22. 01:52
24. 06:01
26. 12:38
28. 22:19

Dezember
01. 10:23
03. 22:49
06. 09:16
08. 16:37
10. 21:05
12. 23:47
15. 01:56
17. 04:33
19. 08:20
21. 13:42
23. 21:04
26. 06:43
28. 18:28
31. 07:07

1993

Januar
02. 18:30
05. 02:42
07. 07:10
09. 08:49
11. 09:20
13. 10:30
15. 13:42
17. 19:30
20. 03:46
22. 14:00
25. 01:47
27. 14:28
30. 02:37

Februar
01. 12:15
03. 17:56
05. 19:51
07. 19:29
09. 18:58
11. 20:23
14. 01:08
16. 09:20
18. 20:05
21. 08:12
23. 20:50
26. 09:11
28. 19:52

März
03. 03:16
05. 06:40
07. 06:52
09. 05:46
11. 05:40
13. 08:33
15. 15:28
18. 01:52
20. 14:11
23. 02:51
25. 14:59
28. 01:48
30. 11:14

April
01. 16:21
03. 18:10
05. 17:54
07. 17:32
09. 19:10
12. 00:24
14. 09:36
16. 21:32
19. 10:14
21. 22:08
24. 08:27
26. 16:45
28. 22:39

Mai
01. 01:59
03. 03:20
05. 03:57
07. 05:34
09. 09:51
11. 17:44
14. 04:50
16. 17:24
19. 05:16
21. 15:07
23. 22:38
26. 04:03
28. 07:46
30. 10:18

Juni
01. 12:22
03. 15:01
05. 19:26
08. 02:39
10. 12:57
13. 01:14
15. 13:19
17. 23:12
20. 06:05
22. 10:26
24. 13:18
26. 15:45
28. 18:37
30. 22:28

Juli
03. 03:48
05. 11:14
07. 21:09
10. 09:11
12. 21:37
15. 08:07
17. 15:08
19. 18:47
21. 20:24
23. 21:39
25. 24:00
28. 04:13
30. 10:27

August
01. 18:36
04. 04:44
06. 16:39
09. 05:22
11. 16:47
14. 00:46
16. 04:43
18. 05:41
20. 05:35
22. 06:27
24. 09:45
26. 15:58
29. 00:42
31. 11:18

September
02. 23:21
05. 12:09
08. 00:16
10. 09:37
12. 14:51
14. 16:20
16. 15:44
18. 15:14
20. 16:53
22. 21:54
25. 06:19
27. 16:13
30. 04:29

Oktober
02. 17:13
05. 05:27
07. 15:42
09. 22:34
12. 01:36
14. 01:47
16. 01:01
18. 01:23
20. 04:42
22. 11:49
24. 22:17
27. 10:39
29. 23:20

November
01. 11:13
03. 21:25
06. 05:06
08. 09:47
10. 11:42
12. 11:59
14. 12:20
16. 14:34
18. 20:08
21. 05:27
23. 17:30
26. 06:14
28. 17:48

Dezember
01. 03:17
03. 10:33
05. 15:43
07. 19:03
09. 21:04
11. 22:39
14. 01:06
16. 05:51
18. 13:59
21. 01:19
23. 14:05
26. 01:46
28. 10:46
30. 16:59

1994

Januar

01.	21:15	♎
04.	00:31	♏
06.	03:29	♐
08.	06:34	♑
10.	10:16	♒
12.	15:25	♓
14.	23:04	♈
17.	09:42	♉
19.	22:22	♊
22.	10:35	♋
24.	19:55	♌
27.	01:38	♍
29.	04:39	♎
31.	06:34	♏

Februar

02.	08:49	♐
04.	12:14	♑
06.	17:02	♒
08.	23:16	♓
11.	07:22	♈
13.	17:49	♉
16.	06:20	♊
18.	19:05	♋
21.	05:27	♌
23.	11:48	♍
25.	14:27	♎
27.	15:06	♏

März

01.	15:43	♐
03.	17:54	♑
05.	22:24	♒
08.	05:15	♓
10.	14:09	♈
13.	00:59	♉
15.	13:27	♊
18.	02:29	♋
20.	13:54	♌
22.	21:39	♍
25.	01:14	♎
27.	01:46	♏
29.	02:15	♐
31.	02:41	♑

April

02.	05:37	♒
04.	11:45	♓
06.	20:51	♈
09.	08:09	♉
11.	20:48	♊
14.	09:48	♋
16.	21:41	♌
19.	06:45	♍
21.	11:58	♎
23.	13:40	♏
25.	13:18	♐
27.	12:48	♑
29.	14:05	♒

Mai

01.	18:34	♓
04.	02:47	♈
06.	14:01	♉
09.	02:50	♊
11.	15:43	♋
14.	03:27	♌
16.	12:58	♍
18.	19:31	♎
20.	22:54	♏
22.	23:51	♐
24.	23:43	♑
27.	00:17	♒
29.	03:19	♓
31.	10:03	♈

Juni

02.	20:31	♉
05.	09:14	♊
07.	22:03	♋
10.	09:22	♌
12.	18:29	♍
15.	01:16	♎
17.	05:48	♏
19.	08:20	♐
21.	09:32	♑
23.	10:37	♒
25.	13:10	♓
27.	18:44	♈
30.	04:06	♉

Juli

02.	16:23	♊
05.	05:12	♋
07.	16:17	♌
10.	00:43	♍
12.	06:48	♎
14.	11:15	♏
16.	14:35	♐
18.	17:09	♑
20.	19:30	♒
22.	22:38	♓
25.	03:56	♈
27.	12:30	♉
30.	00:13	♊

August

01.	13:05	♋
04.	00:22	♌
06.	08:31	♍
08.	13:42	♎
10.	17:07	♏
12.	19:56	♐
14.	22:53	♑
17.	02:18	♒
19.	06:34	♓
21.	12:27	♈
23.	20:55	♉
26.	08:13	♊
28.	21:07	♋
31.	08:59	♌

September

02.	17:37	♍
04.	22:33	♎
07.	00:57	♏
09.	02:26	♐
11.	04:25	♑
13.	07:44	♒
15.	12:42	♓
17.	19:31	♈
20.	04:30	♉
22.	15:47	♊
25.	03:41	♋
27.	16:12	♌
30.	01:55	♍

Oktober

02.	07:39	♎
04.	09:56	♏
06.	10:22	♐
08.	10:47	♑
10.	12:44	♒
12.	17:09	♓
15.	00:18	♈
17.	09:56	♉
19.	21:34	♊
22.	10:28	♋
24.	23:15	♌
27.	10:05	♍
29.	17:21	♎
31.	20:46	♏

November

02.	21:19	♐
04.	20:46	♑
06.	21:02	♒
08.	23:48	♓
11.	06:04	♈
13.	15:44	♉
16.	03:44	♊
18.	16:41	♋
21.	05:21	♌
23.	16:33	♍
26.	01:09	♎
28.	06:22	♏
30.	08:21	♐

Dezember

02.	08:13	♑
04.	07:42	♒
06.	08:51	♓
08.	13:24	♈
10.	22:03	♉
13.	09:56	♊
15.	22:59	♋
18.	11:25	♌
20.	22:13	♍
23.	07:01	♎
25.	13:27	♏
27.	17:17	♐
29.	18:46	♑
31.	18:57	♒

1995

Januar
02.	19:39	♐
04.	22:49	♑
07.	05:56	♒
09.	16:58	♓
12.	05:57	♈
14.	18:20	♉
17.	04:36	♊
19.	12:39	♋
21.	18:54	♌
23.	23:32	♍
26.	02:37	♎
28.	04:26	♏
30.	06:03	♐

Februar
01.	09:05	♑
03.	15:12	♒
06.	01:08	♓
08.	13:44	♈
11.	02:17	♉
13.	12:31	♊
15.	19:52	♋
18.	01:00	♌
20.	04:55	♍
22.	08:13	♎
24.	11:11	♏
26.	14:14	♐
28.	18:16	♑

März
03.	00:30	♒
05.	09:50	♓
07.	21:55	♈
10.	10:40	♉
12.	21:28	♊
15.	04:54	♋
17.	09:18	♌
19.	11:52	♍
21.	13:57	♎
23.	16:31	♏
25.	20:10	♐
28.	02:18	♑
30.	09:26	♒

April
01.	18:59	♓
04.	06:49	♈
06.	19:40	♉
09.	07:16	♊
11.	15:39	♋
13.	20:20	♌
15.	22:13	♍
17.	22:51	♎
19.	23:53	♏
22.	02:38	♐
24.	07:50	♑
26.	15:41	♒
29.	01:53	♓

Mai
01.	13:53	♈
04.	02:45	♉
06.	14:55	♊
09.	00:33	♋
11.	06:30	♌
13.	08:53	♍
15.	08:58	♎
17.	08:36	♏
19.	09:39	♐
21.	13:40	♑
23.	21:13	♒
26.	07:46	♓
28.	20:07	♈
31.	08:59	♉

Juni
02.	21:17	♊
05.	07:46	♋
07.	15:13	♌
09.	19:03	♍
11.	19:50	♎
13.	19:05	♏
15.	18:52	♐
17.	21:13	♑
20.	03:29	♒
22.	13:35	♓
25.	02:02	♈
27.	14:56	♉
30.	03:02	♊

Juli
02.	13:35	♋
04.	21:55	♌
07.	03:19	♍
09.	05:38	♎
11.	05:43	♏
13.	05:21	♐
15.	06:37	♑
17.	11:23	♒
19.	20:20	♓
22.	08:23	♈
24.	21:16	♉
27.	09:07	♊
29.	19:12	♋

August
01.	03:23	♌
03.	09:29	♍
05.	13:14	♎
07.	14:52	♏
09.	15:28	♐
11.	16:46	♑
13.	20:41	♒
16.	04:25	♓
18.	15:40	♈
21.	04:24	♉
23.	16:13	♊
26.	01:50	♋
28.	09:15	♌
30.	14:51	♍

September
01.	18:57	♎
03.	21:45	♏
05.	23:47	♐
08.	02:08	♑
10.	06:14	♒
12.	13:21	♓
14.	23:48	♈
17.	12:16	♉
20.	00:19	♊
22.	10:01	♋
24.	15:50	♌
26.	20:20	♍
28.	23:30	♎

Oktober
01.	02:10	♏
03.	04:59	♐
05.	08:35	♑
07.	13:41	♒
09.	21:05	♓
12.	07:10	♈
14.	19:20	♉
17.	07:46	♊
19.	18:11	♋
22.	01:15	♌
24.	05:06	♍
26.	06:56	♎
28.	08:15	♏
30.	10:23	♐

November
01.	14:17	♑
03.	20:21	♒
06.	04:35	♓
08.	14:54	♈
11.	02:56	♉
13.	15:37	♊
16.	03:02	♋
18.	11:18	♌
20.	15:40	♍
22.	16:56	♎
24.	16:48	♏
26.	17:15	♐
28.	19:59	♑

Dezember
01.	01:51	♒
03.	10:40	♓
05.	21:35	♈
08.	09:44	♉
10.	22:24	♊
13.	10:26	♋
15.	20:09	♌
18.	02:07	♍
20.	04:13	♎
22.	03:46	♏
24.	02:52	♐
26.	03:45	♑
28.	08:06	♒
30.	16:21	♓

1996

Januar
02.	03:29	♒
04.	15:56	♓
07.	04:30	♈
09.	16:29	♉
12.	02:55	♊
14.	10:30	♋
16.	14:25	♌
18.	15:07	♍
20.	14:15	♎
22.	14:02	♏
24.	16:37	♐
26.	23:16	♑
29.	09:42	♒
31.	22:11	♓

Februar
03.	10:46	♈
05.	22:22	♉
08.	08:30	♊
10.	16:35	♋
12.	21:58	♌
15.	00:29	♍
17.	00:59	♎
19.	01:09	♏
21.	02:58	♐
23.	08:08	♑
25.	17:14	♒
28.	05:10	♓

März
01.	17:47	♈
04.	05:13	♉
06.	14:40	♊
08.	22:05	♋
11.	03:32	♌
13.	07:08	♍
15.	09:15	♎
17.	10:50	♏
19.	13:15	♐
21.	17:59	♑
24.	01:59	♒
26.	13:06	♓
29.	01:37	♈
31.	14:15	♉

April
02.	23:26	♊
05.	05:57	♋
07.	10:21	♌
09.	13:30	♍
11.	16:09	♎
13.	18:59	♏
15.	22:42	♐
18.	04:05	♑
20.	11:54	♒
22.	22:25	♓
25.	10:44	♈
27.	22:49	♉
30.	08:27	♊

Mai
02.	14:42	♋
04.	18:05	♌
06.	19:54	♍
08.	21:39	♎
11.	00:29	♏
13.	05:00	♐
15.	11:25	♑
17.	19:48	♒
20.	06:16	♓
22.	18:28	♈
25.	06:58	♉
27.	17:33	♊
30.	00:30	♋

Juni
01.	03:43	♌
03.	04:29	♍
05.	04:44	♎
07.	06:19	♏
09.	10:23	♐
11.	17:11	♑
14.	02:16	♒
16.	13:08	♓
19.	01:22	♈
21.	14:07	♉
24.	01:37	♊
26.	09:53	♋
28.	14:01	♌
30.	14:47	♍

Juli
02.	14:05	♎
04.	14:07	♏
06.	16:42	♐
08.	22:43	♑
11.	07:52	♒
13.	19:08	♓
16.	07:31	♈
18.	20:16	♉
21.	08:14	♊
23.	17:43	♋
25.	23:24	♌
28.	01:17	♍
30.	00:47	♎

August
01.	00:00	♏
03.	01:05	♐
05.	05:33	♑
07.	13:49	♒
10.	00:57	♓
12.	13:29	♈
15.	02:07	♉
17.	13:55	♊
19.	23:50	♋
22.	06:48	♌
24.	10:22	♍
26.	11:10	♎
28.	10:49	♏
30.	11:15	♐

September
01.	14:19	♑
03.	21:08	♒
06.	07:29	♓
08.	19:54	♈
11.	08:28	♉
13.	19:51	♊
16.	05:20	♋
18.	12:31	♌
20.	17:12	♍
22.	19:39	♎
24.	20:43	♏
26.	21:46	♐
29.	00:24	♑

Oktober
01.	06:01	♒
03.	15:14	♓
06.	03:12	♈
08.	15:49	♉
11.	03:00	♊
13.	11:46	♋
15.	18:07	♌
17.	22:37	♍
20.	01:51	♎
22.	04:22	♏
24.	06:50	♐
26.	10:11	♑
28.	14:34	♒
30.	22:56	♓

November
02.	10:16	♈
04.	22:57	♉
07.	10:29	♊
09.	19:02	♋
12.	00:26	♌
14.	03:44	♍
16.	06:14	♎
18.	08:59	♏
20.	12:34	♐
22.	17:12	♑
24.	23:20	♒
27.	07:37	♓
29.	18:30	♈

Dezember
02.	07:11	♉
04.	19:23	♊
07.	04:39	♋
09.	09:58	♌
11.	12:14	♍
13.	13:14	♎
15.	14:44	♏
17.	17:55	♐
19.	23:09	♑
22.	06:17	♒
24.	15:14	♓
27.	02:09	♈
29.	14:45	♉

1997

Januar
01.	03:32	♐
03.	14:02	♑
05.	20:27	♑
07.	22:55	♒
09.	22:59	♓
11.	22:51	♈
14.	00:22	♉
16.	04:40	♊
18.	11:53	♋
20.	21:29	♌
23.	08:50	♍
25.	21:26	♎
28.	10:21	♏
30.	21:48	♐

Februar
02.	05:51	♑
04.	09:44	♒
06.	10:21	♓
08.	09:34	♈
10.	09:29	♉
12.	11:56	♊
14.	17:53	♋
17.	03:13	♌
19.	14:52	♍
22.	03:38	♎
24.	16:23	♏
27.	03:57	♐

März
01.	13:01	♑
03.	18:38	♒
05.	20:54	♓
07.	20:57	♈
09.	20:33	♉
11.	21:37	♊
14.	01:48	♋
16.	09:51	♌
18.	21:08	♍
21.	09:59	♎
23.	22:35	♏
26.	09:42	♐
28.	18:40	♑

April
01.	02:07	♒
02.	05:59	♓
04.	07:42	♈
06.	08:19	♉
08.	09:20	♊
10.	12:28	♋
12.	19:03	♌
15.	05:22	♍
17.	18:00	♎
20.	06:36	♏
22.	17:19	♐
25.	01:32	♑
27.	07:32	♒
29.	11:50	♓

Mai
01.	14:50	♈
03.	16:59	♉
05.	19:04	♊
07.	22:21	♋
10.	04:13	♌
12.	13:33	♍
15.	01:43	♎
17.	14:27	♏
20.	01:11	♐
22.	08:51	♑
24.	13:51	♒
26.	17:20	♓
28.	20:18	♈
30.	23:18	♉

Juni
02.	02:39	♊
04.	06:55	♋
06.	13:02	♌
08.	21:58	♍
11.	09:43	♎
13.	22:35	♏
16.	09:51	♐
18.	17:39	♑
20.	22:02	♒
23.	00:20	♓
25.	02:09	♈
27.	04:38	♉
29.	08:23	♊

Juli
01.	13:35	♋
03.	20:33	♌
06.	05:45	♍
08.	17:22	♎
11.	06:21	♏
13.	18:20	♐
16.	03:02	♑
18.	07:45	♒
20.	09:29	♓
22.	09:59	♈
24.	11:03	♉
26.	13:53	♊
28.	19:04	♋
31.	02:38	♌

August
02.	12:27	♍
05.	00:15	♎
07.	13:17	♏
10.	01:50	♐
12.	11:45	♑
14.	17:42	♒
16.	19:58	♓
18.	20:01	♈
20.	19:45	♉
22.	20:57	♊
25.	00:56	♋
27.	08:10	♌
29.	18:19	♍

September
01.	06:27	♎
03.	19:30	♏
06.	08:10	♐
08.	18:54	♑
11.	02:23	♒
13.	06:10	♓
15.	06:59	♈
17.	06:25	♉
19.	06:21	♊
21.	08:38	♋
23.	14:33	♌
26.	00:12	♍
28.	12:27	♎

Oktober
01.	01:32	♏
03.	13:57	♐
06.	00:43	♑
08.	09:04	♒
10.	14:29	♓
12.	16:59	♈
14.	17:25	♉
16.	17:16	♊
18.	18:26	♋
20.	22:45	♌
23.	07:10	♍
25.	18:59	♎
28.	07:05	♏
30.	19:15	♐

November
02.	05:27	♑
04.	13:31	♒
06.	19:33	♓
08.	23:34	♈
11.	01:44	♉
13.	02:45	♊
15.	04:05	♋
17.	07:32	♌
19.	14:38	♍
22.	01:33	♎
24.	14:29	♏
27.	02:43	♐
29.	12:28	♑

Dezember
01.	19:38	♒
04.	00:58	♓
06.	05:07	♈
08.	08:24	♉
10.	10:59	♊
12.	13:35	♋
14.	17:25	♌
16.	23:58	♍
19.	09:59	♎
21.	22:35	♏
24.	11:07	♐
26.	21:07	♑
29.	03:48	♒
31.	07:58	♓

1998

Januar
02.	10:56	♒
04.	13:43	♓
06.	16:52	♈
08.	20:42	♉
11.	01:43	♊
13.	08:45	♋
15.	18:31	♌
18.	06:44	♍
20.	19:34	♎
23.	06:25	♏
25.	13:39	♐
27.	17:27	♑
29.	19:08	♒
31.	20:21	♓

Februar
02.	22:25	♈
05.	02:09	♉
07.	07:57	♊
09.	15:57	♋
12.	02:09	♌
14.	14:17	♍
17.	03:13	♎
19.	14:56	♏
21.	23:30	♐
24.	04:10	♑
26.	05:42	♒
28.	05:42	♓

März
02.	06:00	♈
04.	08:15	♉
06.	13:27	♊
08.	21:46	♋
11.	08:35	♌
13.	20:58	♍
16.	09:51	♎
18.	21:56	♏
21.	07:43	♐
23.	14:02	♑
25.	16:43	♒
27.	16:49	♓
29.	17:06	♈
31.	17:37	♉

April
02.	21:09	♊
05.	04:36	♋
07.	15:25	♌
10.	04:04	♍
12.	16:55	♎
15.	04:52	♏
17.	15:05	♐
19.	22:41	♑
22.	03:06	♒
24.	04:30	♓
26.	04:09	♈
28.	03:55	♉
30.	05:57	♊

Mai
02.	11:49	♋
04.	21:47	♌
07.	10:19	♍
09.	23:10	♎
12.	10:48	♏
14.	20:39	♐
17.	04:30	♑
19.	10:03	♒
21.	13:06	♓
23.	14:06	♈
25.	14:25	♉
27.	15:58	♊
29.	20:38	♋

Juni
01.	05:21	♌
03.	17:17	♍
06.	06:06	♎
08.	17:34	♏
11.	02:50	♐
13.	10:03	♑
15.	15:31	♒
17.	19:23	♓
19.	21:47	♈
21.	23:26	♉
24.	01:39	♊
26.	06:04	♋
28.	13:54	♌

Juli
01.	01:05	♍
03.	13:45	♎
06.	01:24	♏
08.	10:27	♐
10.	16:52	♑
12.	21:22	♒
15.	00:45	♓
17.	03:33	♈
19.	06:18	♉
21.	09:43	♊
23.	14:48	♋
25.	22:34	♌
28.	09:14	♍
30.	21:44	♎

August
02.	09:48	♏
04.	19:18	♐
07.	01:31	♑
09.	05:04	♒
11.	07:10	♓
13.	09:04	♈
15.	11:46	♉
17.	15:55	♊
19.	22:00	♋
22.	06:21	♌
24.	17:02	♍
27.	05:25	♎
29.	17:55	♏

September
01.	04:23	♐
03.	11:21	♑
05.	14:48	♒
07.	15:52	♓
09.	16:16	♈
11.	17:40	♉
13.	21:20	♊
16.	03:48	♋
18.	12:52	♌
20.	23:57	♍
23.	12:22	♎
26.	01:05	♏
28.	12:30	♐
30.	20:53	♑

Oktober
03.	01:23	♒
05.	02:32	♓
07.	01:57	♈
09.	01:43	♉
11.	03:48	♊
13.	09:25	♋
15.	18:32	♌
18.	06:02	♍
20.	18:36	♎
23.	07:16	♏
25.	18:05	♐
28.	03:44	♑
30.	09:58	♒

November
01.	12:27	♓
03.	12:12	♈
05.	11:11	♉
07.	11:39	♊
09.	15:33	♋
11.	23:37	♌
14.	10:58	♍
16.	23:41	♎
19.	12:13	♏
21.	23:45	♐
24.	09:43	♑
26.	17:14	♒
28.	21:34	♓
30.	22:52	♈

Dezember
02.	22:30	♉
04.	22:28	♊
07.	00:55	♋
09.	07:21	♌
11.	17:43	♍
14.	06:16	♎
16.	18:47	♏
19.	05:55	♐
21.	15:17	♑
23.	22:45	♒
26.	04:03	♓
28.	07:05	♈
30.	08:22	♉

1999

Januar
01.	09:15	♒
03.	11:31	♓
05.	16:49	♈
08.	01:53	♉
10.	13:49	♊
13.	02:23	♋
15.	13:28	♌
17.	22:11	♍
20.	04:40	♎
22.	09:25	♏
24.	12:52	♐
26.	15:29	♑
28.	17:57	♒
30.	21:16	♓

Februar
02.	02:37	♈
04.	10:56	♉
06.	22:06	♊
09.	10:38	♋
11.	22:10	♌
14.	06:57	♍
16.	12:40	♎
18.	16:06	♏
20.	18:29	♐
22.	20:54	♑
25.	00:09	♒
27.	04:44	♓

März
01.	11:04	♈
03.	19:34	♉
06.	06:22	♊
08.	18:46	♋
11.	06:54	♌
13.	16:32	♍
15.	22:30	♎
18.	01:13	♏
20.	02:08	♐
22.	03:05	♑
24.	05:33	♒
26.	10:22	♓
28.	18:34	♈
31.	03:49	♉

April
02.	14:48	♊
05.	03:07	♋
07.	15:39	♌
10.	02:24	♍
12.	09:35	♎
14.	12:46	♏
16.	13:07	♐
18.	12:39	♑
20.	13:27	♒
22.	17:06	♓
25.	00:04	♈
27.	09:46	♉
29.	21:12	♊

Mai
02.	09:36	♋
04.	22:12	♌
07.	09:40	♍
09.	18:16	♎
11.	22:53	♏
13.	23:56	♐
15.	23:07	♑
17.	22:39	♒
20.	00:37	♓
22.	06:15	♈
24.	15:29	♉
27.	03:05	♊
29.	15:37	♋

Juni
01.	04:05	♌
03.	15:37	♍
06.	01:00	♎
08.	07:08	♏
10.	09:44	♐
12.	09:48	♑
14.	09:14	♒
16.	10:07	♓
18.	14:12	♈
20.	22:10	♉
23.	09:18	♊
25.	21:51	♌
28.	10:12	♍
30.	21:19	♍

Juli
03.	06:34	♎
05.	13:21	♏
07.	17:22	♐
09.	18:59	♑
11.	19:27	♒
13.	20:26	♓
15.	23:39	♈
18.	06:19	♉
20.	16:30	♊
23.	04:48	♋
25.	17:08	♌
28.	03:54	♍
30.	12:27	♎

August
01.	18:47	♏
03.	23:09	♐
06.	01:57	♑
08.	03:52	♒
10.	05:55	♓
12.	09:21	♈
14.	15:24	♉
17.	00:40	♊
19.	12:31	♋
22.	00:59	♌
24.	11:49	♍
26.	19:50	♎
29.	01:09	♏
31.	04:41	♐

September
02.	07:25	♑
04.	10:10	♒
06.	13:29	♓
08.	17:57	♈
11.	00:16	♉
13.	09:08	♊
15.	20:35	♋
18.	09:13	♌
20.	20:38	♍
23.	04:51	♎
25.	09:34	♏
27.	11:51	♐
29.	13:21	♑

Oktober
01.	15:31	♒
03.	19:13	♓
06.	00:40	♈
08.	07:52	♉
10.	17:01	♊
13.	04:18	♋
15.	17:04	♌
18.	05:17	♍
20.	14:33	♎
22.	19:42	♏
24.	21:25	♐
26.	21:33	♑
28.	22:09	♒
31.	00:47	♓

November
02.	05:07	♈
04.	12:57	♉
06.	22:46	♊
09.	10:15	♋
11.	23:00	♌
14.	11:46	♍
16.	22:21	♎
19.	04:57	♏
21.	07:26	♐
23.	07:13	♑
25.	06:29	♒
27.	07:19	♓
29.	11:11	♈

Dezember
01.	18:29	♉
04.	04:35	♊
06.	16:27	♋
09.	05:14	♌
11.	17:59	♍
14.	05:18	♎
16.	13:30	♏
18.	17:45	♐
20.	18:39	♑
22.	17:52	♒
24.	17:32	♓
26.	19:34	♈
29.	01:14	♉
31.	10:36	♊

2000

Januar
02.	22:32	♒
05.	11:24	♓
07.	23:53	♈
10.	10:59	♉
12.	19:48	♊
15.	01:38	♋
17.	04:25	♌
19.	05:01	♍
21.	04:58	♎
23.	06:07	♏
25.	10:09	♐
27.	18:01	♑
30.	05:17	♒

Februar
01.	18:10	♓
04.	06:31	♈
06.	17:02	♉
09.	01:17	♊
11.	07:21	♋
13.	11:23	♌
15.	13:45	♍
17.	15:11	♎
19.	16:53	♏
21.	20:21	♐
24.	02:58	♑
26.	13:10	♒
29.	01:45	♓

März
02.	14:14	♈
05.	00:30	♉
07.	07:54	♊
09.	13:01	♋
11.	16:46	♌
13.	19:51	♍
15.	22:43	♎
18.	01:48	♏
20.	05:57	♐
22.	12:17	♑
24.	21:43	♒
27.	10:51	♓
29.	23:34	♈

April
01.	10:12	♉
03.	17:22	♊
05.	21:29	♋
07.	23:58	♌
10.	02:16	♍
12.	05:16	♎
14.	09:19	♏
16.	14:36	♐
18.	21:35	♑
21.	06:58	♒
23.	18:47	♓
26.	07:42	♈
28.	19:06	♉

Mai
01.	02:55	♊
03.	06:54	♋
05.	08:23	♌
07.	09:14	♍
09.	11:01	♎
11.	14:41	♏
13.	20:27	♐
16.	04:16	♑
18.	14:09	♒
21.	02:01	♓
23.	15:00	♈
26.	03:07	♉
28.	12:08	♊
30.	17:02	♋

Juni
01.	18:34	♌
03.	18:30	♍
05.	18:45	♎
07.	20:57	♏
10.	01:59	♐
12.	09:55	♑
14.	20:18	♒
17.	08:26	♓
19.	21:26	♈
22.	09:52	♉
24.	19:55	♊
27.	02:19	♋
29.	04:59	♌

Juli
01.	05:09	♍
03.	04:38	♎
05.	05:19	♏
07.	08:47	♐
09.	15:48	♑
12.	02:06	♒
14.	14:28	♓
17.	03:27	♈
19.	15:44	♉
22.	02:09	♊
24.	09:44	♋
26.	14:01	♌
28.	15:30	♍
30.	15:23	♎

August
01.	15:27	♏
03.	17:31	♐
05.	23:04	♑
08.	08:30	♒
10.	20:44	♓
13.	09:43	♈
15.	21:41	♉
18.	07:44	♊
20.	15:31	♋
22.	20:55	♌
24.	23:59	♍
27.	01:17	♎
29.	01:55	♏
31.	03:33	♐

September
02.	07:55	♑
04.	16:08	♒
07.	03:47	♓
09.	16:44	♈
12.	04:34	♉
14.	14:00	♊
16.	21:05	♋
19.	02:22	♌
21.	06:16	♍
23.	08:59	♎
25.	11:02	♏
27.	13:22	♐
29.	17:29	♑

Oktober
02.	00:50	♒
04.	11:42	♓
07.	00:33	♈
09.	12:36	♉
11.	21:51	♊
14.	04:06	♋
16.	08:19	♌
18.	11:37	♍
20.	14:42	♎
22.	17:52	♏
24.	21:30	♐
27.	02:23	♑
29.	08:40	♒
31.	19:01	♓

November
03.	07:41	♈
05.	20:13	♉
08.	06:02	♊
10.	12:12	♋
12.	15:27	♌
14.	17:21	♍
16.	19:19	♎
18.	22:15	♏
21.	02:35	♐
23.	08:33	♑
25.	16:33	♒
28.	02:57	♓
30.	15:26	♈

Dezember
03.	04:23	♉
05.	15:17	♊
07.	22:27	♋
10.	01:50	♌
12.	02:48	♍
14.	03:09	♎
16.	04:30	♏
18.	08:01	♐
20.	14:12	♑
22.	22:57	♒
25.	09:54	♓
27.	22:25	♈
30.	11:27	♉

2001

Januar
01. 23:14
04. 07:57
06. 12:44
08. 14:09
10. 13:44
12. 13:26
14. 15:05
16. 20:02
19. 04:36
21. 15:57
24. 04:43
26. 17:39
29. 05:35
31. 15:21

Februar
02. 21:56
05. 01:00
07. 01:21
09. 00:35
11. 00:46
13. 03:51
15. 11:02
17. 21:59
20. 10:53
22. 23:45
25. 11:20
27. 21:06

März
02. 04:36
04. 09:24
06. 11:30
08. 11:44
10. 11:47
12. 13:42
14. 19:16
17. 05:02
19. 17:36
22. 06:28
24. 17:44
27. 03:51
29. 11:01
31. 16:23

April
02. 19:54
04. 21:46
06. 22:57
09. 01:01
11. 05:47
13. 14:21
16. 02:11
18. 15:00
21. 02:18
23. 10:56
25. 17:11
27. 21:49
30. 01:25

Mai
02. 04:16
04. 06:50
06. 10:00
08. 15:05
10. 23:10
13. 10:20
15. 23:01
18. 10:41
20. 19:29
23. 01:12
25. 04:42
27. 07:12
29. 09:38
31. 12:41

Juni
02. 16:56
04. 22:58
07. 07:23
09. 18:20
12. 06:53
14. 19:03
17. 04:39
19. 10:42
21. 13:41
23. 14:55
25. 15:58
27. 18:11
29. 22:28

Juli
02. 05:13
04. 14:21
07. 01:33
09. 14:05
12. 02:36
14. 13:13
16. 20:26
18. 23:56
21. 00:43
23. 00:29
25. 01:08
27. 04:17
29. 10:44
31. 20:16

August
03. 07:53
05. 20:30
08. 09:05
10. 20:23
13. 04:59
15. 09:55
17. 11:25
19. 10:53
21. 10:19
23. 11:50
25. 16:59
28. 02:02
30. 13:48

September
02. 02:32
04. 14:58
07. 02:18
09. 11:41
11. 18:09
13. 21:16
15. 21:39
17. 20:59
19. 21:27
22. 01:02
24. 08:48
26. 20:05
29. 08:50

Oktober
01. 21:08
04. 08:01
06. 17:12
09. 00:19
11. 04:54
13. 06:58
15. 07:26
17. 08:02
19. 10:47
21. 17:11
24. 03:26
26. 15:56
29. 03:15
31. 13:48

November
02. 22:13
05. 04:44
07. 09:34
09. 12:49
11. 14:53
13. 16:44
15. 19:51
18. 01:40
20. 10:55
22. 22:52
25. 11:21
27. 22:06
30. 06:04

Dezember
02. 11:30
04. 15:16
06. 18:11
08. 20:57
11. 00:09
13. 04:30
15. 10:48
17. 19:43
20. 07:09
22. 19:45
25. 07:12
27. 15:39
29. 20:40
31. 23:09

2002

Januar
03.	00:34
05.	02:24
07.	05:41
09.	10:57
11.	18:18
14.	03:41
16.	15:00
19.	03:35
21.	15:47
24.	01:28
26.	07:17
28.	09:31
30.	09:40

Februar
01.	09:44
03.	11:35
05.	16:21
08.	00:08
10.	10:15
12.	21:53
15.	10:26
17.	22:58
20.	09:50
22.	17:16
24.	20:36
26.	20:47
28.	19:47

März
02.	19:51
04.	22:55
07.	05:48
09.	15:56
12.	03:56
14.	16:34
17.	05:01
19.	16:20
22.	01:06
24.	06:13
26.	07:44
28.	07:04
30.	06:21

April
01.	08:48
03.	13:58
05.	23:07
08.	10:57
10.	23:41
13.	11:55
15.	22:56
18.	08:01
20.	14:21
22.	17:35
24.	18:22
26.	18:15
28.	19:13
30.	23:03

Mai
03.	06:43
05.	17:46
08.	06:22
10.	18:32
13.	05:04
15.	13:33
17.	19:52
20.	00:01
22.	02:19
24.	03:38
26.	05:20
28.	08:54
30.	15:35

Juni
02.	01:37
04.	13:51
07.	02:07
09.	12:29
11.	20:15
14.	01:39
16.	05:23
18.	08:11
20.	10:42
22.	13:42
24.	18:01
27.	00:36
29.	10:00

Juli
01.	21:49
04.	10:16
06.	21:01
09.	04:36
11.	09:08
13.	11:41
15.	13:39
17.	16:13
19.	20:02
22.	01:26
24.	08:40
26.	18:04
29.	05:39
31.	18:17

August
03.	05:47
05.	14:02
07.	18:27
09.	20:03
11.	20:38
13.	22:01
16.	01:25
18.	07:15
20.	15:16
23.	01:11
25.	12:48
28.	01:32
30.	13:45

September
01.	23:14
04.	04:36
06.	06:16
08.	05:57
10.	05:48
12.	07:44
14.	12:47
16.	20:54
19.	07:18
21.	19:11
24.	07:54
26.	20:26
29.	07:01

Oktober
01.	13:58
03.	16:52
05.	16:51
07.	15:57
09.	16:21
11.	19:45
14.	02:51
16.	13:07
19.	01:13
21.	13:57
24.	02:17
26.	13:10
28.	20:20
31.	00:59

November
02.	02:28
04.	02:10
06.	02:01
08.	03:59
10.	09:27
12.	18:42
15.	06:38
17.	19:23
20.	07:25
22.	17:48
25.	01:59
27.	07:42
29.	10:54

Dezember
01.	12:15
03.	12:58
05.	14:39
07.	18:54
10.	02:46
12.	13:58
15.	02:43
17.	14:43
20.	00:30
22.	07:48
24.	13:05
26.	16:53
28.	19:41
30.	22:01

2003

Januar
02. 00:42
04. 04:56
06. 11:57
08. 22:15
11. 10:48
13. 23:08
16. 08:56
18. 15:29
20. 19:32
22. 22:23
25. 01:09
27. 04:26
29. 08:30
31. 13:44

Februar
02. 20:54
05. 06:44
07. 18:59
10. 07:45
12. 18:19
15. 01:04
17. 04:22
19. 05:48
21. 07:09
23. 09:46
25. 14:11
27. 20:24

März
02. 04:26
04. 14:30
07. 02:36
09. 15:38
12. 03:12
14. 11:06
16. 14:52
18. 15:43
20. 15:38
22. 16:33
24. 19:48
27. 01:51
29. 10:26
31. 22:04

April
03. 10:20
05. 23:24
08. 11:36
10. 20:54
13. 02:07
15. 03:42
17. 03:16
19. 02:51
21. 04:20
23. 08:58
25. 17:02
28. 03:54
30. 16:26

Mai
03. 05:27
05. 17:42
08. 03:46
10. 10:31
12. 13:42
14. 14:14
16. 13:43
18. 14:03
20. 17:01
22. 23:41
25. 09:59
27. 22:32
30. 11:32

Juni
01. 23:27
04. 09:25
06. 16:51
08. 21:30
10. 23:39
13. 00:12
15. 00:38
17. 02:41
19. 07:57
21. 17:06
24. 05:15
26. 18:13
29. 05:52

Juli
01. 15:13
03. 22:16
06. 03:20
08. 06:43
10. 08:48
12. 10:21
14. 12:38
16. 17:14
19. 01:20
21. 12:51
24. 01:42
26. 13:23
28. 22:17
31. 04:27

August
02. 08:48
04. 12:12
06. 15:11
08. 18:02
10. 21:23
13. 02:19
15. 09:59
17. 20:52
20. 09:41
22. 21:44
25. 06:48
27. 12:27
29. 15:41
31. 17:59

September
02. 20:32
04. 23:51
07. 04:15
09. 10:07
11. 18:09
14. 04:50
16. 17:32
19. 06:07
21. 16:03
23. 22:04
26. 00:49
28. 01:52
30. 02:57

Oktober
02. 05:21
04. 09:45
06. 16:20
09. 01:08
11. 12:05
14. 00:45
16. 13:41
19. 00:41
21. 08:01
23. 11:27
25. 12:08
27. 10:55
29. 11:37
31. 14:41

November
02. 20:52
05. 06:02
07. 17:29
10. 06:14
12. 19:10
15. 06:48
17. 15:36
19. 20:42
21. 22:24
23. 22:03
25. 21:31
27. 22:48
30. 03:25

Dezember
02. 11:56
04. 23:30
07. 12:26
10. 01:11
12. 12:40
14. 22:07
17. 04:46
19. 08:20
21. 09:16
23. 08:55
25. 09:13
27. 12:10
29. 19:08

2004

Januar
01.	06:02	♈
03.	18:58	♒
06.	07:38	♓
08.	18:38	♈
11.	03:37	♉
13.	10:38	♊
15.	15:33	♋
17.	18:18	♌
19.	19:24	♍
21.	20:11	♎
23.	22:29	♏
26.	04:06	♐
28.	13:46	♑
31.	02:18	♒

Februar
02.	15:03	♓
05.	01:50	♈
07.	10:03	♉
09.	16:12	♊
11.	20:58	♋
14.	00:35	♌
16.	03:14	♍
18.	05:27	♎
20.	08:27	♏
22.	13:45	♐
24.	22:30	♑
27.	10:22	♒
29.	23:12	♓

März
03.	10:18	♈
05.	18:18	♉
07.	23:31	♊
10.	03:03	♋
12.	05:57	♌
14.	08:51	♍
16.	12:10	♎
18.	16:26	♏
20.	22:29	♐
23.	07:10	♑
25.	18:35	♒
28.	08:23	♓
30.	20:07	♈

April
02.	04:45	♉
04.	09:52	♊
06.	12:24	♋
08.	13:50	♌
10.	15:33	♍
12.	18:33	♎
14.	23:24	♏
17.	06:24	♐
19.	15:43	♑
22.	03:10	♒
24.	15:56	♓
27.	04:14	♈
29.	14:00	♉

Mai
01.	20:03	♊
03.	22:39	♋
05.	23:08	♌
07.	23:17	♍
10.	00:46	♎
12.	04:52	♏
14.	12:02	♐
16.	21:57	♑
19.	09:47	♒
21.	22:35	♓
24.	11:07	♈
26.	21:52	♉
29.	05:22	♊
31.	09:08	♋

Juni
02.	09:52	♌
04.	09:12	♍
06.	09:10	♎
08.	11:38	♏
10.	17:49	♐
13.	03:37	♑
15.	15:44	♒
18.	04:37	♓
20.	17:05	♈
23.	04:10	♉
25.	12:50	♊
27.	18:13	♋
29.	20:15	♌

Juli
01.	20:01	♍
03.	19:22	♎
05.	20:26	♏
08.	01:03	♐
10.	09:51	♑
12.	21:45	♒
15.	10:40	♓
17.	22:56	♈
20.	09:44	♉
22.	18:39	♊
25.	01:08	♋
27.	04:48	♌
29.	05:57	♍
31.	05:54	♎

August
02.	06:34	♏
04.	09:59	♐
06.	17:26	♑
09.	04:33	♒
11.	17:20	♓
14.	05:30	♈
16.	15:49	♉
19.	00:09	♊
21.	06:37	♋
23.	11:08	♌
25.	13:47	♍
27.	15:08	♎
29.	16:33	♏
31.	19:46	♐

September
03.	02:16	♑
05.	12:24	♒
08.	00:50	♓
10.	13:06	♈
12.	23:16	♉
15.	06:54	♊
17.	12:25	♋
19.	16:30	♌
21.	19:35	♍
23.	22:10	♎
26.	00:55	♏
28.	04:57	♐
30.	11:24	♑

Oktober
02.	20:55	♒
05.	08:54	♓
07.	21:23	♈
10.	08:00	♉
12.	15:32	♊
14.	20:10	♋
16.	22:58	♌
19.	01:07	♍
21.	03:38	♎
23.	07:13	♏
25.	12:24	♐
27.	19:37	♑
30.	05:11	♒

November
01.	15:53	♓
04.	04:32	♈
06.	16:00	♉
09.	00:23	♊
11.	05:05	♋
13.	06:56	♌
15.	07:33	♍
17.	08:39	♎
19.	11:38	♏
21.	17:11	♐
24.	01:16	♑
26.	11:25	♒
28.	23:10	♓

Dezember
01.	11:50	♈
04.	00:00	♉
06.	09:46	♊
08.	15:44	♋
10.	17:54	♌
12.	17:42	♍
14.	17:10	♎
16.	18:24	♏
18.	22:52	♐
21.	06:52	♑
23.	17:32	♒
26.	05:38	♓
28.	18:14	♈
31.	06:33	♉

2005

Januar

Tag	Zeit	
02.	17:19	♎
05.	00:59	♏
07.	04:44	♐
09.	05:11	♑
11.	04:07	♒
13.	03:50	♓
15.	06:27	♈
17.	13:06	♉
19.	23:24	♊
22.	11:42	♋
25.	00:21	♌
27.	12:24	♍
29.	23:13	♎

Februar

Tag	Zeit	
01.	07:51	♏
03.	13:21	♐
05.	15:32	♑
07.	15:26	♒
09.	14:59	♓
11.	16:21	♈
13.	21:18	♉
16.	06:18	♊
18.	18:13	♋
21.	06:54	♌
23.	18:44	♍
26.	04:59	♎
28.	13:21	♏

März

Tag	Zeit	
02.	19:29	♐
04.	23:12	♑
07.	00:49	♒
09.	01:32	♓
11.	03:03	♈
13.	07:05	♉
15.	14:44	♊
18.	01:44	♋
20.	14:17	♌
23.	02:10	♍
25.	11:59	♎
27.	20:29	♏
30.	01:56	♐

April

Tag	Zeit	
01.	05:48	♑
03.	08:31	♒
05.	10:45	♓
07.	13:28	♈
09.	17:50	♉
12.	00:55	♊
14.	11:03	♋
16.	23:17	♌
19.	11:27	♍
21.	21:27	♎
24.	04:25	♏
26.	08:46	♐
28.	11:33	♑
30.	13:54	♒

Mai

Tag	Zeit	
02.	16:43	♓
04.	20:36	♈
07.	02:01	♉
09.	09:29	♊
11.	19:20	♋
14.	07:17	♌
16.	19:46	♍
19.	06:30	♎
21.	13:49	♏
23.	17:38	♐
25.	19:11	♑
27.	20:10	♒
29.	22:09	♓

Juni

Tag	Zeit	
01.	02:08	♈
03.	08:20	♉
05.	16:36	♊
08.	02:46	♋
10.	14:39	♌
13.	03:22	♍
15.	14:59	♎
17.	23:24	♏
20.	03:45	♐
22.	04:52	♑
24.	04:36	♒
26.	05:03	♓
28.	07:51	♈
30.	13:45	♉

Juli

Tag	Zeit	
02.	22:26	♊
05.	09:07	♋
07.	21:11	♌
10.	09:57	♍
12.	22:09	♎
15.	07:51	♏
17.	13:35	♐
19.	15:26	♑
21.	14:55	♒
23.	14:11	♓
25.	15:23	♈
27.	19:54	♉
30.	04:02	♊

August

Tag	Zeit	
01.	14:52	♋
04.	03:10	♌
06.	15:54	♍
09.	04:08	♎
11.	14:35	♏
13.	21:47	♐
16.	01:13	♑
18.	01:39	♒
20.	00:52	♓
22.	01:01	♈
24.	03:58	♉
26.	10:43	♊
28.	20:57	♋
31.	09:14	♌

September

Tag	Zeit	
02.	21:56	♍
05.	09:52	♎
07.	20:10	♏
10.	04:03	♐
12.	08:57	♑
14.	11:02	♒
16.	11:24	♓
18.	11:43	♈
20.	13:47	♉
22.	19:07	♊
25.	04:10	♋
27.	16:03	♌
30.	04:44	♍

Oktober

Tag	Zeit	
02.	16:24	♎
05.	02:03	♏
07.	09:28	♐
09.	14:44	♑
11.	18:05	♒
13.	20:05	♓
15.	21:39	♈
18.	00:04	♉
20.	04:44	♊
22.	12:41	♋
24.	23:48	♌
27.	12:28	♍
30.	00:15	♎

November

Tag	Zeit	
01.	08:29	♏
03.	14:55	♐
05.	19:17	♑
07.	22:31	♒
10.	01:22	♓
12.	04:22	♈
14.	08:02	♉
16.	13:10	♊
18.	20:42	♋
21.	07:10	♌
23.	19:41	♍
26.	07:58	♎
28.	17:33	♏
30.	23:32	♐

Dezember

Tag	Zeit	
03.	02:42	♑
05.	04:36	♒
07.	06:44	♓
09.	10:02	♈
11.	14:46	♉
13.	20:59	♊
16.	05:01	♋
18.	15:18	♌
21.	03:39	♍
23.	16:26	♎
26.	03:04	♏
28.	09:44	♐
30.	12:35	♑

2006

Januar
01. 13:14
03. 13:44
05. 15:44
07. 20:09
10. 02:58
12. 11:50
14. 22:31
17. 10:49
19. 23:49
22. 11:28
24. 19:38
26. 23:31
29. 00:09
30. 23:32

Februar
01. 23:46
04. 02:31
06. 08:32
08. 17:33
11. 04:44
13. 17:13
16. 06:09
18. 18:11
21. 03:38
23. 09:16
25. 11:14
27. 10:56

März
01. 10:19
03. 11:22
05. 15:38
07. 23:38
10. 10:42
12. 23:24
15. 12:12
17. 23:59
20. 09:43
22. 16:36
24. 20:21
26. 22:33
28. 22:31
30. 23:01

April
02. 01:49
04. 08:15
06. 18:25
09. 06:58
11. 19:47
14. 07:08
16. 16:19
18. 23:13
21. 03:56
23. 06:43
25. 08:12
27. 09:27
29. 11:58

Mai
01. 17:17
04. 02:18
06. 14:20
09. 03:10
11. 14:25
13. 22:56
16. 04:59
18. 09:19
20. 12:39
22. 15:24
24. 18:00
26. 21:19
29. 02:34
31. 10:52

Juni
02. 22:17
05. 11:08
07. 22:41
10. 07:05
12. 12:19
14. 15:32
16. 18:05
18. 20:54
21. 00:23
23. 04:49
25. 10:48
27. 19:09
30. 06:15

Juli
02. 19:06
05. 07:13
07. 16:14
09. 21:25
11. 23:46
14. 00:59
16. 02:39
18. 05:44
20. 10:38
22. 17:28
25. 02:24
27. 13:36
30. 02:27

August
01. 15:08
04. 01:13
06. 07:19
08. 09:47
10. 10:10
12. 10:22
14. 11:59
16. 16:07
18. 23:03
21. 08:33
23. 20:08
26. 09:01
28. 21:56
31. 08:59

September
02. 16:34
04. 20:15
06. 20:56
08. 20:23
10. 20:30
12. 22:59
15. 04:54
17. 14:15
20. 02:07
22. 15:06
25. 03:54
27. 15:16
30. 00:01

Oktober
02. 05:24
04. 07:33
06. 07:32
08. 07:04
10. 08:06
12. 12:21
14. 20:38
17. 08:16
19. 21:19
22. 09:54
24. 20:53
27. 05:47
29. 11:17
31. 15:11

November
02. 16:46
04. 17:05
06. 17:46
08. 20:46
11. 03:14
13. 14:19
16. 03:14
18. 15:47
21. 02:15
23. 10:25
25. 16:41
27. 21:21
30. 00:30

Dezember
02. 02:26
04. 04:05
06. 07:00
08. 12:52
10. 22:31
13. 11:00
15. 23:43
18. 10:10
20. 17:39
22. 22:49
25. 02:43
27. 06:04
29. 09:08
31. 12:16

2007

Januar
02.	16:14	♋
04.	22:14	♌
07.	07:18	♍
09.	19:15	♎
12.	08:08	♏
14.	19:11	♐
17.	02:49	♑
19.	07:16	♒
21.	09:48	♓
23.	11:52	♈
25.	14:28	♉
27.	18:10	♊
29.	23:16	♋

Februar
01.	06:15	♌
03.	15:34	♍
06.	03:15	♎
08.	16:09	♏
11.	04:01	♐
13.	12:42	♑
15.	17:34	♒
17.	19:30	♓
19.	20:06	♈
21.	21:03	♉
23.	23:42	♊
26.	04:48	♋
28.	12:29	♌

März
02.	22:32	♍
05.	10:25	♎
07.	23:17	♏
10.	11:37	♐
12.	21:35	♑
15.	03:52	♒
17.	06:30	♓
19.	06:42	♈
21.	06:15	♉
23.	07:06	♊
25.	11:49	♋
27.	19:04	♌
30.	05:27	♍

April
01.	17:43	♎
04.	06:36	♏
06.	18:57	♐
09.	05:36	♑
11.	13:23	♒
13.	17:39	♓
15.	18:47	♈
17.	18:11	♉
19.	17:51	♊
21.	19:50	♋
24.	01:38	♌
26.	11:24	♍
28.	23:45	♎

Mai
01.	12:41	♏
04.	00:48	♐
06.	11:21	♑
08.	19:48	♒
11.	01:32	♓
13.	04:19	♈
15.	04:48	♉
17.	04:34	♊
19.	05:38	♋
21.	09:57	♌
23.	18:26	♍
26.	06:16	♎
28.	19:11	♏
31.	07:07	♐

Juni
02.	17:09	♑
05.	01:15	♒
07.	07:24	♓
09.	11:26	♈
11.	13:29	♉
13.	14:24	♊
15.	15:45	♋
17.	19:25	♌
20.	02:46	♍
22.	13:43	♎
25.	02:26	♏
27.	14:24	♐
30.	00:05	♑

Juli
02.	07:24	♒
04.	12:52	♓
06.	16:57	♈
08.	19:54	♉
10.	22:10	♊
13.	00:39	♋
15.	04:43	♌
17.	11:39	♍
19.	21:53	♎
22.	10:18	♏
24.	22:29	♐
27.	08:21	♑
29.	15:14	♒
31.	19:40	♓

August
02.	22:43	♈
05.	01:16	♉
07.	04:01	♊
09.	07:36	♋
11.	12:42	♌
13.	20:03	♍
16.	06:04	♎
18.	18:13	♏
21.	06:44	♐
23.	17:20	♑
26.	00:35	♒
28.	04:34	♓
30.	06:25	♈

September
01.	07:35	♉
03.	09:30	♊
05.	13:08	♋
07.	18:59	♌
10.	03:10	♍
12.	13:31	♎
15.	01:37	♏
17.	14:21	♐
20.	01:52	♑
22.	10:18	♒
24.	14:55	♓
26.	16:22	♈
28.	16:17	♉
30.	16:34	♊

Oktober
02.	18:57	♋
05.	00:27	♌
07.	09:03	♍
09.	19:58	♎
12.	08:13	♏
14.	20:58	♐
17.	09:03	♑
19.	18:52	♒
22.	01:02	♓
24.	03:24	♈
26.	03:07	♉
28.	02:11	♊
30.	01:49	♋

November
01.	05:48	♌
03.	13:45	♍
06.	00:47	♎
08.	13:18	♏
11.	01:59	♐
13.	14:00	♑
16.	00:30	♒
18.	08:14	♓
20.	12:24	♈
22.	13:18	♉
24.	12:29	♊
26.	12:07	♋
28.	14:23	♌
30.	20:44	♍

Dezember
03.	07:01	♎
05.	19:31	♏
08.	08:11	♐
10.	19:51	♑
13.	06:01	♒
15.	14:15	♓
17.	19:52	♈
19.	22:38	♉
21.	23:14	♊
23.	23:18	♋
26.	00:52	♌
28.	05:44	♍
30.	14:37	♎

2008

Januar
02. 02:32
04. 15:13
07. 02:43
09. 12:13
11. 19:44
14. 01:23
16. 05:13
18. 07:30
20. 09:05
22. 11:20
24. 15:48
26. 23:35
29. 10:35
31. 23:08

Februar
03. 10:52
05. 20:10
08. 02:46
10. 07:17
12. 10:34
14. 13:19
16. 16:12
18. 19:51
21. 01:06
23. 08:45
25. 19:06
28. 07:22

März
01. 19:33
04. 05:24
06. 11:53
08. 15:23
10. 17:14
12. 18:54
14. 21:38
17. 02:04
19. 08:25
21. 16:45
24. 03:06
26. 15:11
29. 03:43
31. 15:34

April
02. 22:55
05. 02:27
07. 03:20
09. 03:27
11. 04:43
13. 08:29
15. 15:07
18. 00:10
20. 11:00
22. 23:07
25. 11:47
27. 23:27
30. 08:11

Mai
02. 12:51
04. 13:58
06. 13:17
08. 13:02
10. 15:10
12. 20:48
15. 05:46
17. 16:59
20. 05:19
22. 17:55
25. 05:52
27. 15:38
29. 21:52

Juni
01. 00:19
03. 00:06
04. 23:16
06. 23:59
09. 04:01
11. 11:55
13. 22:53
16. 11:19
18. 23:52
21. 11:34
23. 21:32
26. 04:49
28. 08:50
30. 10:03

Juli
02. 09:53
04. 10:15
06. 13:04
08. 19:31
11. 05:35
13. 17:50
16. 06:20
18. 17:40
21. 03:08
23. 10:22
25. 15:14
27. 17:55
29. 19:12
31. 20:22

August
02. 22:59
05. 04:28
07. 13:26
10. 01:10
12. 13:42
15. 00:56
17. 09:46
19. 16:10
21. 20:38
23. 23:48
26. 02:19
28. 04:51
30. 08:18

September
01. 13:44
03. 22:02
06. 09:11
08. 21:45
11. 09:20
13. 18:04
15. 23:39
18. 02:57
20. 05:17
22. 07:49
24. 11:13
26. 15:52
28. 22:05

Oktober
01. 06:26
03. 17:14
06. 05:48
08. 18:03
11. 03:31
13. 09:07
15. 11:31
17. 12:25
19. 13:40
21. 16:35
23. 21:40
26. 03:48
28. 12:47
30. 23:41

November
02. 12:13
05. 01:02
07. 11:43
09. 18:26
11. 21:05
13. 21:11
15. 20:52
17. 22:08
20. 02:13
22. 09:20
24. 18:54
27. 06:14
29. 18:48

Dezember
02. 07:45
04. 19:23
07. 03:44
09. 07:52
11. 08:33
13. 07:40
15. 07:23
17. 09:36
19. 15:23
22. 00:36
24. 12:13
27. 00:56
29. 13:42

2009

Januar
01. 01:27
03. 10:50
05. 16:46
07. 19:12
09. 19:14
11. 18:41
13. 19:33
15. 23:30
18. 07:20
20. 18:30
23. 07:18
25. 19:56
28. 07:12
30. 16:25

Februar
01. 23:09
04. 03:14
06. 05:06
08. 05:43
10. 06:38
12. 09:33
14. 15:51
17. 01:53
19. 14:25
22. 03:06
24. 13:59
26. 22:24

März
01. 04:33
03. 08:59
05. 12:07
07. 14:24
09. 16:34
11. 19:46
14. 01:22
16. 10:21
18. 22:19
21. 11:06
23. 22:08
26. 06:03
28. 11:09
30. 15:36

April
01. 18:30
03. 21:32
06. 01:01
08. 05:22
10. 11:23
12. 20:01
15. 07:27
17. 20:19
20. 07:55
22. 16:09
24. 20:46
26. 23:02
29. 00:38

Mai
01. 02:56
03. 06:37
05. 11:51
07. 18:48
10. 03:49
12. 15:09
15. 04:01
17. 16:17
20. 01:30
22. 06:40
24. 08:34
26. 08:58
28. 09:44
30. 12:17

Juni
01. 17:17
04. 00:44
06. 10:24
08. 21:59
11. 10:52
13. 23:32
16. 09:52
18. 16:20
20. 19:00
22. 19:12
24. 18:50
26. 19:47
28. 23:24

Juli
01. 06:19
03. 16:11
06. 04:07
08. 17:03
11. 05:44
13. 16:40
16. 00:30
18. 04:41
20. 05:51
22. 05:28
24. 05:23
26. 07:26
28. 12:56
30. 22:10

August
02. 10:08
04. 23:08
07. 11:34
09. 22:23
12. 06:50
14. 12:26
16. 15:13
18. 15:57
20. 16:00
22. 17:12
24. 21:16
27. 05:16
29. 16:44

September
01. 05:43
03. 17:58
06. 04:14
08. 12:18
10. 18:17
12. 22:20
15. 00:39
17. 01:56
19. 03:26
21. 06:52
23. 13:43
26. 00:19
28. 13:07

Oktober
01. 01:26
03. 11:21
05. 18:33
07. 23:46
10. 03:48
12. 07:02
14. 09:45
16. 12:29
18. 16:23
20. 22:49
23. 08:39
25. 20:08
28. 08:45
30. 18:56

November
02. 01:45
04. 05:53
06. 08:42
08. 11:23
10. 14:30
12. 18:22
14. 23:24
17. 06:22
19. 16:01
22. 04:11
24. 17:07
27. 04:11
29. 11:34

Dezember
01. 15:23
03. 17:01
05. 18:07
07. 20:05
09. 23:47
12. 05:31
14. 13:25
16. 23:32
19. 11:39
22. 00:42
24. 12:40
26. 21:26
29. 02:13
31. 03:45

2010

Januar

02.	03:41	♐
04.	03:52	♑
06.	05:58	♒
08.	11:00	♓
10.	19:10	♈
13.	05:54	♉
15.	18:17	♊
18.	07:17	♋
20.	19:36	♌
23.	05:39	♍
25.	12:11	♎
27.	15:01	♏
29.	15:10	♐
31.	14:23	♑

Februar

02.	14:42	♒
04.	17:55	♓
07.	01:04	♈
09.	11:44	♉
12.	00:24	♊
14.	13:23	♋
17.	01:30	♌
19.	11:55	♍
21.	19:47	♎
24.	00:29	♏
26.	02:08	♐
28.	01:52	♑

März

02.	01:31	♒
04.	03:11	♓
06.	08:36	♈
08.	18:13	♉
11.	06:42	♊
13.	19:44	♋
16.	07:32	♌
18.	17:29	♍
21.	01:28	♎
23.	07:16	♏
25.	10:39	♐
27.	11:57	♑
29.	13:21	♒
31.	14:41	♓

April

02.	18:52	♈
05.	03:07	♉
07.	14:51	♊
10.	03:48	♋
12.	15:31	♌
15.	00:55	♍
17.	08:08	♎
19.	13:39	♏
21.	17:42	♐
23.	20:24	♑
25.	22:16	♒
28.	00:28	♓
30.	04:36	♈

Mai

02.	11:59	♉
04.	22:52	♊
07.	11:34	♋
09.	23:29	♌
12.	08:48	♍
14.	15:18	♎
16.	19:46	♏
18.	23:06	♐
21.	01:58	♑
23.	04:50	♒
25.	08:17	♓
27.	13:15	♈
29.	20:44	♉

Juni

01.	07:08	♊
03.	19:34	♋
06.	07:50	♌
08.	17:41	♍
11.	00:11	♎
13.	03:50	♏
15.	05:54	♐
17.	07:41	♑
19.	10:13	♒
21.	14:14	♓
23.	20:10	♈
26.	04:21	♉
28.	14:52	♊

Juli

01.	03:10	♋
03.	15:44	♌
06.	02:29	♍
08.	09:51	♎
10.	13:38	♏
12.	14:53	♐
14.	15:15	♑
16.	16:24	♒
18.	19:42	♓
21.	01:48	♈
23.	10:39	♉
25.	21:38	♊
28.	09:59	♋
30.	22:42	♌

August

02.	10:13	♍
04.	18:54	♎
06.	23:50	♏
09.	01:23	♐
11.	01:01	♑
13.	00:43	♒
15.	02:26	♓
17.	07:34	♈
19.	16:17	♉
22.	03:37	♊
24.	16:11	♋
27.	04:49	♌
29.	16:35	♍

September

01.	02:19	♎
03.	08:50	♏
05.	11:45	♐
07.	11:53	♑
09.	11:01	♒
11.	11:45	♓
13.	14:52	♈
15.	22:30	♉
18.	09:35	♊
20.	22:15	♋
23.	10:47	♌
25.	22:17	♍
28.	08:10	♎
30.	15:46	♏

Oktober

02.	20:21	♐
04.	21:59	♑
06.	21:52	♒
08.	21:52	♓
11.	00:09	♈
13.	06:17	♉
15.	16:24	♊
18.	04:52	♋
20.	17:23	♌
23.	04:30	♍
25.	13:47	♎
27.	21:14	♏
30.	02:39	♐

November

01.	04:51	♑
03.	06:19	♒
05.	07:16	♓
07.	09:27	♈
09.	14:36	♉
11.	23:32	♊
14.	11:24	♋
16.	23:59	♌
19.	11:04	♍
21.	19:46	♎
24.	02:14	♏
26.	07:01	♐
28.	10:34	♑
30.	13:15	♒

Dezember

02.	15:44	♓
04.	18:59	♈
07.	00:16	♉
09.	08:30	♊
11.	19:41	♋
14.	08:15	♌
16.	19:49	♍
19.	04:37	♎
21.	10:22	♏
23.	13:51	♐
25.	16:14	♑
27.	18:38	♒
29.	21:49	♓

Christiane Seifert

Die Fünf-Elemente-Küche

Gesund essen
nach der chinesischen Ernährungslehre

In der Traditionellen Chinesischen Medizin spielt die Energie der einzelnen Nahrungsmittel eine entscheidende Rolle – sie beeinflusst unser energetisches Gleichgewicht und damit das körperliche und seelische Wohlbefinden. Dieses Wissen spiegelt sich wider in der Ernährung nach den Fünf Elementen. Dieses anwenderfreundliche Handbuch bietet eine fundierte Einführung in die Fünf-Elemente-Lehre und gibt wertvolle Tipps für Einkauf und Vorratshaltung von Nahrungsmitteln. Das Herzstück bildet eine Vielzahl von neuen leckeren Rezepten für Menschen, die es in der Küche eilig haben, aber auf die Qualität ihrer Speisen dennoch großen Wert legen. Mit ausführlichem Serviceteil und praktischem Nahrungsmittel-Poster zum Aufhängen.

Knaur
MensSana

Isabelle Biron

Das Geburtstagsorakel

Was unser Geburtsdatum
über Charakter, Liebe und Beruf verrät

Ein kurzer Blick in dieses Buch macht eines deutlich: Geburtstage sprechen eine geheime Sprache.

Isabelle Biron hat jeden einzelnen Tag des Jahres in die drei Bereiche Charakter, Liebe und Beruf/Geld unterteilt. Egal ob man für sich selbst oder für Freunde und Familie nachschlägt, die auf den Punkt gebrachten und aussagekräftigen Persönlichkeitsprofile spiegeln individuelle Stärken und Eigenheiten und zeigen, welche Themen im Leben des Betreffenden von entscheidender Bedeutung sind.

Das Orakel für jeden Geburtstag – vom 1. Januar bis zum 31. Dezember.

Knaur
MensSana